网络品牌传播导览

黄昕恺　编　著

西南交通大学出版社
·成都·

图书在版编目（ＣＩＰ）数据

网络品牌传播导览 / 黄昕恺编著. —成都：西南
交通大学出版社，2023.2
ISBN 978-7-5643-9133-1

Ⅰ. ①网… Ⅱ. ①黄… Ⅲ. ①品牌营销 – 网络营销
Ⅳ. ①F713.3

中国版本图书馆 CIP 数据核字（2022）第 256110 号

Wangluo Pinpai Chuanbo Daolan
网络品牌传播导览

黄昕恺 / 编著

责任编辑 / 郭发仔
封面设计 / 原谋书装

西南交通大学出版社出版发行

（四川省成都市金牛区二环路北一段 111 号西南交通大学创新大厦 21 楼　610031）
发行部电话：028-87600564　　　028-87600533
网址：http://www.xnjdcbs.com
印刷：成都蜀雅印务有限公司

成品尺寸　185 mm×260 mm
印张　13.75　　字数　335 千
版次　2023 年 2 月第 1 版　　印次　2023 年 2 月第 1 次

书号　ISBN 978-7-5643-9133-1
定价　45.00 元

课件咨询电话：028-81435775

前　言

随着网络技术、通信技术的快速发展，互联网环境下的品牌传播生态体系日趋完善，网络营销的思路与方式不断更迭。仅从种种复杂的现象中，将品牌传播按线上和线下进行硬性区分，或许很难清晰地理解网络营销的内在运行规律。

基于信息交互场景构建的底层逻辑，本书梳理了网络营销从简单到复杂的发展过程，介绍了网络品牌传播的主要理论框架，从网络营销的各种工具，延展到运营体系和策略，尤其是社交媒体、内容电商等维度的发展路径和流量变现机制。

本书的特色与创新之处体现在如下几个方面。内容上以市场为导向，以项目进行中各工作岗位的要求为标尺，分模块、分技能进行编写，引导学生关注市场的实时发展和网络品牌传播的实际需求，打开视野，增强学生实战操作能力。重点关注品牌整合营销传播线上线下融合的趋势，重新解读新媒体运营逻辑和法则，为学生讲授当下新媒体的运营之道以及新兴平台的运营实操术。重点关注技术进步对网络品牌传播发展趋势的影响，从直播电商、知识付费、元宇宙等创新应用场景到人工智能、5G 等前瞻技术，渐次展开，提高学生的创新能力和专业水平。

本书共分为十章，第一章为网络营销的诞生及发展演变，第二章为品牌网络传播理论基础，第三章为品牌网络传播的架构体系，第四章为传统网络营销工具，第五章为网络广告运营基础，第六章为新媒体运营，第七章为社交媒体运营，第八章为短视频运营，第九章为电商平台运营，第十章为技术赋能与模式创新下的网络营销。

本书从策划到编写历时近三年,由西南交通大学 2020 年度全日制本科教育教材建设研究项目专项资助。感谢西南交通大学出版社的大力支持,特别要感谢参与本书编写辅助工作的同学们。在案例选择和文稿校对等环节,西南交通大学新闻传播学专业 2021 级硕士生雷雪、刘沁怡、郭欢欣、蒋芸、杜京蔓、代一凡做了非常细致的工作;在资料和数据的收集与整理上,2020 级硕士生刘丝棋、池柳、吕可、胡涛、赵芹、李江月均有所贡献。

由于时间仓促,编著者学识水平有限,书中不足之处在所难免,敬请广大读者批评指正。

作 者

2022 年 8 月于成都

目 录

第 1 章

网络营销的诞生及发展演变

 学习目标

1. 了解网络营销的诞生及发展历史
2. 了解中国网络营销服务市场的发展历程及特征
3. 探讨未来网络营销的发展趋势

　　登录社交媒体平台，已经成为现代人生活不可或缺的一部分。无处不在的信息流里，网络营销传播处处可见。

　　在网络空间中，媒介总是会以各式各样的形式进行信息推广。例如，在观看网络视频时前有几十秒钟的广告内容；浏览网页界面时，有各种形式的展示广告；搜索信息时，在搜索结果出现前会出现商家推广的信息；进入电子邮件收件箱时，会看到优惠推广邮件；在公共场所用手机连接免费 Wi-Fi 时，手机界面会弹出附近某个商家推广的信息；即使走在大街上，路边发的传单上也可能会有醒目的二维码图标。

　　仅从种种复杂的现象中，或许很难清晰地理解网络营销的轮廓及其操作方法。所以，认识网络营销，还要从网络营销的起源说起，通过梳理网络营销从简单到复杂的发展过程，解析网络营销的发展规律，进而把握网络营销的本质和方向。

1.1 网络营销的诞生及发展演变

1.1.1 互联网应用与网络营销的诞生

1.1.1.1 从网页浏览器到第一个网络广告

　　人们经常通过网页浏览器进入网络空间获取信息。网页上充斥着各种网络广告，这对目前的用户来说已是司空见惯。但在 1995 年之前，网络广告极为罕见，网页端广告还未出现。

　　互联网历史上第一个网页浏览器诞生于 1990 年，由蒂姆·伯纳斯·李（Tim Bemers-Lee）发明，该浏览器名为 World Wide Web（后改名为 Nexus）。1993 年，马克·安德森（Marc

Andreessen）发布 Mosaic 浏览器[1]，进一步推动了浏览器的创新。不久之后，他对浏览器进行了更多的改进，网景浏览器（Netscape Navigator）很快便成为世界上最流行的浏览器，市场占有率一度达到 90%。

1994 年 12 月，网景浏览器正式发布（Netscape Navigator 1.0），成为互联网发展的重要里程碑。这个版本的浏览器支持所有 HTML2 语言的元素和部分 HTML3 语言的功能，使得图片显示和超级链接更为便捷，让网页能够展示丰富多彩的内容。很多用户正是通过这一浏览器开始了上网历程。不过网景浏览器并没有风光多久，IE 浏览器[2]就占据了绝对主导地位，成为浏览器市场的领先者。

1994 年 10 月 27 日，在网景浏览器 1.0 版本发布前一个月，第一个网络广告诞生了。美国电话电报公司（AT&T）《连线》杂志的官方网站（http：//www.wired.com）刊登了创意文案"Have you ever clicked your mouse right HERE? YOU WILL"（你是否用鼠标点击了这儿？你会的），费用 30 000 美元，展示时间三个月。该广告以"BANNER"（横幅广告）形式呈现，长 468 像素、高 60 像素。这一规格成为网络广告的第一个标准尺寸，因而称为标准标志广告（图 1-1-1）；其点击率达到了惊人的 44%，远超今天互联网广告普遍不超过 2% 的点击率。

图 1-1-1　互联网上第一个 BANNER 广告

网络广告的出现具有标志性意义，主要体现在以下三个方面。

（1）网络广告的出现，表明网站也可以成为广告媒体，从而使得广播电视及报纸杂志被归入传统媒体。

（2）网络广告改写了广告的历史——第一次使得广告效果可量化，可以记录有多少人浏览过广告，以及多少人点击过这个广告。

（3）网络广告诞生更大的意义在于展示了互联网的广阔前景，吸引了大量风险投资进入互联网领域，推动了早期互联网门户网站的蓬勃发展。

1.1.1.2　电子邮件营销的起源

1971 年秋季，Tomlinson 发送了世界上第一封电子邮件（Email）。但在互联网普及应用之前，电子邮件的应用范围非常有限，并没有被应用于营销领域。当时，新闻讨论组（Usenet/News Group）是人们获取信息和互相交流的主要方式之一。新闻组也是早期网络营销信息发布的渠道，对 Email 营销的产生具有重要的影响。

1994 年 4 月 12 日，美国亚利桑那州两位从事移民签证咨询服务的律师 Laurence Canter 和 Martha Siegel 把一封"绿卡抽奖"的广告信发到他们可以发现的每个新闻组，这在当时引

---

[1] 是互联网历史上第一个获普遍使用和能够显示图片的网页浏览器。它是由伊利诺伊大学厄巴纳—香槟分校的 NCSA 组织在 1993 年发表的，于 1997 年 1 月 7 日正式终止开发和支持。Mosaic 的出现，算是点燃了后期互联网热潮的火种之一。

[2] 微软宣布于美国当地时间 2022 年 6 月 15 日（北京时间 6 月 16 日），停止对 IE（Internet Explorer）浏览器的所有支持和更新，为这款服务用户超过 27 年的浏览器画上句号。

起了轩然大波，他们的"邮件炸弹"让 6000 多个新闻组的服务器处于瘫痪状态。在互联网史上这是第一次发布大量的广告信息，给很多用户造成了滋扰。

　　这两位律师在 1996 年合作写了一本书《网络赚钱术》，书中介绍了他们的这次辉煌经历：通过互联网发布广告信息，仅花费了 20 美元的上网通信费用就吸引来 25 000 个客户，赚了10 万美元。他们认为，通过互联网进行 Email 营销是一种前所未有的、几乎不需要任何成本的营销方式。当然他们并没有考虑别人的感受，也没有计算别人因此而遭受的损失。一些垃圾邮件发送者还声称通过定向收集的电子邮件地址开展 Email，营销可以让你的产品一夜之间家喻户晓，和这两个律师在多年前的腔调一模一样。由此也可见"律师事件"对于网络营销所产生的影响是多么深远。多年以后，这本书在亚马逊网上书店还在销售。但是现在的网络营销环境已经发生了很大变化，无论发送多少垃圾邮件，这种过时的、被认为是不正当的手段是无法产生任何神奇效果的。

　　尽管这种未经许可的电子邮件营销与正规的网络营销思想相去甚远，但由于这次事件产生的影响，人们开始认真思考和研究网络营销的有关问题，网络营销的概念也逐渐开始形成。此后，随着企业网站数量和上网人数的增加，各种网络营销方法也开始陆续出现，许多企业开始尝试利用网络营销手段来开拓市场。

1.1.1.3　搜索引擎与网络营销

　　随着互联网信息的日益丰富，用户出现了获取目标信息的巨大需求，搜索引擎也应运而生。直到现在，搜索引擎仍是常用的互联网服务之一。从搜索引擎的发展历程中，不难看出其对网络营销的价值。

　　1993 年 6 月，美国麻省理工学院（Massachusetts Institute of Technology，简称 MIT）的学生 Matthew Gray 用 Perl 语言开发了名为"WWW Wanderer"的网络爬虫程序。这并不是真正意义上的搜索引擎，其开发目的在于协助度量互联网的规模，如联网的计算机数量等。这种爬虫程序后来发展成为搜索引擎的核心，其运营原理至今仍被广泛应用于搜索引擎中。从某种意义上说，"WWW Wanderer"程序的出现标志着搜索引擎的诞生。本书所讲的搜索引擎，在没有特别说明的情况下，均指基于万维网的搜索方式。此前的信息检索方式，由于现在已经不再使用，就不再做详细介绍。

　　从 1993 年开始，各种搜索引擎不断诞生，有些中途夭折，也有一些发展成为全球著名的搜索引擎，至今仍然在搜索引擎领域发挥着重要作用，如我们熟知的 Yahoo![1]（1994 年 2 月）、Lycos[2]（1994 年 7 月）、Google（1998 年 9 月）等。Infoseek[3]最早将搜索引擎作为可赢利的商业模式经营（1998 年被迪士尼公司收购整合到新的品牌 go.com），Yahoo!则发展成为当时最大的分类目录网站，作为众多用户上网的第一入口，其对被收录的网站产生了重要的推广作用。早期的网络营销，将网站提交到雅虎分类目录是最重要的工作内容之一。

---

① 雅虎（英文名称：Yahoo，NASDAQ：YHOO）是美国著名的互联网门户网站，也是 20 世纪末互联网奇迹的创造者之一。

② Lycos 是搜索引擎中的元老，是最早提供信息搜索服务的网站之一，2000 年被西班牙网络集团 Terra Lycos Network 以 125 亿美元收归旗下。

③ 1994 年 1 月，Infoseek 创立，其搜索服务稍后才正式推出。Infoseek 是早期最重要的搜索引擎之一，允许站长提交网址是从 Infoseek 开始的。百度创始人李彦宏就是 Infoseek 的核心工程师之一。

从搜索引擎发展的相关资料可以看出，1994—1998 年是国外搜索引擎的快速发展时期，出现了许多至今已成为全球知名品牌的搜索引擎。而在 2001 年之后，几乎没有新的综合搜索引擎出现，而针对某一个行业的专业搜索引擎（垂直搜索引擎）则不断涌现。

搜索引擎的蓬勃发展对网络营销的意义在于：

（1）为用户获取有价值的信息提供了基本工具，打开了信息传递的渠道。

（2）为网站推广方式提供了基本的手段，初步形成了网络推广的常用方法。

（3）搜索引擎在一定程度上促进了网站数量的增长及网页内容质量的提升。

1.1.1.4 网络营销的诞生

前文介绍了 1994 年前后部分重要的互联网事件：互联网上第一个网络广告诞生、利用互联网盈利、电子邮件营销的起源、搜索引擎诞生及其作用等。这些工具和方法，在此后的 20 多年，一直是主流的网络营销内容。这些里程碑式的历史事件可以说明一个事实：1994 年是网络营销的发展奠定基础的一年，因而可以认为网络营销诞生于 1994 年。

通过对当年这些互联网事件的分析不难看出，网络营销得以产生和发展应具备以下基础条件：

（1）适合通过互联网传播的网络信息的内容及形式。

（2）有实用价值的互联网工具及一定数量的互联网用户。

（3）用户接收或浏览信息后可产生后续行动。

（4）网络信息的传播对网络信息发布者及浏览者都是有价值的。

每一种具有信息传递功能的互联网应用，都具有一定的网络营销价值，都可能成为一种网络营销工具。因此，互联网工具及其应用成为网络营销的基础条件之一，是网络营销内容体系形成，以及网络营销工具和方法密不可分的原因。

课后作业

网络营销产生和发展需要哪些基础条件？

1.2　中国网络营销服务市场的发展历程及特征

网络营销随着互联网的变化而衍生，相比传统的市场营销，网络营销具有交易的跨时空性、交互的便捷性、消费方式的个性化、形式的多元化、资源的整合性、传播的高效性、信息交换的经济性等特点。相对于互联网发展较早的美国，我国的网络营销大致诞生于 1997 年，大约滞后 3 年。在 1997 年之前，国内的网络营销相对比较初级，尚未形成有影响力的网站及网络营销应用。1997 年之后，我国一些企业才开始尝试网络营销，其发展标志是一批搜索引擎网站和商业性网络广告网站的出现。虽然我国网络营销起步较晚，但发展非常迅速，互联网技术的逐渐成熟和政府的大力支持，使网络营销成为任何企业都无法舍弃的营销手段。

从 1994 年至今，我国的网络营销大致经历了五个发展阶段：萌芽阶段（2000 年前）、发展应用阶段（2001—2004 年）、市场形成和发展阶段（2004—2009 年）、网络营销社会化转变阶段（2010—2015 年），网络营销多元化与生态化阶段（2016 年至今），见表 1-2-1。

表 1-2-1　我国网络营销的发展阶段及特点

2000 年以前	2001—2004 年	2004—2009 年	2010—2015 年	2016 年至今
市场雏形	市场规模化	市场转型	市场多维化	市场纵深化
互联网网站萌芽	新型网络营销服务	全员网络营销	网络营销生态化	数字化全链路
网站营销服务市场奠基	市场与认知需求突增	社会化媒体网络营销	网络营销社会化	触屏矩阵联动
第一次网络营销变革	第二次网络营销变革	第三次网络营销变革	网络营销开放化	多场景营销

1.2.1　市场雏形（2000 年前）

中国第一封电子邮件由北京计算机应用技术研究所研究员钱天白先生通过中国学术网（Chinese Academic Network，简称 CANET）于 1987 年 9 月发出。1994 年 4 月 20 日中国国家计算机与网络设施（The National Computing and Networking Facility of China，简称 NCFC）正式全功能开通国际互联网。1997 年之前，互联网在我国仅有少数人了解，网络营销有点传奇色彩。1997—2000 年，网络营销开始进入萌芽阶段，在此期间出现了许多经典的营销事件。

在早期有关网络营销的文章中，经常会描写某个企业在网上发布商品供应信息，然后接到大量订单，给人造成只要上网就有滚滚财源的印象。其实，即使那些故事是真实可信的，也只是在互联网信息匮乏时代发生的传奇罢了。这些传奇故事是否存在我们姑且不论，即使的确如此，也无法从那些故事中找出可复制的、一般性的规律。因此，当时的所谓网络营销更多的是一些偶然现象。

由于中国企业最早利用互联网开展营销活动的历史资料无从考证，故只能从部分文章中看到一些真假难辨的细枝末节。

案例 1-1 网络营销的经典传奇：山东农民网上卖大蒜

作为网络营销经典神话的"山东农民网上卖大蒜"，据现在可查到的资料记载，山东陵县西李村支部书记李敬峰上网的时间是 1996 年 5 月，所采用的网络营销方法为"注册了自己的域名，把西李村的大蒜、菠菜、胡萝卜等产品信息一股脑儿地搬上互联网，发布到了世界各地"。对这次网络营销所取得的成效的记载为："1998 年 7 月，青岛外贸通过网址主动与李敬峰取得了联系，两次出口大蒜 870 吨，销售额 270 万元。初战告捷，李敬峰春风得意，信心十足。"

可以说，在很大程度上，早期的网络营销更多地具有神话色彩，离网络营销的实际应用相去甚远，何况无论学术界还是企业界，大多数人们对网络营销的概念都还相当陌生，更不用说将网络营销应用于企业经营了。

在网络营销的传奇阶段，网络营销的基本特征为：概念和方法不明确，是否产生效果主要取决于偶然因素；多数企业对于上网几乎一无所知。因此，网络营销的价值主要在于其对新技术新应用的新闻效应，以及对于了解和体验营销手段变革的超前意识。

1997—2000 年，中国互联网进入快速发展阶段，多个至今仍是中国互联网领域有重要影响力的网站相继诞生，如三大门户网站（新浪、搜狐、网易）、第一电商平台（阿里巴巴）、第一网上书店（当当网）、第一批企业上网服务商（万网、新网、中国频道）、第一网上即时聊天软件腾讯 QQ（最初叫 OICQ）等。同时，多种网络营销服务平台及网络营销模式也陆续出现并进入应用阶段。

据中国互联网络信息中心（China Internet Network Information Center，简称 CNNIC）发布的《第一次中国互联网络发展状况调查统计报告（1997 年 10 月）》显示，1997 年 10 月底，我国上网人数为 62 万人，www 站点数约 1500 个。虽然当时无论上网人数还是网站数量都十分有限，但发生于 1997 年前后的部分事件标志着中国网络营销进入萌芽阶段，如网络广告和 Email 营销在中国的诞生、电子商务的促进、网络服务（如域名注册和搜索引擎）的涌现等。根据 CNNIC 的调查统计，到 1999 年年底，我国上网用户人数已达 890 万人，www 站点数 15 153 个，互联网应用环境粗具规模，多种网络营销模式出现，网络营销呈现出快速发展的势头并且逐步走向实用。

与我国网络营销密切相关的部分事件包括：

1995 年 4 月，第一家网上中文商业信息站点"中国黄页"开通，这是国内最早的企业信息发布平台，也让上网企业了解最基本的网络营销手段——发布供求信息。

1997 年 2 月，专业 IT 资讯网站比特网（China Byte）正式开通免费新闻邮件服务；到 12 月，新闻邮件订户数接近 3 万；1997 年 3 月，比特网上出现了第一个国内商业性网络广告（广告采用 468×60 像素的标准 BANNER）。

1997 年 5 月，网易网站发布。

1997 年 11 月，国内首家专业网络杂志发行商索易开始提供免费网络杂志；到 1998 年 12 月，索易获得第一个邮件赞助商，标志着我国专业 Email 营销服务的诞生。

1998 年 4 月，搜狐网站诞生。

1998 年 10 月，新浪网发布，3721 网站诞生（提供中文快捷网址即网络实名服务）。

1999 年 5 月，8848 电子商务网站诞生，曾是中国电子商务的标志。

1999 年 11 月，阿里巴巴 B2B①平台发布，腾讯 QQ 上线，当当网上书店发布。

1999 年 12 月，百度公司诞生。

……

值得说明的是，除了大型网站和专业网站，对网络营销的发展有直接促进作用的还有搜索引擎。1997 年前后，除中文雅虎外，国内也出现了一批影响力较大的中文搜索引擎，如搜狐、网易、常青藤、悠游中文、搜索客、北极星、若比邻、北大天网等，并且为企业利用搜索引擎开展网络营销提供了最初的试验园地。后来，随着门户网站的崛起和搜索技术的迅猛发展，尤其是 2000 年 Google 中文服务的开通以及百度搜索引擎的出现，使得一些早期的搜索引擎在 2000 年之后开始日渐衰退，其中有些已经销声匿迹，有些则实现业务转型或者垂直于某些领域的搜索服务。但这些搜索引擎对网络营销的启蒙发挥了举足轻重的作用。期间诞生的百度搜索引擎则发展成为国内最有影响力的中文搜索引擎。

搜索引擎之所以对网络营销影响巨大，是因为早期一些网络营销从业人员和研究人员将网络营销理解为网址推广，其核心内容是将网站提交到搜索引擎上。当时有一种观点认为，雅虎作为第一门户网站，是大多数上网者查找信息的必用工具，能够在雅虎上占据一席之地就能有更大的机会被用户发现。只要将网址登录到雅虎网站并保持排名比较靠前，网络营销的任务就算基本完成，如果可以排名在搜索结果的第一甚至前五名，就意味着网络营销已经取得了成功。这种主要依赖搜索引擎来进行网站推广的策略，称为第一代传统网络营销。

1.2.2　市场规模化（2001—2004 年）

进入 2001 年后，第一波互联网红利泡沫破裂，网络营销进入实质性应用和发展的规模化时期。它的主要特征表现在六个方面：网络营销服务市场初步形成、企业网站建设成为企业网络营销的基础、网络广告形式和应用不断发展、Email 营销在困境中期待曙光、搜索引擎营销向深层次发展、网上销售环境日趋完善。

1.2.2.1　网络营销服务市场初步形成

一方面，以企业上网为主要业务的一批专业服务商开始快速发展，域名注册、虚拟主机和企业网站建设等成为广义上的网络营销服务的基本业务内容。其他比较有代表性的网络营销服务包括大型门户网站的分类目录登录、搜索引擎的关键词广告和竞价排名、供求信息发布等。另一方面，以出售收集邮件地址的软件、贩卖用户邮件地址、发送垃圾邮件等为主要业务的网络营销公司也在悄然发展，成为网络营销服务健康发展信息的噪声。

1.2.2.2　网站建设成为企业网络营销的基础

根据 CNNIC 的统计报告，2001 年、2002 年、2003 年我国的 www 网站数量分别为 242 739 个、293 213 个、473 900 个，其中绝大多数为企业网站。企业网站数量在快速增长，这也反

---

① 是 Business-to-Business 的缩写，指企业与企业之间通过专用网络或 Internet 进行数据信息的交换、传递，开展交易活动的商业模式。它将企业内部网和企业的产品及服务，通过 B2B 网站或移动客户端与客户紧密结合起来，通过网络的快速反应，为客户提供更好的服务，从而促进企业的业务发展。

映了网站建设已成为企业网络营销的基础。

1.2.2.3 网络广告形式和应用不断发展

从 2004 年开始，网络广告从表现形式、媒体技术等多方面开始发生变革，如广告规格尺寸不断加大、表现方式更加丰富多样、通过网络广告可以展示更多的信息等。

1.2.2.4 Email 营销在困境中期待曙光

Email 营销是国内较早诞生的一项网络营销专业服务，但自 1997 年诞生以来一直未在网络营销服务市场占据无可替代的一席，受到市场不成熟、垃圾邮件的冲击、服务商的屏蔽等多种问题的困扰。Email 营销的重要性虽依然存在，但需要市场环境规范及用户认识的提升才能迎来转机。

1.2.2.5 搜索引擎营销向深层次发展

搜索引擎注册一直是 2000 年前后网站推广的主要手段，自 2001 年后半年开始，国内主要搜索引擎服务收费商陆续开通了收费登录服务，搜狐开创了收费的先河，引领国内搜索引擎营销进入付费阶段。部分搜索引擎广告也开始出现，为搜索引擎营销创造了更大的空间。

1.2.2.6 网上销售环境日趋完善

建设和维护电子商务功能完善的网站并非易事，不仅投资大，还涉及网上支付、网络安全、商品配送等一系列复杂的问题。随着一些网上商店平台的成功运营，网上销售产品由难转易，电子商务不再是网络公司和大型企业的特权，逐渐成为中小企业销售产品的常规渠道。尽管当时的在线销售额还不高，但是对于网上销售的前景具有十分重要的意义。

1.2.3 市场转型（2004—2009 年）

2004 年之后的中国网络营销开始转型，主要表现在：网络营销服务市场快速增长，新型网络营销服务不断出现；企业对网络营销的认识和需求层次提高；搜索引擎营销呈现专业化产业化趋势；更多有价值的网络资源为企业网络营销提供了新的机会；新型网络营销概念和方法受到关注。这个阶段网络营销主要展现以下几个特征。

1.2.3.1 网络营销服务市场快速增长，新型网络营销服务不断出现

经过几年的发展，企业网络营销已经具备一定的基础，据 CNNIC 第 14 次调查统计报告，到 2004 年 6 月底，我国 www 网站数量达到 626 600 个，上网人数 8700 万人，网络推广、网上销售、网上购物等已成为用户常用的网络服务内容。用户数量的快速增长与企业网络营销应用的发展，推动了网络营销服务市场规模不断扩大。同时，网络营销服务产品类别也在不断增加。除了传统的域名注册、网站建设等基础服务之外，网络推广产品如 3721 中文网址①、百度搜索引擎关键词广告（竞价排名）等开始快速扩张，成为企业付费网络推广的主要方式。同时，传统的门户网站网络广告等也在持续高速发展。值得关注的领域还包括网络营销管理

---

① 后曾更名为"网络实名"，2003 年被中国雅虎收购。2005 年 8 月阿里巴巴收购中国雅虎，其中包括 3721 公司全部资产，网络实名于 2009 年初退出市场。

工具（如网站访问统计分析系统、实时在线服务工具等）、专业的网络营销顾问咨询服务、网络营销培训等，这些也逐步为企业所接受。

1.2.3.2 企业对网络营销的认识和需求层次提高

经过众多网络营销服务企业几年的努力，国内网络营销服务市场逐渐走向成熟，企业对网络营销综合服务有明显增加的趋势，而不仅仅是建网站或购买独立的网络推广产品。以搜索引擎推广为例，随着企业对网站推广效果的进一步提高，企业更需要的是基于搜索引擎优化（Search Engine Optimization，简称 SEO）的自然搜索和付费搜索引擎广告相结合的方式，而不仅仅是购买搜索广告。

1.2.3.3 搜索引擎营销呈现专业化、产业化趋势

2009 年之前，是以流量为主导的企业网络营销时期，搜索引擎营销是这一时期主导的网络推广方法。经过几年的发展，传统的登录免费搜索引擎等简单初级的推广手段已经不适应网络营销环境，搜索引擎服务提供商适时地推出如关键词竞价广告、内容关联广告等产品（如百度的主题推广和搜狗的搜索联盟等），进一步增加了搜索引擎营销的渠道，并且扩展了搜索引擎广告的投放空间。对于企业营销人员来说，这意味着开展搜索引擎营销需要掌握的专业知识更加复杂，如对于网站优化设计、关键词策划、竞争状况分析、推广预算控制、用户转化率、搜索引擎营销效果的跟踪管理等。

搜索引擎营销已经逐渐发展成为网络营销知识体系的一个专业分支，搜索引擎营销的专业性提高也为专业的搜索引擎营销服务商提供了发展机会。搜索引擎优化公司和搜索引擎广告代理公司在 2005 年前后持续涌现，并在各自领域发展出了一批有影响力的公司。搜索引擎营销的产业化趋势逐渐形成。

1.2.4　市场多维化（2010—2015 年）

网络营销多维化的外在表现是网络营销从专业知识领域向社会化普及知识发展演变，这是互联网应用环境发展演变的必然结果，此趋势反映了网络营销主体必须与网络环境相适应的网络营销多维化实质。需要说明的是，多维化并不简单等同于基于 SNS（Social Networking Service，社交网络服务）的社会化网络营销。社会化网络营销，只是网络营销社会化反映的一个现象而已。正是如此，加之移动互联网对社会化网络营销的促进，网络营销逐渐从流量导向向粉丝导向演变，尤其是微博、微信等移动社交网络的普及，为粉丝经济环境的形成提供了技术和工具基础。

以网络营销多维化为基本特征，这个阶段的网络营销的特点大致可归纳为以下六个方面。

1.2.4.1　开始向全员网络营销发展

形式灵活多样。在 Web2.0 时代，人人皆可参与。互联网服务为全员网络营销奠定了技术基础和思想基础。事实上，企业的每个员工乃至每个合作伙伴抑或顾客都直接或者间接对企业的网络营销产生正面或者负面的影响，每个人都成为网络营销的组成部分，全员网络营销的影响将是持久而深远的。

1.2.4.2　基于Web2.0不断出现的网络营销平台

在传统网络营销如搜索引擎营销、网络广告、网络会员制营销广泛应用的同时，开放式在线百科（WIKI）平台营销、问答式（ASK）社区营销、文档分享等多种形式的Web2.0应用平台为企业开展网络营销提供了平台和工具，使得网络营销的形式更加丰富多彩。这意味着网络营销的内容和方法更加纵深化，企业开展网络营销的竞争也更为激烈。

1.2.4.3　社会化媒体网络营销蓬勃兴起

在2009年初，大众对微博知之甚少；到2010年之后，微博几乎与QQ等网络即时聊天软件一样成为上网用户必不可少的互联网应用之一。这个阶段多维化网络服务蓬勃发展，也出现了一批有代表性的SNS网站，如喜马拉雅、豆瓣等。以微博营销为代表的SNS营销也成为2009年之后最热门的网络营销分支之一，其应用普及速度远远高于当年的博客营销，成为粉丝经济的典型标志，也为后期微信营销的快速扩展培养了用户基础。

1.2.4.4　网络营销与网上销售的结合日益紧密

如果说早期的网络营销以网络宣传、品牌推广为主，那么进入21世纪第二个十年后，网上销售已经成为网络营销的最大成果之一，尤其是淘宝、京东等网上商店平台基于其巨大的影响力，吸引了众多企业和个人利用淘宝或京东开设的企业网上专营店和旗舰店，让企业的网络营销与在线销售结合得更加紧密。同时，大量企业开设建设自己的网上商城，消费者可通过企业官方网站而不是第三方B2C①网站平台实现在线购买。在这方面，航空公司的机票在线购买、酒店行业的网上预定，以及部分消费类电子产品企业及品牌服装企业的网上直销等都显现出一片勃勃生机之态，标志着真正的企业电子商务时代的到来。另外，这一阶段以美团团购为代表的团购电子商务模式如雨后春笋般出现，也显示出电子商务环境已经基本成熟。

1.2.4.5　部分传统网络营销模式逐渐被冷落

由于营销人员对新型网络营销资源的关注，部分传统网络营销模式的受关注程度降低，如B2B电子商务平台逐渐被用户冷落。曾作为网站推广主要方法的搜索引擎优化也不再是主流。

1.2.4.6　移动网络营销的重要性不断增长

2010年之后智能手机很快得到普及，移动网络营销的便利性和即时性得到充分体现，移动网络营销对传统PC网络营销不仅仅是补充，还开拓了一个全新的网络营销领域，诞生了很多基于手机的网络营销方法，如微信公众号及各种App等，为网络营销带来了巨大的发展空间。

2010年至2015是互联网的大爆发时期，互联网的商机遍地皆是，网络营销逐渐渗透入各个行业和阶层。同时，在各企业营销预算中，网络营销的占比不断加大，网络营销所涉及的行业和领域更加广泛，营销的产品和服务在创意、质量、效果以及精准度等方面不断被提

---

① B2C是指电子商务的一种模式，也是直接面向消费者销售产品和服务商业的零售模式。

高。随着移动网络技术的发展、智能手机和 4G 网络的普及，营销的方式日趋多样，微博、微信、二维码、手机 App、网络微视频等新媒体、自媒体的广泛应用，以及后来的微商、O2O（Online To Offline，指将线下商务机会与互联网结合）电商体系对网络营销信息、网络营销方式和网络营销思路带来的强烈冲击，网络营销更具平台性、开放性、互动性和精准性，为用户提供了更好的消费体验和服务。

移动互联网催生了新的互联网现象——微商。微商是指企业或个人通过微信、微博或其他自媒体等互联网社交平台进行商品线上交易活动，在近几年才逐渐兴起的与手机购物应用平台分庭抗礼的移动电子商务新群体。微商是近年来新媒体火热发展和应用下催生的产物，主要利用微信等社交平台，基于熟人关系建立起消费信任，从而降低营销成本，完成商品交易。微商依靠粉丝群做生意，这类互联网发展的新形势时刻影响着企业未来进行网络营销的营销思维和营销方式。抓住网络营销的精髓，转变营销思维，是企业在未来网络营销中的竞争焦点。

 课后作业

请简述我国网络营销几个发展阶段及其特点。

1.3 网络营销发展趋势探讨：生态化与多元化（2016年至今）

1.3.1 不断创新的网络营销生态化思维

根据网络营销的发展历程分析，每个重要的历史阶段都会伴随相应的指导思想和思维模式。网络营销的思维模式大致经历了四个层次：技术思维（2000年前）、流量思维（2000—2009年）、粉丝思维（2010—2014年）、生态思维（2016年至今），如图1-3-1所示。

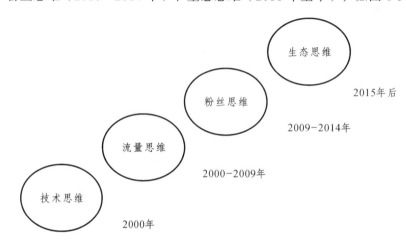

图1-3-1 中国网络营销思维模式的演变

1.3.1.1 关于网络营销思维模式的简要说明

（1）技术思维：注重网站及推广的技术本身

网站建设包括域名注册查询、网站策划、网页设计、网站功能、网站优化技术、网站内容整理、网站推广、网站评估、网站运营、网站整体优化、网站改版等。网站建设的前期准备包括前期网站定位、内容差异化、页面沟通等战略性调研，这个过程需要网站策划人员、美术设计人员、WEB程序员共同完成。网页设计师预计将为有意识的可用性需要创建标记，那么它们有望成为最新的网页易读性指引。而在网站搭建中需要运用技术思维，注重网站本身构建的合理性，并以推广为目的去优化结构。

（2）流量思维：以网站访问量为运营的核心目标

网站运营中需要了解访问量数据，作为后续业务调整的依据。比如，每天有多少人访问了网站，人均浏览了多少页面，其中又有多少人访问了哪些页面等。流量数据分析的目标就是数字化地呈现网站运营的状况，从流量数据的角度了解访客的行为。

流量数量指标、流量质量指标、流量转化指标是衡量网站运营的指标。浏览量是反映网站流量数量的主要指标之一，但评价网络的运营水平，还要增加流量质量指标这一重要因子。反映网站流量质量的关键指标是跳出率。[①]此外，有时还要再结合平均访问时长和平均访问页数两项指标，来进一步考察访客对网站的了解程度和喜好程度，进而衡量网站的用户体验

---

① 跳出率指仅浏览了一个页面便离开了网站的访问次数占总访问次数的百分比，跳出率反映了访客对新闻网站的兴趣程度。跳出率越低，说明流量的质量越好。

情况。这两项辅助性指标越高，代表新闻网站内容越丰富，内容的整体质量就越好。因此，网站管理人员需要树立网站运营思维，以网站访问量为目标，进行高质量的运营。

（3）粉丝思维：获取粉丝关注传递网络营销信息

过去，媒介从业者在内容为王和媒介为王这两个层面摇摆，但从本质上来讲，都是从经营者的角度出发，强调媒介在信息传播时的主导性和控制性，受众总是处在一个被动的状态。未来，随着"Z世代"①的逐渐成长，他们会成为整个市场的主体，"得粉丝者得天下"的理念会成为主流。正如粉丝网的策略在于，抓住 1%的核心粉丝，借此带动 10%的忠诚粉丝，再由此拉进90%的用户，这样就会影响到100%的粉丝群体。这种强调互动的 Web2.0 概念大大提高了用户对于网站的黏度和忠诚度，以便于网站开发出属于自己的独特商业模式。网站需要树立粉丝思维，尽可能多获得粉丝关注，让黏性粉丝去提高网站的影响力与知名度，通过向粉丝传递网络营销信息，去推动营销的落地与转化。

（4）生态思维：以用户关系网络的价值体系为基础设计网络营销战略

网络呈现出的小世界特征即整个网络不松散，节点和节点之间紧密相连，通过很短的路径就相互可达。该理论与六度分割理论相呼应，说明人们可以通过少数关系（自己的关系、朋友的关系）去认识任何陌生人。这样的理论也被用到了很多社交网站中，如领英（Linkedln）的职场关系网络可以帮助求职者通过人脉找到合适的工作。有研究表明，网络的小世界特性有助于高效地进行信息传递，并促进群体创新。

社会网络作为新媒体已经对商业和市场营销产生了变革性的影响。通过对用户关系网络的识别，有利于理解信息传播的机制，也可以利用用户之间的相互关系和共同特征进行营销或个性化推荐。因此，当下网站需要树立生态思维，建设以用户关系为网络的价值体系。

1.3.1.2 网络营销生态化的意义

（1）链接用户，实现利益共享

在新媒体模式下，新的媒介平台能让用户参与到企业营销的过程，用户作为消费者的同时，也是产品与品牌的传播者，企业和用户的利益实现了链接，营销效果也更显著。在企业生产和营销活动中，企业给用户提供营销平台，用户创造相关的内容，通过合作实现共赢，这种模式在确保多样性产品的同时，大大提升了用户的创新力，提升了用户黏度。同时，在用户病毒式的传播中，企业也获得更大利润。新媒体发展时代的用户，对此种模式的接受程度较高，因此参与感较强。

（2）企业竞争力得到提升

随着社会经济发展，市场环境的竞争越来越激烈，提升企业的综合竞争力是重要的发展之路。为了满足客户的需求，企业在网络营销中以客户需求为主，重视差异化营销。网络营销带来了更多市场营销需求，企业借助网络信息技术手段，根据不同需求制定不同的营销策略，满足用户的需求，也提升了售后服务质量，在一定程度上提升了企业的竞争力。

（3）营销市场国际化态势已经初步形成

网络把国内市场和国外市场连接成了一个统一的整体，营销市场无国界观念，将成为未来市场营销领域的一种常态。此后，企业竞争对手已不再只限于本国的行业竞争者，外部势

---

① Z时代，网络流行语，通常指 1995 年至 2009 年出生的一代人，从出生起就受到网络的影响。

力来势汹汹，国外先进的市场营销手段，倒逼国内企业必须发展网络营销才能迎头赶上。

1.3.2 日益复杂的网络营销多元化环境

2016 年之后的网络营销环境，显著特征之一是多元化，如网络营销渠道的多元化、网络营销方法的多元化、网络营销资源的多元化和社会关系网络的多元化等。

1.3.2.1 多元化环境下的网络营销特征

（1）多对多的传播方式

在新媒体发展背景下，网络信息传递的方式发生了颠覆性的改变，原有的一对多的单向传播方式逐渐被改变，出现了多对多的信息传播方式。在原有的营销中，多是单向性、强制性的营销活动，最终给消费者留下深刻的印象，引导消费者购买。而在新媒体环境下，网络营销主要以用户为中心，了解用户的需求和服务体验。这种传播方式带来的传播范围更广，覆盖人数更多，效果是传统传播模式无法比拟的。同时，互联网营销媒体的发展，促进了信息传播速度的提升。

（2）不受时间空间限制

互联网的高速发展，网络营销活动的开展呈现出超越时空的特点，不再受到时间和地点的限制，为其营销活动的开展提供了很大的便利，同时营销的内容更加丰富，承载量更多，脱离时间空间限制的交易也能达成，更能满足用户的不同需求，最终提升营销效果。

（3）点播方式的出现

点播方式的出现和发展，主要源于受众的需求。这种方式更给部分有需求的客户呈现个性化的传播内容带来便利，在一定程度上提升了用户的黏度，更好地提升了网络营销的效果。

1.3.2.2 多元化网络营销发展趋势体现在以下几个方面

（1）网络营销分散化程度将继续提高

网络营销主流渠道分散化的趋势，从 2009 年已经开始表现出来，正好与社会化网络及移动网络营销的发展同步，移动网络营销进一步加剧了网络营销分散化。

（2）网络营销的融合化将提速

2014 年之后，网络营销进入网络可信度与网络可见度融合的阶段，预计未来 PC 网络营销与移动网络营销的融合速度将越来越快，融合程度也越来越高。

（3）内容营销将进入高级阶段

传统的内容营销形式如许可 Email 营销、博客营销、微博营销等，在移动互联网环境下将不断发展演变，从内容形式及营销模式方面将继续创新，以用户价值为核心的理念进一步得到体现。

（4）网络营销思想及策略不断升级

基于网络营销生态思维的用户价值营销策略将在实践中不断完善，网络营销思想的层次也将在实践中进一步提升。

1.3.3 新技术引领新变革

1.3.3.1 基于大数据的智能营销

智能营销，是伴随着人工智能应用的发展而产生的一个新的营销概念。智能营销不等同于电子营销，是建立在大数据、人工智能、云计算等综合技术基础上的一种智能化运作模式，是可以模仿营销人员的部分行为活动的过程。随着人工智能技术在营销领域的应用，智能化的设备通过仿真、思考、行动等模式完成了营销人员所需要进行的一部分工作，深刻改变了营销思维和方式。

大数据和人工智能的结合是人工智能营销的重要基础。首先，数据是人工智能营销底层逻辑中不可或缺的关键要素。在数字化时代，用户搜索、浏览、点击、购买、评论、分享等行为数据和产品属性数据以数字、文本、语音、图片、视频等各种形式源源不断地实时产生，形成了具有大规模、高速度、多样性特点的营销大数据。人工智能做出的判断和预测需要依托对这些海量营销数据的分析和学习。其次，人工智能是人工智能营销发展的支撑要素。人工智能的关键技术可以从输入、分析、输出三个阶段进行梳理。输入阶段主要包括计算机视觉、语音识别、自然语言理解等技术。这类技术通过获取、识别各类外部输入的信息，将复杂的外部数据转化为机器可理解的、结构化的、完整的表示。分析阶段主要涉及机器学习技术，包括许多智能算法。机器学习技术不仅能够从数据中学习复杂的特征，提取隐含的知识，还可以从自身的流程中学习，不断用新的概念或事实扩展存储的知识，从而做出智能决策或预测。输出阶段主要包括自然语言生成、图像生成等。

人工智能的本质是进行生产力升级，其应用越贴近生产环节的核心，越能发挥出技术的价值。一般认为，人工智能分为计算智能、感知智能与认知智能三个层次。计算智能即快速计算、记忆和储存的能力；感知智能即视觉、听觉、触觉等感知能力；认知智能则包括分析、思考理解、判断等处理复杂的事实和情形的能力。从现阶段人工智能的发展情况来看，在已经实现计算智能的基础上，随着互联网的普及，大数据、云计算等技术的发展，非结构化数据的价值被重视和挖掘，语音、图像、视频、触点等与感知相关的感知智能在快速演进，并且已经在"听、说、看"等领域达到或超越了人类水准，正在向更进一步的外部知识、逻辑推理的认知智能领域延伸。本轮人工智能技术红利将在未来一段时间内持续释放，与其他技术分支交叉融合，驱动多领域、多场景的落地应用与产业升级发展。

1.3.3.2 基于 5G 的新场景营销

一直以来，移动通信技术的发展都与品牌营销的更迭密切相关：2G 推动短信的诞生，品牌营销进入传统大众营销时代；3G 催生了移动互联网，推动了互联网营销兴起；4G 环境下，移动短视频兴起，营销也跟随进入了短视频营销时代。如今，5G 的出现将会全面重塑商业生态，开启各行各业的数字化浪潮，营销业也会发生颠覆式变革。

（1）内容形式革新，交互体验创新

无互动，不营销，这在 5G 时代将成为现实。5G 将推动信息传播的加速变革，视频尤其是短视频会成为一个更重要的内容载体。因发布和观看成本越来越低，拍摄及传输效率大幅提升等原因，长视频、短视频、高清直播等将会爆发，成为品牌营销标配。而更高分辨率的广告格式，如 4K、8K 超高清视频内容的产出与传播，将进一步提升广告品质与体验。

5G 带来的移动高速网络使数据可以在云端进行储存和运算，产品硬件的重量体积被减小，硬件成本被降低，原本需要在本地进行数据处理的 AR（Augmented Reality，增强现实）/VR（Virtual Reality，虚拟现实）产品得以在形态和成本上大大"减负"，以更能被大众接受的价格和更轻便的形态出现。5G 的高可靠低时延通信技术（URLLC）能让用户不再因为头戴式 VR 时延过长而产生眩晕感。普及度和使用体验度的提升将刺激 AR/VR 产品的使用频率，也将让营销在现实世界和虚拟世界的融合之中探索出更丰富的表现形式。

除此之外，5G 不仅支持语音和视觉交互，还增加了更多场景式互动。5G 技术的成熟和商用，还有可能给人们带来一些新的感官层面的互动方式。比如，在淘宝购物时不仅可以虚拟试衣、感知穿着效果，还可以通过物联网①感知衣服的质地等。让一个品牌或者产品变得可以触摸，这对于未来的品牌营销非常关键。如果人们亲手去触碰一个东西，品牌印象可能会更加深刻。

在智能终端增多，各类物品、设施的智能化程度加深后，这些从方方面面触达消费者生活的智能终端，皆能成为营销的载体。伴随 5G 应用的成熟，向消费者传递信息的场景和媒介的界限也在被不断突破和延展。

（2）营销技术革新，精准化成为现实

随着 5G 时代的到来，大数据等技术为营销行业带来新的生产力，推动营销智能化与效率变革。并且，在数据与技术的赋能下，品牌将有机会实现从人群画像、用户洞察、需求识别，到精准触达、"千人千面"、转化承接、数据资产沉淀、价值评估等全链路智能化，全面提升营销效率。

在 4G 网络下，日常生活中如电灯开关、音响、电视、汽车、体重秤等物品已经开始与互联网联通，并能记录使用者的相关数据，但这只是初级的物与人的相连。5G 时代，网络容量得以扩大，广泛的物与物之间的联通拥有逐步实现的基础，移动互联或将彻底质变成为万物互联。例如家居的智慧互联，冰箱和电饭煲能在消费者使用时根据需求展示相关物品的介绍宣传信息。这种在产生需求的当下就提供广告和推荐的营销，可在一定程度上降低用户对广告的抵触情绪，从而使广告到购买的行为转换效率更高。

在这样的时代下，将有来自各个场景的海量设备接入网络，而这些设备又各自包含不同维度的数据。当消费者各维度的相关行为数据被记录、上传，并打通相互之间的壁垒，消费者的画像将更加立体。而这对于营销领域来说，既是一个对处理、应用数据的极大挑战，又是一个真正实现精准营销的好机会。

1.3.3.3 基于元宇宙的开放式营销

元宇宙是一种基于技术的新兴移动互联网社会形态，被形容成一个平行于现实世界的三维虚拟空间，所有现实世界中的人都可以通过"网络分身"在元宇宙娱乐交流，技术、内容

---

① 物联网（Internet of Things，简称 IoT）是指通过各种信息传感器、射频识别技术、全球定位系统、红外感应器、激光扫描器等各种装置与技术，实时采集任何需要监控、 连接、互动的物体或过程，采集其声、光、热、电、力学、化学、生物、位置等各种需要的信息，通过各类可能的网络接入，实现物与物、物与人的泛在连接，实现对物品和过程的智能化感知、识别和管理。

和社交是元宇宙存在与发展的三大核心要素。

技术方面，算力持续提升、高速无线通信网络、云计算、区块链、虚拟引擎、VR/AR、数字孪生（Digital Twin）[①]、机器人等技术创新逐渐聚合，使得人们不断接近元宇宙的奇点。

内容方面，于 2011 年上线的"Roblox"是一个兼容了虚拟世界、休闲游戏及自建内容的在线游戏创作社区，公司持续构建完全沉浸的数字社区，兼具游戏、开发、教育属性。同时仿真引擎以及 Z 世代多元的创造性赋予了 Roblox 成为真正的 UGC（User Generated Content，用户生产内容）平台的基础，向着元宇宙世界加速迈进。

社交方面，随着元宇宙进一步发展，人类生活的数字化程度将进一步提升，在虚拟世界中用户间能够进行通过文字、图片和视频的实时传输模拟在现实世界中的信息传递情景。

互联网流量见顶，元宇宙提供了触达消费者的新渠道，各行业品牌正积极参与元宇宙进行试水，充分挖掘元宇宙潜力价值以保持品牌的领先性。其中主要包括以各类游戏内容提供元宇宙体验的 Fortnite[②]、腾讯、EA[③]等，通过平台提供探索的 Meta、Google 等，提供 UGC 支持的 Roblox[④]、Epic games[⑤]、Unity[⑥]等，提供空间计算能力、去中心化服务、人机交互服务及基础设施建设的各类企业，更进一步的论述可参见 12.2 小节。

课后作业

1. 请简述网络营销思维模式发展。
2. 结合你的理解，谈谈你对网络营销发展趋势的展望。

[①] 英文术语 Digital Twin，简称 DT，指充分利用物理模型、传感器更新、运行历史等数据，集成多学科、多物理量、多尺度、多概率的仿真过程，在虚拟空间中完成映射，从而反映相对应的实体装备的全生命周期过程。

[②] "堡垒之夜"，一款第三人称的射击游戏，游戏中分为玩家间对抗和玩家与电脑对抗两种游戏模式。

[③] 美国艺电公司（Electronic Arts，NASDAQ：ERTS，简称 EA），是全球著名的互动娱乐软件公司，主要经营各种电子游戏的开发、出版以及销售业务。

[④] 世界最大的多人在线创作游戏。至 2019 年，已有超过 500 万的青少年开发者使用 Roblox 开发 3D、VR 等数字内容，吸引的月活跃玩家超 1 亿。Roblox 是一款兼容了虚拟世界、休闲游戏和自建内容的游戏，游戏中的大多数作品都是用户自行建立的。从第一人称射击、角色扮演到竞速、解谜，全由玩家操控这些圆柱和方块形状组成的小人们参与和完成。在游戏中，玩家也可以开发各种形式类别的游戏。

[⑤] Epic Games 是近十年来最负盛名的游戏制作团队之一，主要是因为旗下最为畅销的"战争机器"系列。团队研发的虚幻 3 引擎为无数的游戏制作团队所采用。

[⑥] Unity 是实时 3D 互动内容创作和运营平台，包括游戏开发、美术、建筑、汽车设计、影视在内的所有创作者，借助 Unity 将创意变成现实。

第 2 章

品牌网络传播理论基础

 学习目标

1. 了解品牌的定义和特征
2. 了解品牌网络营销的定义和特征
3. 了解品牌网络传播和整合营销传播的全过程
4. 了解新媒体、社交媒体和自媒体间的联系与区别

早在 1955 年，美国学者加德纳（Gardner）和列维（Levy）就在《哈佛商业评论》上发表了论文《产品与品牌》，指出了品牌和产品的差异，但直到 20 世纪 70 年代，人们仍然很少谈及和注意品牌，偶尔提到，也将其和商标等概念不做区分。20 世纪 80 年代，品牌的地位强势崛起，几次著名的并购案，使品牌得到了企业、营销领域的极大关注，并在全球掀起热潮。

1985 年，英国食品和烈性酒企业大都会公司以 55 亿美元收购了皮尔斯伯瑞公司。该收购价是皮尔斯伯瑞公司本身股市价值的 1.5 倍，更是它有形资产价值的 7 倍。1988 年，瑞士雀巢公司以 50 亿瑞士法郎的价格收购了英国郎利·麦金塔什公司，这个收购价格是郎利·麦金塔什公司股市价格的 3 倍、公司资产总额的 6 倍。1988 年，美国菲利普·莫里斯公司为扩大市场收购卡夫食品公司，莫里斯公司总计花费了 129 亿美元，这个收购价是卡夫公司有形资产的 4 倍。同年，法国食品巨头 BSN 以 250 亿美元购买了烟草巨头 RJR Nabiso 公司，这笔巨资几乎是后者市值的 2 倍。

这几次巨额的并购案震动了企业界，也向世人证明了品牌的价值。皮尔斯伯瑞公司旗下拥有皮尔斯伯瑞、绿巨人、汉堡王等著名品牌，郎利·麦金塔什公司旗下拥有奇巧、八点以后、宝路等著名的糖果点心品牌。

根据美国网络对话以及国际商标协会的调查，在网络使用中，1/3 的使用者会因为网络上的品牌形象而改变其对原有品牌形象的印象，50%的网上购物者会受网络品牌的影响。因此，通过互联网营销渠道使客户形成对产品和品牌的全面认知，进而激发用户更深层次的需求并和品牌发生联想重构消费场景，成为品牌营销的重要议题。

2.1 品牌的定义和特征

2.1.1 品牌的定义

1960 年，美国市场营销协会把传统品牌定义为一种名称、术语、标记、符号或设计，或它们的组合运用，以此辨认某个销售者或某个消费者群体的产品或服务，并使之同竞争对手的产品区分开。

当前，企业的市场竞争经过产品竞争、价格竞争和服务竞争之后，进入了品牌竞争阶段。在信息爆炸的 21 世纪，产品极度丰富，竞争已呈白热化，消费者的注意力成为最稀缺的资源，强势品牌也就成为争夺消费者最有力的武器。

《广告研究》杂志的编辑向美国著名的广告研究专家拉里·莱特请教他对于未来 30 年里品牌营销的看法。访谈中，莱特说的一段话现在已成经典："未来营销之战将是品牌之战，是为获得品牌主导地位而进行的竞争。企业和投资人将把品牌视为企业最有价值的资产。品牌是至关重要的概念……拥有市场比拥有工厂更重要，而拥有市场的唯一途径就是拥有占据市场主导地位的品牌。"不论是企业界还是学术界，品牌都受到前所未有的重视，品牌管理也已经成为市场营销最热门的显学。

2.1.2 品牌的特征

品牌的特征一般有以下几个方面。

2.1.2.1 品牌的专有性

品牌是用以识别生产者或销售者的产品或服务的，品牌拥有者经过法律程序的认定，享有品牌的专有权，有权要求其他企业或个人不能仿冒、伪造，这一点也是品牌的排他性。

2.1.2.2 品牌的价值性

由于品牌拥有者可以凭借品牌的优势不断获取利益，可以利用品牌的市场开拓力形成扩张力，因此品牌具有价值性。这种价值并不能像物质资产那样用实物的形式表述，但它能使企业的无形资产迅速增大，并且可以作为商品在市场上进行交易。

2.1.2.3 品牌发展的风险性和不确定性

在品牌成长的过程中，由于市场的不断变化、需求的不断提高，企业的品牌资本可能壮大，也可能缩小，甚至在竞争中退出市场。品牌的成长由此存在一定风险，对其评估也存在难度，品牌的风险有时产生于企业的产品质量出现意外，有时由于服务不过关，有时由于品牌资本盲目扩张而运作不佳。

2.1.2.4 品牌的表象性

品牌是企业的无形资产，不具有独立的实体，不占有空间，它的目的就是让人们通过一种比较容易记忆的形式来记住某一产品或企业。因此，品牌必须有物质载体，需要通过一系列的物质载体来表现自己。品牌的直接载体主要有文字、图案和符号，间接载体主要有产品的质量、产品服务、知名度、美誉度、市场占有率。优秀的品牌在载体方面表现较为突出，如可口可乐的文字，使人们联想到其饮料的饮后效果，其红色图案及相应包装也能起到独特的效果。

2.1.2.5 品牌的扩张性

品牌具有识别功能，代表一种产品、一个企业。企业可以利用这一优点施展品牌对市场的开拓能力，还可以利用品牌资本进行扩张。

课后作业

1. 请简述品牌的定义和特征。
2. 举例说明你认为成功的品牌，并说明为什么你认为它能获得成功。

2.2　品牌网络营销的定义和特征

从传统工业时代开始，企业便不遗余力地塑造品牌形象，以让企业的产品广为人知。这个过程漫长，且耗费大量人力和财力，但无法实现大范围的品牌传播。在互联网兴起的 30 多年间，经历了技术革新、快速发展和多元化融合后，社会经济、文化和生活发生了显著的变革，营销活动迎来了全新的机遇。

2.2.1　品牌网络营销的定义

品牌网络营销目前没有一个公认的、完善的定义。人们在不同时期从不同的角度对网络营销的认识也有一定的差异，主要是因为在网络传播环境在不断发展、变化，不断更新的网络营销模式层出不穷。并且，网络营销涉及多个学科的知识，不同研究人员具有不同的知识背景，因此在研究方法和研究内容方面有一定差异。

从网络营销的内容和表现形式来看，有一种流传较广的定义，即网络营销就是"网络+营销"，网络是手段，营销是目的。但这个观点只从某些方面反映出网络营销的部分内容，无法体现出网络营销的实质。为了研究的规范性，有必要为网络营销下一个比较合理的定义。

笼统地说，凡是以互联网为主要手段开展的营销活动，都可称为网络营销，但实际上并不是每一种手段都合乎网络营销的基本准则，也不是任何一种方法都能发挥网络营销的作用。

网络营销可以基本定义为："基于互联网络及社会关系，网络连接企业、用户及公众，向用户及公众传递有价值的信息和服务，为实现顾客价值及企业营销目标所进行的规划、实施及运营管理活动。"

随着时间的推移，这种定义可能显得不够全面，且不能反映时代特征。所以，我们对网络营销概念的理解不能僵化，而需要根据网络营销环境的发展、企业实际情况、实践操作等综合因素灵活运用。

2.2.2　品牌网络营销的特征

2.2.2.1　时域性

互联网能够超越时间约束和空间限制进行信息交换，这使得营销脱离时空限制变成可能，企业可以每周 7 天，每天 24 小时随时随地提供全球性营销服务。

2.2.2.2　富媒性

互联网被设计成可以传输多种媒体的信息，如文字、声音、图像等信息，这使得为达成交易而进行的信息交换能以多种形式进行，可以充分发挥营销人员的创造性和能动性。

2.2.2.3　交互性

互联网可以通过展示商品图像，商品信息资料库提供有关的查询，实现供需互动与双向沟通，还可以进行产品测试与消费者满意调查等活动。

2.2.2.4 个性化

互联网上的促销是一对一的、理性的、消费者主导的、非强迫性的、循序渐进式的，而且是一种低成本与人性化的促销，避免了推销员强势推销的干扰，并通过信息提供与交互式交谈，与消费者建立长期良好的关系。

2.2.2.5 成长性

通过互联网进行信息交换，代替以前的实物交换，一方面可以减少印刷与邮递成本，另一方面可以减少迂回多次交换带来的损耗。

📝 **课后作业**

1. 请简述品牌网络营销的定义和特征。
2. 除了本书给出的定义，请用自己的话概括品牌网络营销的含义。

2.3 品牌网络传播与整合营销传播

2.3.1 网络整合营销传播

"营销即传播"，首先体现为营销过程中各种关系的建立，这些关系是通过多种传播方式和手段建立的。唐·E. 舒尔茨（Don E.Schultz）在其著作中明确提到："由营销过程来看，我们认为从产品设计、包装到选定销售渠道等，都是在跟消费者进行沟通。众所周知，广告、公关、促销、直销、行销等，都是不同形式的沟通、传播。但值得一提的是，店内商品陈列、促销及为产品所做的零售广告等也算是传播，甚至产品的售后服务也是一种传播。"[①]因此，品牌传播就是品牌营销。

网络营销是伴随着互联网和电子商务的发展而出现的新营销概念。网络不仅是单向信息流的载体，而且是信息互换的手段；网络服务不仅能帮助交易双方达成合约，而且能为物流服务和结算服务提供新的途径。在信息技术日益发达的 21 世纪，网络已经成为营销信息沟通非常重要的渠道。此外，由于企业内部信息系统的完善，生产、分销、采购和供应链管理趋于信息化和网络化，网络促成了企业内部各部门的营销导向，使企业内部营销发生质的变化。尤其值得一提的是，网络技术在收集客户资料、建立营销数据库以及营销活动面向全球化的过程中扮演了不可忽视的作用。

2.3.1.1 品牌传播理论发展阶段

（1）品牌传播静态过程理论

提到品牌传播，我们一般会联想到品牌拥有者，即传播者、传播媒介、受众等三个必不可缺的要素。罗宾·兰达指出，受众是指所有与品牌（消费）经历、品牌广告或社会公关活动相关的任何个体或群体。[②]

如果我们把品牌看作一种静态过程，对品牌的理解就必然要出现偏差，致使品牌建构过多地从形式要素和外在动因去推动品牌运动，如对企业形象设计、产品包装和广告非常重视，在即时的或近期的传播效果往往投入了极大的精力和资源，却忽略品牌传播的内在要因。

（2）品牌传播动态过程理论

所谓品牌的动态过程，是指消费者对品牌需求的变化、品牌环境的改变以及品牌传播过程的变化。这些变动因素最终由传播过程来实现品牌建构，并不断地改变品牌的构建方式和消费者的品牌印象。加拿大著名传播学家麦克卢汉曾经说过媒介即信息，由此我们也可以说品牌即传播。

（3）整合营销传播阶段

20 世纪 90 年代提出的整合营销传播理论（Integrated Marketing Communications, IMC），更进一步强调了品牌传播的重要性和必要性。随着市场的发展，品牌传播的经典模型 AIDA

---

① 美国西北大学教授，整合营销传播理论的开创者。其经典著作有《整合营销传播》，是享誉世界的"整合营销传播之父"。

② 罗宾·兰达，是美国新泽西肯恩大学设计系的杰出教授，被卡内基教育促进基金会推选为时代的伟大教师之一，代表作有《跨媒介广告创意与设计》。

已经不能解释品牌传播中的一些新现象。[①]与此同时，品牌传播模式也在不断发展，主要表现为：

第一，传播的过程由单向传递转为双向沟通。

第二，传播内容重视符号化的消费者价值观和生活方式，而不只是品牌名称、利益等信息。

第三，随着互联网成为新的传播媒介，品牌传播的双方可以越过市场人员，直接从单个消费者到另一个消费者。

品牌传播是从品牌到消费者的联结过程。在传统意义上，都将品牌化过程描述成向市场参与者传播品牌价值的外部阶段。随着品牌竞争的日益白热化，品牌传播已经成为市场竞争的主要内容之一。

2.3.1.2 基于整合营销传播的模型与分析

（1）以受众直觉为导向的模型

在品牌传播模型方面，首先是知觉模型，品牌持有人通过媒介向消费者发送信息，消费者简单接受这些信息，其中涉及三个部分：品牌、媒介消费者。知觉模型的经典代表是香农—韦弗模型（Shannon&Weaver，1949）。达格玛模式（DAGMAR 模型[②]）也由此发展而来，认为品牌向消费者发送理性信息，消费者根据接收到的信息做出判断和行动。这些知觉模型都可以看作同一个体系下的不同侧重面。

著名的 AIDA 传播模型就是在此理论基础上建立起来的。早期的 AIDA 主要针对广告效果测量，强调的是：信息得到消费者的注意（Attention），引起其兴趣（Interest），消费者产生购买欲望（Desire），随后采取行动（Action）。在随后几十年中，AIDA 模型产生了各种变式，如加入了 M（Memory）或 C（Conviction）或 S（Satisfaction）等概念，强调记忆、信任、满意在品牌传播中的重要性。在 IMC 理论体系下的 AIDA 模型有了进一步发展，指出品牌拥有者向消费者发送的信息不只是理性信息，还包括情感信息，A 在某些变式中指代认知（Awareness）。

（2）社会利益相关者视角的品牌传播模型

Meyer 的品牌创造社会模型充分考虑了消费者个人经历、人格、偏好、市场体验、想象以及媒介诸多因素影响，认为品牌传播是消费者经过调节和协商，对市场营销产出进行翻译和再创造的过程。同时期，营销界出现了关系营销（Relationship Marketing）概念和利益相关者理论（Stakeholder Theory），强调企业在制定营销战略时，应该考虑各个利益相关者（包括顾客、政府、媒体以及其他社会团体和组织）的要求，以达到互惠双赢共同发展的目的。

---

① AIDA 模式也称"爱达"公式，是艾尔莫·李维斯 Elmo Lewis 在 1898 年首次提出总结的推销模式，是西方推销学中一个重要的公式。它具体是指一个成功的推销员必须把顾客的注意力吸引或转变到产品上，使顾客对推销人员所推销的产品产生兴趣，这样购买欲望也就随之产生，尔后再促使采取购买行为，达成交易。

② 1961 年，美国广告学家 R·H·科利（Russell H·Colley）认为广告的成败，应视他是否能有效地把想要传达的信息与态度，在正确的时候、花费正确的成本、传达给正确的人。为此，他在著名的《为衡量广告效果而确定广告目标》一书中提出"为度量结果而确定广告目标"的方法（Defining Advertising Goals for Measured Advertising Results）。我们称其为 DAGMAR 模式（达格玛模式），别名为科利法。

市场的实践和发展带来理论模型的创新，而理论模型的发展又促进了营销传播方式的发展变革，两者形成了一个互相促进的发展系统。

近几年来，体验（Experience）成为学者们关注的热点。这一阶段的营销模式突出了情感体验对消费者的重要性，消费者往往基于瞬间的情绪情感体验做出决策。因此，有研究者认为情感才是联结消费者与品牌的关键因素，品牌成功的最高境界是品牌挚爱（Brand Love）。消费者对品牌的热情、信任等情感，大量是从体验中产生的。

（3）品牌社区传播模型

品牌社区的概念由穆纳茨（Muniz）和欧吉恩（O'Guinn）（2001）提出，他们将品牌社区定义为基于品牌爱好者之间关系形成的不受地域限制的特殊团体。品牌社区以消费者对品牌的情感利益为联系纽带。在品牌社区内，消费者基于对某一品牌的特殊感情，认为这种品牌所宣扬的体验价值、形象价值与自身的人生观、价值观相契合，从而产生心理上的共鸣。Upshaw 等人认为一切与品牌有关的利益相关者（如员工、顾客、股东、供应商、战略伙伴及其他利益相关者）都应包括在品牌社区内。Mc Alexander 等人（2002）强调了核心消费者（Focal Customer）概念，认为品牌社区是以消费者为中心的一种结构，在该结构中存在着与消费者相联系的各种关系和实体。品牌社区概念出现之后，学者针对品牌社区的传播模式提出了一系列理论模型，主要有穆纳茨（Muniz）和欧吉恩（O'Guinn）提出的三角关系模型，该模型强调以品牌为媒介的消费者之间的关系。

回顾各个阶段的品牌传播模型，品牌传播的核心逐步从品牌拥有者向消费者发生偏移。因此，对于品牌社区，仍然有许多具体问题需要进一步深入研究，品牌社区的形成机制、心理特征、成员特质以及不同商品种类或品牌的品牌社区差异等都是值得探讨的话题。

品牌传播研究至今，越来越趋近于各个学科的综合运用。从许多角度上来说，针对消费者本身尤其是核心消费者的研究，或将成为品牌研究中更现实和迫切的问题。整合营销传播的思想已经成为信息时代的主流品牌传播观念，基于消费者利益的双向机制成为焦点。利益相关者为主导和品牌社区意识下的品牌传播模型成为研究热点，也有许多实证问题需要深入研究。

2.3.2　整合营销传播

1964 年，杰罗姆·麦卡锡（Jerome McCarthy）[1]提出了 4P 理论，即运用产品（Product）、渠道（Place）、价格（Price）、促销（Promotion）四个因素构建营销策略组合。其中，最后一个环节 Promotion，即企业通过短期措施（比如降价、买赠），吸引其他品牌的消费者或导致提前消费来促进销售的增长。这一通过短期活动来传播产品信息的理念，便是营销学框架下整合营销传播概念的早期雏形。随着营销实践的不断深入、媒体技术的日新月异，20 世纪末 21 世纪初，学者们开始从各个角度探索整合营销传播的定义。

整合营销传播是将与企业进行市场营销有关的一切传播活动一元化。唐·E. 舒尔茨认为："整合营销传播是一个业务战略过程，它是指制订、优化、执行并评价协调的、可测度的、

---

[1] 美国密西根大学教授，"4P"理论的创始人，20 世纪著名的营销学大师。他曾发表过多篇论文，编写了多本市场营销类的书籍，并担任多家知名企业的市场营销顾问。

有说服力的品牌传播计划，这些活动的受众包括消费者、顾客、潜在顾客、内部和外部受众及其他目标。"整合营销传播一方面把广告、促销、公关、直销、CI①、包装、新闻媒体等一切传播活动都涵盖于营销活动的范围之内，另一方面则使企业能够将统一的传播资讯传达给消费者。其核心思想是通过企业与顾客的沟通满足消费者价值方面的需要，强调以消费者为中心。

2.3.2.1 整合营销传播四阶模型

（1）第一阶段：战术协调

第一个阶段是战术协调，也是整合营销传播的初始阶段，即围绕一个重点传播主题，整合广告、促销、公关、包装、新闻媒体等传播活动，使企业与营销的一切活动一元化，目标是为企业客户提供一个连续一致的传播规划。

唐·E. 舒尔茨强调了"speak with one voice"（用一个声音传播）的观点："每一条信息都应使之整体化和相互呼应，以支持其他关于品牌的信息或印象，如果这一过程成功，它将通过向消费者传达同样的品牌信息而建立起品牌资产。"这意味着顾客与企业的关联不再是通过单一的、分散的营销传播活动，而是整合各种传播活动，使之能够相互配合，传达统一、一致的信息，创造一个统一的传播形象，从而能实施起更有效的营销传播。通过持续性、深层次的沟通，企业不断探索与消费者所共同追求的利益最高点，最终满足消费者在各方面的需求。目前消费者处在一个信息爆炸的时代，只有持续且有效地"speak with one voice"（用一个声音说话），才能更好地抢占消费者的注意力，强化品牌形象。

（2）第二阶段：以客户为中心

第二阶段强调了以"客户为中心"的方法，认为客户或潜在客户与企业之间的所有能够产生连接的沟通接触点都应该被考虑在内。整合营销传播要做的就是寻找企业和用户之间一致性的区域作为品牌接触点，然后通过沟通扩大一致范围。接触点就是指无论何时何地，现有顾客和潜在顾客对品牌形象或者可传递信息的体验，包括所有与品牌有关的信息传播，其中每一个接触点都可以说是某种形式的品牌信息传播。

根据品牌与顾客之间沟通的信息渠道来源的不同，可以将品牌接触点分为四类，即计划接触点、产品接触点、服务接触点、非计划接触点。企业只有抓住并有效管理能够影响品牌价值传递和价值提升的关键因素，才能更好地与消费者进行沟通。

就产品接触点而言，产品是消费者体验品牌的核心环节，需要不断向消费者提供优质的产品，满足消费者的需求，让消费者在与产品接触的过程中收获良好的体验，增强消费者对于品牌的好感度。

就服务接触点而言，企业应该加强对于员工素质的培训，做好售前、售中、售后的服务管理，为消费者提供良好的购物体验。

就非计划接触点而言，特别要提及危机公关管理。有些时候一些突发事件会产生品牌危机，而目前信息传播的速度很快，如果不第一时间处理危机，品牌形象将会大打折扣。因此，

---

① 也称 CIS，是英文 Corporate Identity System 的缩写，一般译为"组织识别系统"。CI 设计，即有关企业形象识别的设计，包括企业名称、标志、标准字体、色彩、象征图案、标语、吉祥物等方面的设计。

企业必须要完善危机评估机制与预警机制，建立危机信息收集、传递、治理及评估的畅通渠道，建立一整套科学、有效的评估体系和具体可行的操作办法，并建立健全危机应对机制，在危机发生时启动应急措施，积极主动地与消费者进行沟通。

（3）第三阶段：信息技术应用

随着信息技术的发展，企业每天会接触顾客的大量直接数据或者间接数据，而这些数据对于构建消费者画像有着举足轻重的意义。企业将这些大量的、分散的数据进行搜集、清理与清洗，更好地了解消费者的需求，并优化与消费者的沟通。

大数据时代，通过核心技术的驱动和数据的挖掘模式的运用，企业可以进行内部数据挖掘、优化资源，进行消费者行为与心理分析的监测与反馈，使营销更为精准且高效，并根据实时的效果反馈帮助企业及时调整投放策略。同时，促使整个媒体市场的整合与共享，提高媒介和广告的质量，提高经济效益、传播效果。

（4）第四阶段：财务和战略的整合

财务和战略的整合，强调企业的营销部门和财务部门的共同努力，结合具体的财务指标，如从财务角度评估顾客或潜在顾客的价值或潜在价值、评估获客和留客的成本等，由此衡量投资回报率。

2.3.2.2 整合营销传播的其他模型

1. 舒尔茨—田纳本—劳特朋的 IMC 模型（Schultz-Tannenbaum-Lauterbon Model）

该模型体现了传播战术在营销中的重要性：营销即传播，传播即营销，二者密不可分。该模型以数据库、消费者细分、接触管理、沟通战略，共同发展整合营销传播活动的主体，即传播战术的组合：广告、公共关系、促销、直销、商品陈列、店头广告、售后服务。同时，模型也表达出整合营销传播战术取决于消费者细分、顾客接触点、沟通战略、外部环境等营销战略方面的要素。整体上，该模型强调了消费者细分的基础，明确了沟通战略的导向，嫁接了接触管理的理念，并整合了诸多的沟通方法。但尚未提及整合营销传播的预算管理以及对反馈结果的控制（见图 2-3-1）。

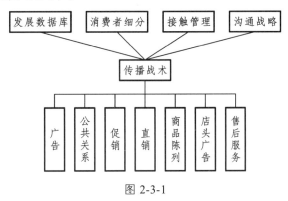

图 2-3-1

2. 贝尔齐的"IMC 计划模型"（Belch's IMC Planning Model）

贝尔奇除了设计了完整的整合营销传播计划模型以外，还将整合营销传播的方案分为广告、直销、促销、公共关系、人员推广五种类型，这一模型使传播方案的执行路径逐渐清晰起来（见图 2-3-2）。

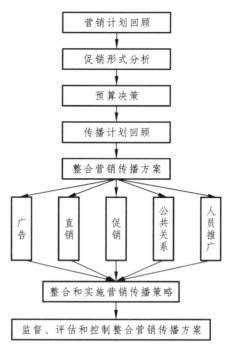

图 2-3-2

2.3.2.3 整合营销传播的优缺点

（1）整合营销传播的优点

一是传播过程始于消费者。

二是使用各种形式的方法和消费者接触。

三是营销传播要素协同发挥作用。一个品牌的营销传播必须"用一个声音说话"，信息和媒介的协调对树立一个有力统一的品牌形象并使消费者倾向于采取购买行动极为关键。总而言之，"用一个声音说话"或者说协同作用，都要求为品牌选择一个独特的定位描述。定位描述是企业的重要理念，一方面包括一个品牌所要代表的目标市场的想法，另一方面包括通过各种媒介渠道向消费者传递的一致信息。

四是和消费者建立关系。可以说，关系的建立是现代市场营销的关键，而整合营销传播又是建立关系的关键。所谓关系，就是品牌和消费者之间持久的联系。成功的关系能够引起消费者的重复购买甚至对品牌的忠诚。

五是最终影响消费者行为。

（2）整合营销传播的局限

整合营销传播最大的局限是它包括从计划到执行的各种营销传播形式，但几乎没有营销传播服务提供者具有如此广范围的技能。

在整合营销传播中，除了应该明确使用哪些营销传播工具以及其所占比率外，还必须针对消费者和潜在消费者的咨询、痛点、建议等，做好信息的建立和传递工作。企业的组织架构、管理团队的职业素养、营销预算以及外部合作机构的协同能力均会对品牌的整合营销传播效果有较大的影响。

2.3.3 网络营销与整合营销传播

简单来说，网络营销就是以互联网为主要平台，为达到一定营销目的的全面营销活动。该过程由市场调查、客户分析、产品开发、销售策略、售后服务、反馈信息等环节组成。

网络营销是随着互联网进入商业应用而产生的。尤其是万维网（www）、电子邮件、搜索引擎、社交软件等得到广泛应用后，网络营销的价值变得越来越明显。其中，可以利用的手段众多，如 Email 营销、微信营销、博客与微博营销、网络广告营销、视频营销、竞价推广营销和搜索引擎优化排名营销等。总体来讲，凡是以互联网或移动互联网为主要平台开展的各种营销活动，都可称为网络营销。

而整合营销是对营销资源的全面整合，将各种营销工具和手段系统化组合，然后根据环境进行即时的动态修正，将每个独立的营销工具整合成一个整体，产生协同效应。其通过对营销方式、营销渠道、营销思维的合理配置和利用，完善企业的生产行为和市场行为，并充分调用一切可利用的因素实现企业的传播目标。对于企业如何进行整合营销传播并没有相对固定的规则和思维，只有结合实际情况、营销目标和目标人群制作的整合营销方案，才能真正满足企业整合营销传播的需求。

课后作业

1. 请简述品牌传播理论不同发展阶段的特点。
2. 试分析不同整合营销传播模型的特点并比较其不同之处。

2.4 新媒体、社交媒体和自媒体间的联系与区别

信息时代的到来，为新媒体、自媒体以及社交媒体的发展带来了前所未有的机遇，但很多人在研究这三者时却经常混淆不清，那么它们之间究竟有什么联系和区别呢？

2.4.1 新媒体

"新媒体"（New Media）一词源于美国哥伦比亚广播电视网（Columbia Broadcasting System，简称 CBS）技术研究所所长戈尔德马克（P. Goldmark）1967 年的一份商品开发计划。之后，美国传播政策总统特别委员会主席 E. 罗斯托（E·Rostow）在向尼克松总统提交的报告书中，也多处使用了 New Media 一词（1969 年）。由此，"新媒体"一词开始在美国流行并迅速扩展至全世界。

联合国教科文组织对新媒体的定义是："以数字技术为基础，以网络为载体进行信息传播的媒介。"美国《连线》对新媒体的定义是："所有人对所有人的传播。"

这两个定义反映了新媒体的两个核心要点：第一，传播媒介是基于互联网的新媒介；第二，传播者是所有人。不过第二个特点在新媒体发展早期并没有被强调，直到自媒体迅速发展，普通个人作为传播者才引起广泛关注。

2.4.2 自媒体

自媒体（We Media）概念在 2002 年年底由专栏作家丹·吉尔默（Dan Gillnor）首先提出。美国资深媒体人谢因·波曼（S·Bowman）和克里斯·威里斯（C·Willis）联合发布的名为"We Media"的线上研究报告指出："自媒体是普通大众经由数字科技强化、与全球知识体系相连之后，一种开始理解普通大众如何提供与分享他们自身的事实、新闻的途径。"

这个定义的重点是普通大众，即自媒体的核心。传统媒体把传播者和接收者区分得很清楚，是一种自上而下、点对面的传播方式。自媒体打破了这种不公平的传播方式，强调普通大众也可以成为传播者，传播者和接收者的界限被模糊，传播方式转化为点对点。从定义分析，自媒体是一种特殊的新媒体，对新媒体中的传播者做了更严格的限定。

当把新媒体的传播者限定为个人时，它们就成了自媒体，如个人博客、个人主页、个人日志等（见表 2-4-1）。

表 2-4-1　新媒体和自媒体的比较

	传播者	信息	媒介	接受者	传播效果
新媒体	媒介组织、个人	符合监管要求的任何信息	基于互联网的新媒介	所有人	引起受众思想观念、行为方式等的变化
自媒体	个人	符合监管要求的任何信息	基于互联网的新媒体	所有人	引起受众思想观念、行为方式等的变化

2.4.3 社交媒体

"社交媒体"（Social Media）的概念最早出现在安东尼·梅菲尔德（Antony Mayfield）的《什么是社会化媒体》（*What is Social Media*）一书中。在该书中，社交媒体被定义为"一种给予用户极大参与空间的新型在线媒体"。以 Facebook（2021 年 10 月更名为 Meta，以下统一用 Meta）和 Twitter 为代表的社交媒体在全球产生了巨大的影响力，并逐渐发展成为与门户网站、搜索引擎和电子商务相匹敌的互联网基础性应用。

迪昂·安立夫（Dion Hinchcliffe）认为社交媒体的定义应遵循一些基础规则：以对话的形式沟通，而不是独白；参与者是个人，而不是组织；诚实与透明是核心价值；引导人们主动获取，而不是推给他们；分布式结构，而不是集中式。

社交媒体与其他新媒体的区别在于，社交媒体在网络中模拟了真实世界的人际关系，并且将真实世界的信息传递方式在互联网进行移植、扩大，使得个体的声音被传播得更远。同时，它的传播者也是个人，不是组织。所以，我们可以把社交媒体理解成一种特殊的自媒体，它强调接收者由所有人变成基于社交网络的传播者。

当为自媒体的接收者创建一个社交网络时（这个社交网络可以基于熟人关系，可以基于兴趣爱好等），它们就成了社交媒体，如基于兴趣社交的微博、基于熟人社交的微信、基于知识社交的知乎等（见表 2-4-2）。

表 2-4-2　自媒体和社交媒体的比较

	传播者	信息	媒介	接受者	传播效果
自媒体	个人	符合监管要求的任何信息	基于互联网的新媒介	所有人	引起受众思想观念、行为方式等的变化
社交媒体	个人	符合监管要求的任何信息	基于互联网的新媒介	社交关系链上的人	引起受众思想观念、行为方式等的变化

2.4.4 新媒体、自媒体和社交媒体的关系

新媒体概念最为广泛，自媒体是一种特殊的新媒体，社交媒体又是一种特殊的自媒体。三者的关系如图 2-4-1 所示：

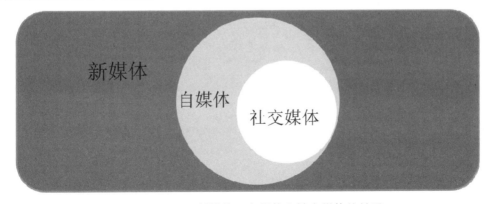

图 2-4-1　新媒体、自媒体和社交媒体的关系

课后作业

1. 试比较新媒体、社交媒体和自媒体间的区别。
2. 你认为新媒体、社交媒体和自媒体间的关系是什么？

第 3 章

品牌网络传播的架构体系

 学习目标

1. 了解品牌网络传播三大要素的内涵
2. 了解品牌互动营销的三大维度
3. 了解品牌网络传播的不同工具及其分类

随着新技术的发展，特别是互联网带来的冲击和影响，品牌这个创造企业与消费者双重价值的事物，与互联网结合在一起。由于网络本身的特殊性，品牌在进行网络传播时也面临着严峻的挑战，诸多的品牌传播问题和误区开始逐渐暴露出来。因此，如何让品牌在网络传播中既充分整合传统品牌传播的优势，又发挥网络本身的交互性、快捷性、全球性等优点，进而有效地选择传播策略为品牌的建设服务，成为企业关注的焦点。

3.1 品牌网络传播的三大要素：内容、关系链、场景

3.1.1 内容

3.1.1.1 内容三大特点：模糊化、碎片化、感官化

优质的内容永远是有价值的，因而很多人将在新媒体创业叫作内容创业。新媒体内容呈现三大特点：模糊化、碎片化和感官化。

（1）模糊化

随着普通用户参与内容生产的程度越来越高，品牌网络传播内容生产主要有以下几种模式：

一是 PGC（Professional Generated Content，专家生产内容）。比如新浪门户，基本由专业编辑生产文章。

二是 UGC（User Generated Content，用户生产内容）。比如社交平台抖音、快手上的大部分内容都是由用户贡献的。

三是 PUGC（Professional User Generated Content，即"专业用户生产内容"或"专家生

产内容"），将 UGC 和 PGC 融合。例如知乎，早期采用邀请制注册方式，邀请各领域的意见领袖（Key Opinion Leader，KOL）入驻，早期的知乎主要由这些意见领袖生产内容。后来随着社区开放，普通用户除了围观，也可以积极贡献内容。

这三种内容生产模式并没有绝对的优劣之分，PGC 由"点"到"面"，对受众的穿透性强；UGC 的多元化生态黏度更好；而 PUGC 结合了两者的优点。由于社交的多元化，P 和 U 的界限越来越模糊，在合适的情景下，三者可以互相转化，由此体现出内容生产的模糊化。

（2）碎片化

随着移动互联网的普及，人们在更多的生活场景中使用手机。用户使用手机的时间产生了显著特点——时间碎片化。时间碎片化意味着用户无法长时间聚焦在一件事情上。因而，内容需要顺应这个特点，以碎片化的形式触及用户。

中国视频业态的起源，最早可追溯到 2004 年。历经 14 年的发展蜕变，由最初的 20 分钟微电影发展到 15 秒短视频。除视频外，文字的呈现方式也在变化，如为了输出较大的信息量，除了以长文方式推送给读者阅读，还可以以对话式的文字来呈现。

（3）感官化

碎片化信息趋于饱和，品牌便通过制造"持续性局部注意力"（Continuous Partial Attention），即在某一时刻让用户持续沉浸在内容中，来吸引用户注意力。利用人的视觉、听觉、嗅觉、触觉、味觉，将产品特色与感官结合，营造品牌的体验式场景，打造品牌的专属营销内容，给用户留下深刻的印象和品牌记忆点，从而影响用户的消费抉择，建立起有效的品牌资产。

3.1.1.2 品牌网络传播内容的步骤

（1）内容以品牌战略为中心

品牌网络传播的内容服务于品牌战略，用清晰的品牌定位指导内容传播的展开。通过图片、文字、动画、音频、游戏和直播等形式向用户传递有价值的品牌信息，表达品牌文化，提升企业形象，形成显著独特的竞争优势，扩大企业的影响力。

（2）内容从满足用户需求出发

内容必须基于对消费者的深刻洞察，不断根据他们的需求进行生产创作，从而与其产生共鸣，获得用户关注和提升转化率。同时，让消费者参与内容的创造和传播过程，生成用户创造内容，形成二次传播，触及更多的潜在用户，从而扩大品牌影响力。和用户共享品牌文化内涵，共创品牌精神空间，增加品牌社会价值。

（3）内容场景化建立品牌依恋

在消费者的注意力日益碎片化的今天，品牌需要持续输出相关高质量内容吸引消费者的注意力，为消费者创造场景体验、情绪体验和其他附加价值。场景化的内容从生活角度出发，通过一种独特的沉浸感和代入感将内容生动形象地呈现在大众面前。品牌根据不同消费者群体的用户画像设置不同的使用场景，让消费者感受到品牌与日常生活是息息相关的，从而激发特定场景下消费者对品牌的依恋。

3.1.2 关系链

3.1.2.1 品牌网络营销关系链分类

（1）弱关系链

弱关系即陌生人关系，如微博、知乎、小红书等。弱纽带效应促使具有不同社会特征的品牌用户相互连接，形成弱关系链，体现了传播的广度。在弱关系网络中，用户群体关系的发展摆脱了地域、时间等维度的约束，尽管个体之间亲密度低，但数目庞大，用户建立起连接后可以实现品牌信息的快速传播和裂变，有效扩张品牌社群边界。同时，由于建立起弱关系链的用户具有不同的社会背景和资源，品牌需要搭建符合不同用户需求的新场景，保持场景多元化，实现关系链的扩张。

（2）强关系链

强关系即熟人关系，大家彼此熟悉，个体心理、地理位置接近，如微信中的好友列表。强关系链更能传递归属感和影响力，在品牌和用户之间建立更强的信任感，从而对用户品牌态度产生一定影响，提高用户的品牌认同度和购买力。同时，强关系链是用户间基于共同价值观和商业利益的高效交互连接，更便于品牌洞察用户特征，开展垂直精准营销，变现服务。

3.1.2.2 关系链连接方式

新媒体主要由用户生成内容，尤其进入 Web2.0 时代后，信息流动的方向从单向变成了多向。因此，在内容传播时，社交关系链随之改变。从社交维度，可以将人和人的关系分为三个方向：1 对 1、1 对多和多对多。

（1）1 对 1：单个用户之间

1 对 1 的关系链更多存在于单个用户之间，关系更加私密和直接，从社交场景的维度考量，1 对 1 属于点对点的社交。1 对 1 的场景分为"企业和用户 1 对 1""用户间 1 对 1"，维护好 1 对 1 的关系可以增强用户参与感。品牌做个人微信号的原因之一就是可以和用户建立 1 对 1 的关系链。

（2）1 对多：社交货币

一对多的关系指用户群发或主动表达的这一系列行为，可以用社交货币的概念解释。社交货币这个概念出自社交经济（Social Economy），用于衡量用户分享品牌相关内容的倾向性。社交货币涵盖了用户主体在社交网络上的所有行为，用户能利用他人乐于分享的特质来塑造自己的产品或思想。品牌网络传播需具备社交货币，其能有效提升品牌的感知质量、品牌信任和品牌忠诚。在 1 对 1 的传播中，用户之间是两点间的联系，不涉及传播量。而在 1 对多的传播中，每个用户的好友数不同，影响力也不同。线的连接有两个因素：一个是连接的广度，即能直接影响多少人；另一个是连接的深度，也就是最多能连接多少圈层。

（3）多对多：社交圈层

社交圈层和圈层之间的信息传播就是多对多的关系，关系到信息传播的频次和深度。圈层是多维度的，可能和地域、职业、兴趣爱好、社会关系等相关。2021 年后，中国网民数量超过 10 亿，但仍然存在着社交圈层之间互不了解的情况。小型传播事件能在某一个圈子内引爆，而大型传播事件通过内容能够跨越多圈层的人，完成圈层的穿透。所以，在品牌网络传播过程中寻找跨界 KOL 或者渠道十分重要。

3.1.2.3 强化品牌网络营销关系链

（1）拓展关系链传播系统

关系链是基于熟人朋友、兴趣爱好、社会交往等建立的网络连接。各种关系相互交织、延伸，组成了关系网。品牌利用大数据等数字技术能够使用户数据采集变得更为准确，给关系链传播带来更广泛、庞大的数据资源，广泛地连接用户所能触及的关系人群。同时，利用大数据，根据用户的性别、年龄、生活方式、文化背景、网络行为等个性化属性以及社交关系，实现信息的精准化投放；形成快速分享、兼容的传播矩阵，从而实现品牌在关系链中更广范围、更精准的传播。

（2）寻找优质意见领袖

优质的意见领袖具有强大的吸引力和传播能力。选择影响范围广、引领能力强而又与品牌形象和目标消费者关联度高的意见领袖，在社交网络中进行先导性传播，可以带动粉丝自然、积极、主动地参与品牌传播活动。加之品牌提供富有黏性、新鲜有趣的信息，极易提高用户思想及行为的热度和兴奋度，使信息在关系链中呈现排浪式流动，产生良好的推广效果。

（3）保持关系链活跃度

强化关系链中的用户关系，增强关系链的活跃度，可以保持用户对品牌的信任度。一方面，关系链中的每个用户都黏连着多重关系，通过引导用户在微博、微信等社会化网络中互动，用户关系得以交互、延伸、强化，品牌信息可以在庞大的社交网络中传播、并持续流动。"留言及评论"和"好友邀请加入互动"是两种主要的增强网络人际关系的互动传播方式，用户间的互动拓展了人际传播范围，形成病毒式传播效果。另一方面，品牌还可以通过完善用户权利、提供精品定制、组织线上线下的活动等方式培养粉丝黏性，增强品牌认可度，刺激消费行为。

3.1.3 场景

3.1.3.1 品牌网络营销场景分类

（1）按界面划分

按照界面形式划分，营销场景可以分为现实场景、虚拟场景、现实增强场景三种类型。现实场景是基于现实界面形成的建构于现实生活中的场景形态。虚拟场景是指通过互联网络的线上服务为受众提供满足其媒介预期的虚拟界面环境，用户进行消费体验一般是从虚拟场景开始，做出购买决定后才会进入现实场景。因此，在移动互联环境下，虚拟场景的搭建尤为重要。可从用户的实时状态、空间环境、生活惯性、社交关系着手，将每一类别进行概念化操作。现实增强场景则是现实场景与虚拟场景相结合的产物，虚拟场景内容能够有效增强现实场景内容的表达强度与呈现效果，从而提升用户对现实场景的感知与认同。人工智能、AR（Augmented Reality，增强现实）、VR（Virtual Reality，虚拟现实）等技术从人感官的方方面面进一步精准复制技术环境，推动虚拟与现实之间的融合。

（2）按功能划分

按照场景的功能划分可以分成实用功能场景、享乐功能场景。马斯洛的需求层次理论将人类需求从低到高分为五个层次，依次是：生理需求、安全需求、社交需求、尊重需求和自我实现需求。能够满足受众的生理需求、安全需求等基本生活需求的场景是实用功能场景，满足受众的社交需求、尊重需求、自我实现需求等更高层次需求的场景是享乐功能场景。

3.1.3.2 品牌抢占场景先机的三个要素

（1）场景适配

场景适配包括目标用户、线上线下场景、营销内容三个方面的适配。目标用户适配指品牌为目标用户在其需要的时候提供符合场景的信息。线上线下场景的适配是指品牌利用人工智能和虚拟现实等技术寻找线下与线上场景的连接点，促进二者融合。场景营销需要达到营销内容的适配，即目标人群在营销场景中看到的内容与自身相关或者符合情境，可引起用户共鸣或者影响用户的态度和行为。

（2）触发频次

场景的触发频次，是指用户可能在该场景出现的次数。健身房用户可能一星期只去一次，属于低频场景。而微信用户一天可能要刷五六次，一次看 10 条信息，这样一个月可能要看1500 条信息，属于高频场景。高频场景意味着接触频次高，存在更多传播的可能性。

（3）沉浸体验

基于手机等移动设备带来的影响，受众的时间变得碎片化，企业利用好碎片化时间抢占场景入口并提供优质的体验将有益于提升自身的竞争优势。用户在某场景停留的时间越长，接收的信息就越多或者越深入，其商业价值的想象空间也越大。品牌可利用 VR、全息投影、可穿戴设备等增强用户在场景中的沉浸式体验和互动。

3.1.3.3 品牌利用场景进行网络营销的作用

场景作为一种人为构设且被建立的环境，是品牌基于对用户数据的挖掘、追踪和分析，在由时间、地点、用户和关系构成的特定场景下，连接用户线上和线下行为，为用户提供实时、定向、创意的信息和内容服务。品牌通过与用户的互动沟通，不断创造并满足用户对产品的需求和体验，以提升品牌美誉度和传播力，不断拉近用户和品牌的距离。一方面它是品牌在用户原来的诉求基础上提出的解决方案。另一方面，品牌也可以挖掘用户潜在的痛点，提出用户尚未意识到的诉求，构建一个新的场景，解决用户的需求。

📝 课后作业

1. 举用现实例子说明关系链的三个方向：1 对 1、1 对多、多对多。

2. 如何理解社交货币？

3. 试分析关系链三个方向的内涵。

4. 在新媒体环境中，场景有什么特点？

5. 品牌如何抢占场景先机？

3.2 品牌互动营销的三大维度：人—货—场

人—货—场三维度场景化营销主要是以用户体验为核心，围绕用户有可能使用产品的场景进行各种主题的人—货—场三维度场景立体设计。"人"主要是以用户为中心，吸引新老用户、品牌或商家快速引流。"货"指产品营销、货物营销。"场"主要指主题和场景。随着电商与内容的融合，传统用户"需求确认—信息搜集—购买决策"的购物模式被改变，随之而来的是"人—货—场"的三维关系。人从同质化消费向差异化、个性化消费转变，货从简单的商品概念向品牌价值、全方位体验转变，场从线上、线下零售终端向泛零售、多元化场景转变。品牌对于人—货—场的深耕以及关系重构，诞生了不同的商业模式与发展机会。

3.2.1 互动营销的关键：人

在传统品牌传播中，企业更多关注的是货和场，好而全的产品、优惠的价格、好的商圈地理位置和一站式服务，是企业营利成功的关键。在网络传播的背景下，品牌更多关注了人的重要性，以人为中心，关注消费者的体验，通过大数据和互联网的技术，提供个性化的服务，实现新的发展。

3.2.1.1 作为消费者的用户：引爆用户增长

企业作为商业组织，终极目标是获取利润，获取利润的前提是用户规模的增长和企业销售额的增长。只有用户规模不断增长，才能实现企业销售额和利润的持续性增长。企业一方面通过大数据技术对消费者数据进行分析与挖掘，深入了解消费者的需求和购买偏好，为消费者提供定制的个性化服务。另一方面进行精准化营销，提高顾客忠诚度。同时，企业在品牌自身和营销方式中融入新元素，引导顾客新需求和新消费方式，抢占新市场，培养潜在顾客。

3.2.1.2 作为内容生产者的用户：建立强连接关系

移动互联网时代的用户需求更为个性化、多元化。用户在进行消费决策时，不但会考虑商品本身，还会考虑服务与体验。和企业精心设计的营销内容相比，他们更愿意相信朋友圈中亲朋好友的口碑推荐。因此，加强品牌建设、对用户开展社群化运营成为企业的必然选择。企业应该把顾客看作企业内部的一部分，满足顾客更高层次的情感需求，增加与顾客的情感关系；让顾客有一定的情感归宿，感受到自己不仅是消费者，而且是企业的参与者。通过高效便捷的移动互联网，让用户参与到企业生产经营活动之中，为企业开发新品提供创意与灵感，为企业业务流程改造建言献策，帮助企业测试新品、口碑传播、处理公关危机等。

3.2.2 品牌网络营销的连接体：货

货是用户和企业之间的连接体，一切购买活动的目的都是为了获得相应的货。货指产品营销、货物营销，既包括实体货物，又包括虚拟服务。随着消费升级，人们对产品需求的边界无限扩大。

3.2.2.1　产品创新：全方位满足用户需求

传统营销中"正确的产品"有可测量、可改进、可控制的标准。在网络营销时代，以用户为主体满足用户感知、情感、心理层面的需求是很难用数据和标准来衡量的。多元化消费时代的商品需要被重新定义，不仅要具备功能性、实用性、耐用性等基本属性，还要输出文化、价值观、生活方式，具备独特的风格与调性。因此，品牌需要不断靠近用户，缩短用户距离，不断迭代创新产品，依据用户外延需求增强产品体验感。

3.2.2.2　产品售卖：优化配送供应链

除了不断创新产品满足用户需求，企业也在构建更加高效智能的供应链，为实现便利性与体验性的用户体验提供可能。第一，根据企业的规模、产品的类型制定正确的供应链策略。第二，品牌方整合线上线下平台，建立线上线下信息共享，线下平台基于地理位置技术对线上平台的物流配送环节进行赋能以提高物流配送效率。第三，建立扁平化供应链，供应商直接发货给用户，提高货物供应效率。

3.2.3　品牌网络营销中的路径：场

场主要指主题和场景，企业通过建立不同消费场景，增强客户体验。场景化营销中的场景化有初级场景化和综合场景化之分。初级场景化指企业采用单一方式构建场景，比如在声音、图片、文字、视频、现实等方式中，只采用其中一种方式来触动客户购买欲望。综合场景化是通过以上几种方式综合起来进行构建场景。而新营销背景下的场被泛化，不再局限于终端，处处皆可零售成为现实。

3.2.3.1　场景化营销：提升用户消费体验

在多元化的消费时代，消费场景需要更具沉浸感。同时，日渐加快的生活节奏及智能手机的推广普及，使消费场景呈现出碎片化、移动化的新特性。此外，物联网、人工智能、AR/VR技术的应用，又使消费场景数字化、智能化、智慧化。消费场景打造要和人们的本地化生活场景相结合，要实现千人千面地定制化打造，通过大数据建立顺畅、无缝的全渠道用户场景路径，结合消费者在不同场景中的差异化需求，推送其感兴趣的内容，刺激更多的冲动消费及口碑传播。

3.2.3.2　新营销环境下优化场景布局

（1）熟知消费者各种场景路径

根据消费者现实场景、虚拟场景、融合场景的各种消费习惯和消费行为，以及后台的浏览数据、时间，延伸出消费者场景路径。不仅包括日常生活、工作场景，还要从中选择出部分关联性强、易引起共鸣的场景，将它们串联起来，然后依靠一定技术和设备，绘制出特定的消费者场景路径。

（2）营造时间—空间—关系立体场景

场景的构建要自然、恰当，让消费者有顺其自然、舒服的感觉。因此，企业根据移动端消费者时间线，将产品植入各个消费者日常生活以及工作场景，随时随地随需及时出现在消费者面前，让消费活动更便捷、更简单。关系维度就是企业重视客户端社区或者社交营销，客户通过产品分享，建立论坛、社群方式进行参与，让客户之间互相影响，最终激发众多客户的购买欲望。

（3）熟练操作营销推广中心

从用户视角进行营销推广，平台营销中心的推广管理模块分为常规营销、货品营销、买家引流、主题营销、品牌营销和其他营销。首页会展示各个营销场景数据，还有运营活动展示区、数据区（展示各种数据、筛选日期）、账户学习区等。其中，每个营销模块有各自的基础推广方式，如关键词推广、定向推广、测品测款、爆款助推、快速引流、主题营销。每种推广方式在是否能自选关键词、是否有人群、地域溢价、主要功能等方面均有所不同。

（4）融合多元化营销策略

场景化营销的转化率高是因为每个场景挖掘了新的商机，适应新的时代，顺应客户新的需求。场景营销包含情感营销、精准营销等。但是整个营销策略，除了场景营销外，也必须将其他不同的营销方式补充进来，多元化融合，才能获得全赢。因此，只有超越传统单一的营销方式，结合其他营销方式进行复合营销，才能完成更大规模的销售任务。

3.2.4 "人—货—场"场景化营销案例

3.2.4.1 便利蜂

（1）人——专属服务

便利蜂的品牌愿景是"使用大数据和智能软硬件，突破固有的便利店购物体验，以用户为中心，围绕每个用户个体进行专属服务，使用户获得切实的便利"。便利蜂主要通过 App 来实现对用户的精致与便利服务。便利蜂 App 承载的功能主要有四个：线上支付、线下自助购物、线上购买后自提、送货上门。用户可以选择在购物后用便利蜂 App 端支付。

（2）货——高效的供应链

便利蜂的产品设置与传统超市一致，为消费者提供丰富的商品种类，满足消费者的日常需求。但在货物配送上，便利蜂通过与同城速递公司合作，将 TOB 的配送需求交由闪送负责以来提高自己的配送效率。便利蜂的货物以数字化模式管理，实现采购、销售、支付、服务等环节的运营智能化，借助大数据改善供应链模式、提高供应链效率。

（3）场——自助式购物

便利蜂的线下店采取自助购物模式，但与 Amazon Go 即买即走的无人收银模式相比，便利蜂的线下自助购物还有一段差距。自助购物本应解决的是高峰期的排队问题，但实际上并没有提升结算效率。到 2020 年的时候，自助购物限制 9 件商品以内，门店自提更多的是对送货上门的一种补充。并且，自提也是在收银台完成，如果收银员来负责自提交货，会降低收银效率；如果安排专人负责，又会增加人员成本。

3.2.4.2 无印良品模式

（1）人——提供舒适、便捷服务

无印良品致力于为客户带来舒适的购物体验，因此在商品上，无印良品不让产品过多地干预消费者的生活，而是从商品的本质出发，努力设计让生活更便利、更有质量的产品。同时，无印良品还开发了"MUJI passport"App 提供商品导购功能、促销活动信息，对会员进行管理，为线上到线下的导流提供了极大的便利。

（2）货——产品升级但不脱离生活

无印良品的品牌定位是注重材料、注重产品本质的功能、注重简约和节约、崇尚自然。无印良品基于上述原则，主要升级设计普通商品，造出便于生活用的产品。保持原材料的原始特点，避免不必要的加工，如餐具不加印花纹、使用再生纸的文具不进行漂白、对松木板材不进行涂装等。

（3）场——"生活方式店（Lifestyle Store）"

在店内陈设上，无印良品参照了陈列美学。例如，一个大货架的底层为销售区，以方便顾客取货；中层为展示区，用于展示产品用途；高层陈列区带给顾客视觉冲击，以带给客户沉浸式的购物体验。

3.2.4.3　永辉超级物种

（1）人——从需求出发，以流量为王

永辉超级物种以吸引客流量为主。根据 2020 年海通证券发布的一份报告，超级物种"目前最好的店"单日高峰一天 60 万人次以上，日均客流 6000~7000 人次。超级物种以增加顾客消费频次和滞留时间为主要目的，逐步巩固消费者对超级物种的依赖感。超级物种虽然没有在会员管理上下大功夫，但是它的设计均以消费者需求价值为出发点，如考虑到工作压力大导致家庭烹饪时间少、家庭规模变小、健康和营养的需求提升等原因，超级物种对商品类型、商品数量、商品附加服务等进行了调整。

（2）货——品类齐全、全面覆盖

超级物种集合了"超市"与"餐饮"的供应链，不仅销售日常使用的货物，还提供食品加工、养生体验等服务选项，如超级物种在福州的店铺不仅销售商品，还融合了 8 个精致美食工坊，包括鲑鱼工坊、波龙工坊、盒牛工坊、麦子工坊、咏悦汇、生活厨房、健康生活有机馆、静候花开花艺馆，颠覆传统超市销售概念，增加了体验型商品，全方位覆盖商品类型。

（3）场——体验型商业综合体

永辉超级物种以"超市+餐厅"跨界混搭的空间设计为特点，综合性极强，可以容纳大量消费者。比如，上海五角场的超级物种店分为两层：一楼的空间划分为四部分，两个入口处分别是销售酒类的吧台、卖烘焙产品店铺和联营的花坊，中间 O 型动线的长条区域是销售食品用品的"有机馆"；二楼面积稍大，除楼梯口一排冷柜，两边分布盒牛、波龙、沙拉、鲑鱼 4 个工坊，中间是餐饮区，约可容纳 100 人就餐。

📝 **课后作业**

1. 如何理解营销中人、货、场的概念？
2. 如何理解不同场景下用户的概念？
3. 举例说明"人—货—场"场景化营销案例。

3.3 品牌网络传播的工具

品牌网络营销工具是企业或个人为实现品牌营销目标而使用的各种网络技术、方法和手段。基本特征包括：具有信息发布、传递和交互等基本功能；有广泛的互联网用户基础；在一定时期内具有明确的功能及用户价值并具有可遵循的规律性，从而可以利用这些功能和规律实现网络营销信息传递。常见的网络营销工具有企业网站、App、浏览器、搜索引擎、电子邮件、电商平台、即时信息、微博等。根据工具和服务本身的性质，本书将网络营销工具按功能分为五个主要类别：信息源的创建及发布工具、网络信息传递工具、信息检索工具、知识付费工具、顾客沟通交互工具及网络营销管理分析工具。由于一种网络营销工具普遍具有多种功能，本书按照其主要功能进行分类和介绍。

3.3.1 信息源创建及发布工具：品牌官网、博客、App、社交媒体平台等

官方信息发布渠道包括企业自主运营的网络平台及建立在第三方服务平台的官方信息。其中内部信息源，也称为自主信息源，即品牌可以自主掌控的网络营销资源尤其重要，包括官方网站、官方博客和官方 App 等。外部信息源，即建立在第三方平台上的官方信息源，如官方社交媒体平台（微博、微信等）、天猫旗舰店等，则具有更广泛的用户基础和传播功能。官方社交媒体平台在作为信息源工具的同时，更多地承担了与用户实时交互的任务，本章后续内容将着重介绍外部信息源的在线交互营销价值。本节主要介绍品牌常用的内部构建工具：品牌官方网站、官方 App、相关网站及社交媒体平台。

3.3.1.1 品牌官网

品牌网站是可控性最强的网络营销工具之一。品牌网站的共同特点是：希望通过网站运营，实现用户增长、品牌升级、顾客服务及顾客满意度提高等营销目标。也就是说，品牌网站的核心在于其网络营销导向，否则便失去了品牌网站存在的意义。无论企业规模多大，建立自己的企业官方网站都是必需的。企业网站是综合性网络营销工具，核心工作都围绕企业网站的建设、运营维护及推广管理等方面来进行。

3.3.1.2 企业官方 App

随着智能手机、平板电脑等移动终端设备普及率大幅提升，用户的行为习惯逐渐改变，品牌官方 App 在网络营销中发挥着越来越重要的作用。作为移动端用户的入口，品牌官方 App 已经成为网络营销的综合工具之一。App 将品牌及产品信息植于其中，通过用户主动下载，在使用过程中实现信息传播，并获得用户的行为信息，为开展大数据营销积累基础数据。在传播内容上，App 则通过图片、视频诸多元素融合品牌元素，让用户可以全方位感受产品或品牌，提升对品牌和产品的认知度，与消费者建立情感关联。在用户行为上，App 能够满足用户在移动互联网环境下获取品牌信息及购买产品或服务的需求。

3.3.1.3 关联网站

关联网站是以网络推广为目的而特别规划设计的、区别于品牌官方网站的一种独立子网

站形式。在品牌网络营销的总战略指导下，通常由下属机构或职能部门运营管理。关联网站的信息源专注于品牌的某一领域或某项具体活动。有品牌、产品、服务和营销关联型网站四种类型。品牌通过关联网站可以提高网站运营维护效率，降低网络营销管理难度；丰富品牌网络营销信息源形式，拓宽网络信息传播渠道，增强信息可见度。同时，由于关联网站搭建的"1+N"的多网站集群网络营销模式架构，具有集群网站之间互相推广、多款品牌产品及服务同步推广、用群体优势获得更多合作伙伴的网络营销资源等优势。

3.3.1.4 社交媒体平台

社交媒体也称为社会化媒体、社会性媒体，指互联网上基于用户关系的内容生产和交换平台，允许用户撰写、分享、评价、讨论、相互沟通。社交媒体是用户彼此之间用来分享意见、见解、经验和观点的工具和平台。现阶段主要包括社交网站、微博、微信、博客、论坛、播客等。社交媒体平台有两个重要特点：一是人数众多，能形成病毒式传播（自发式）；二是具有多样的渠道让品牌的粉丝以多种方式来推广。

社交媒体平台的独特之处在于，它为品牌提供了私有域流量圈的展示机会，让品牌在市场上建立独特的差异化和新颖性，通过识别和展示行业知识，拉近与客户的心理距离，获得潜在和现有客户的信任。

3.3.2 信息传递渠道和载体

品牌信息传递工具包括品牌传递的渠道和载体。信息传递渠道体系包括品牌可控、可用的渠道，通过资源合作、付费使用的渠道等。由于网络信息传递工具和服务较多，可以进一步细分为信息发布与传递一体化的工具和服务，以及第三方工具和服务。本节简要介绍一些常用的品牌网络信息传递渠道和载体。

3.3.2.1 浏览器

浏览器是获取网页信息的必备工具，也是从企业信息网络可见度到用户转化的重要环节。无论是官方网站营销、内容营销、搜索引擎营销，还是网络广告、B2B 电子商务平台营销等，在移动互联网普及之前，都是通过网页浏览器来实现的。在移动互联网中，手机浏览器同样也是必不可少的基础信息获取工具之一。

网页浏览器的品牌营销价值主要体现在四个方面：浏览器是网络信息可见度及用户浏览行为的记录工具；浏览器是网站用户体验的检测工具；浏览器是获取用户访问的入口工具；浏览器是用户转化的重要环节。

3.3.2.2 电子商务平台

电商平台即电子商务平台，是一个为品牌及产品提供网上商务、线上消费交易洽谈的平台。电商平台是品牌运用电子商务模式开展业务的基本形式。目前主流的电子商务模式主要有企业与企业间开展业务的 B2B 模式、企业与个人之间的 B2C 模式、个人与个人之间的 C2C[①]模式，以及将线下线上结合的 O2O（Online To Offline，指将线下商务机会与互联网结合）模式。

---

① Customer to Customer，指个人与个人之间的电子商务，如一个消费者有一台电脑，通过网络进行交易，把它出售给另外一个消费者，此种交易类型就称为 C2C 电子商务。

品牌通过电商平台可以实现品牌及产品网络推广、在线销售、顾客服务等功能。电商平台在拓宽品牌多渠道信息发布渠道的同时，通过建立互联网营销，增加企业信息的网络可见度，让用户通过更为便捷、直观的途径来了解、认知品牌，增加产品可信度，实现从品牌网络推广到网上销售的飞跃。

3.3.2.3 开放式网络百科（WIKI）

开放式网络百科全书是由用户共同参与编写的网络百科全书，为了保持词条内容的权威性和中立性，本来不应该作为网络推广平台的面目出现。但是，由于词条编写者的出发点也有网络推广，为了丰富百科平台内容，WIKI 平台的管理者通常会在一定程度上采取折中的策略，允许在一定范围内含有一定的网络推广信息。这些推广对于绝大多数用户来说，具有隐性的特征，即在相对客观的前提下用适当的方式表现出部分被推广的信息。影响力较大的知名 WIKI 网站有维基百科、百度百科等。

品牌可以通过词条内容直接展示企业的信息或通过在相关知识分享类等词条内容中适当包含某企业或者产品信息，达到网络推广的目的。通过词条正文、参考文献，或者扩展阅读等方式添加网址链接，增强品牌曝光度。但值得注意的是，由于 WIKI 开放式的特点，与其他品牌可以完全自行掌控的网络营销工具相比，其具有不稳定性。

3.3.2.4 电子邮件

电子邮件是最典型的直接信息传递工具。在品牌网络营销活动中，为了向用户提供信息和服务，往往需要用户在线注册个人信息。在个人信息项目中，Email 地址是最重要的内容之一，因为电子邮件是最有效、最直接、成本最低的信息传递工具。拥有用户的 Email 地址对企业开展网络营销具有至关重要的意义。

作为一种在线顾客服务工具，Email 可以一对一直接推广网站、传递品牌信息和提供专业的电子邮件广告。同时，Email 也是在线市场调查的手段，品牌也可以利用电子邮件收集市场信息。

3.3.2.5 论坛 BBS

网络论坛是用于互动交流的平台，如百度贴吧、天涯论坛等。品牌可以利用论坛，通过文字、图片、视频等多种方式发布产品和服务的信息，让目标用户更加深刻地了解产品和服务。同时，论坛强调与用户进行充分的信息交互，在信息交互的过程中传播品牌和产品，可以更好满足用户消费需求，提升品牌形象，达到促进销售的目的。

3.3.3 信息检索工具

利用信息检索工具进行品牌网络营销是品牌获得用户的主要渠道之一。随着互联网应用的快速发展和普及，利用搜索引擎等信息检索工具已经成为人们获取和处理信息的主要方式。依据搜索引擎的收录范围分类，可将搜索引擎分综合搜索引擎和垂直搜索引擎两类。

3.3.3.1 综合搜索引擎

综合搜索引擎就是传统意义上的通用搜索引擎，用户可以通过在搜索栏中输入检索词来搜索任何类型、任何主题的资源。搜索引擎的网络营销功能有品牌信息传递、品牌及产品营销和制造网络推广壁垒等。不仅品牌可以被用户发现检索，品牌也可以通过综合搜索引擎广泛获取行业资讯、了解国际市场动态、进行竞争者分析。但综合搜索引擎仍有信息量大、查询不准确、深度不够等问题。

3.3.3.2　垂直搜索引擎

垂直搜索引擎是针对某一特定领域、某一特定人群或某一特定需求提供的、有特定用途的信息和相关服务的专业搜索引擎。垂直搜索的优势在于能够对互联网应用和网民兴趣的多元化做出及时的反应。面对海量的网络用户，品牌通过垂直搜索可以人为控制访问群体，做到网络中的市场细分，节省了营销成本。垂直搜索引擎使营销更有针对性，也使营销体现出前所未有的个性元素，向着一对一的趋势发展。

3.3.4　知识付费工具

知识付费即移动互联网时代利用信息生产者和消费者之间的信息差，将信息包装成产品/服务并将其通过互联网售卖的行为。信息爆炸时代用户强烈的学习愿望、不断提升的付费能力、逐渐培养起来的付费习惯以及大量需要被利用的碎片化时间推动着用户寻找能够提升自我、解决焦虑的途径。对于品牌方，也即内容生产者而言，知识付费工具为其提供了发布优质内容并以此变现的渠道，并且由于参与方的减少、整体过程的简化，其获利周期缩短，利润率亦有所提升。

目前我国知识付费平台的产品形态可大致分为以喜马拉雅 FM、得到为代表的音频分享模式；以网易云课堂、中国大学 MOOC 为代表的视频课程模式；以知乎、百度知道为代表的知识问答模式和以千聊、荔枝微课为代表的直播模式等，类型丰富多样。

3.3.4.1　音频分享模式——喜马拉雅 FM、得到

喜马拉雅 FM 上线于 2013 年，是一款专业于音频传播的内容分发平台，区别于其他音频类应用，它更像音频付费版的淘宝，采用电台+有声书+付费课程+AI+硬件的模式。其涵盖了小说、相声、育儿、商业、财经等多个领域，以 PGC 和 UGC 作为主要的运营模式。在保证内容制作深度的同时，充分挖掘潜在用户，拓宽内容来源的广度，改变了以往传统广播电台自上而下的线性传播模式。

考虑到网络电台所采用的直播模式经受不住观众频繁换台的考验，喜马拉雅 FM 使用了点播模式，这吸引了众多传统电台加入平台。同时，引入了社交机制能让听众在听取节目过程中可以和主播进行交流沟通。大量品牌开设属于自己的专有频道，并且和微博、微信、QQ 等社交软件连接，让品牌方可以在不同平台进行宣传。

3.3.4.2　视频课程模式——网易公开课、网易云课堂、腾讯课堂等

在线学习平台中尤以网易云课堂和腾讯课程的视频课程模式发展较为成功。

网易公开课，于 2010 年上线，汇集清华、北大、哈佛、耶鲁等世界名校共上千门课程，覆盖科学、经济、人文、哲学等 22 个领域，致力于帮助人们开拓视野看世界，获取有深度的知识。

网易云课堂，于 2012 年上线，作为在线学习平台旨在提供优质的实用技能类课程，课程囊括职场发展、职业岗位、办公效率、IT 互联网等 100 多个细分领域。网易云课堂设有微专业、系列课程、题库等特色版块，笔记、进度管理与学习监督、问答等特色功能。

而腾讯课堂是腾讯主打的在线直播教育平台，于 2014 年上线，以直播为主要的内容形式，下设职业培训、公务员考试、托福雅思、考证考级、英语口语等众多在线学习精品课程。

3.3.4.3 知识问答模式——知乎

知乎上线于 2011 年 1 月，但是直到上线两年多才开始向公众开放注册，前期采取邀请注册制，吸收优质精英入驻。开放注册后，知乎注册用户数量迅速由最初邀请注册的 40 万增加到 400 万。从 2011 年 1 月上线到 2016 年 5 月，用户提出的问题总计达 1000 万个，收到的问题回答数目达到 3400 万个，这些回答获得的点赞数总计超过 3500 万个。截至 2022 年 1 月，知乎个人注册用户总数超过 4 亿，日活跃用户量达 8000 万，人均日访问时长 4 小时，月浏览量 540 亿。

知乎是中文互联网最大的知识问答社区，各行各业的用户聚集于此平台分享彼此的知识与经验。围绕高质量内容社区这一定位，在版本的不断更迭中，知乎逐渐演变为集社区分享与知识付费一体化的平台，先后开创了问答、文章、专栏、知乎大学、付费咨询、知乎 live、知乎书店等多样化核心功能，以更好地完善用户体验，增加用户活跃度。

3.3.5 在线交互工具

品牌网络营销的最终目标是用户，用户是网络营销信息传递的重要环节。通过即时信息工具、网络社交平台等在线交互工具与用户建立连接，实现顾客服务、构建和谐的顾客关系，有利于实现网络营销信息传递。同时，用户也是重要的社会关系资源，是通过社交关系实现品牌信息传递及价值传递的重要渠道。

3.3.5.1 即时信息（Instant Message，简称 IM）

即时信息指可以在线实时交流的工具，也就是通常所说的在线聊天工具。现在国内用户应用最多的即时通信工具是微信、QQ 等。品牌普遍通过企业微信等即时通信工具与用户建立联系。同时，一些电商平台和 App 中也有在线交流工具，如淘宝旺旺和支付宝等。在品牌网络营销中，即时信息可以作为在线用户服务工具，与用户进行实时交流，及时有效地将信息传递给用户，增进关系管理。即时信息具有实时交互性和社交属性，具有广泛推广功能，是一种高效的病毒性营销信息传播工具。但这种工具也存在信息冗杂、规范化管理难度大、不易保存等问题。

3.3.5.2 问答式网络社区（ASK）

ASK 是一种辅助问答式知识分享平台，如百度知道、新浪爱问、知乎等。在这些 ASK 社区中，所有用户都可以提出问题，同时每个人也都可以去回答别人的问题。正是在这种问答中，为品牌的网络推广带来机会。通过提出问题和解答问题将信息传递给目标用户，从专业的角度持续为用户提供有价值的解答，获得用户的认可和信任，树立品牌形象。同时，通过搜索引擎优化等方式扩大 ASK 社区信息的传播范围。

3.3.5.3　官方微博平台

微博即微型博客的简称，全球第一个真正的微博客是 2006 年 3 月推出的 twitter.com。自 2009 年 8 月新浪微博在国内强势推出之后，微博迅速成为普及率最高的互联网应用之一，基于微博平台的微博也成为品牌网络营销最热门的领域之一。微博上的每个用户都可以通过多种方式与其关注者通过微博内容转发、评论、私信、@等方式产生互动和再次传播。品牌利用微博强交互性的特点，与用户实时互动，实现品牌信息传递。

3.3.6　数据分析工具

随着网络营销应用的深入，对品牌网络营销效果及各个环节进行管理分析的要求显得非常重要。通过数据分析工具品牌可以及时掌握网站运营的效果，制定和修正网络营销策略。通过调整运营渠道、推广时段等方式能有效降低网站运营的盲目性。同时，通过数据可以开展用户行为研究，如用户来源地域分布、在网站的停留时间、每个用户访问的页面数量等。

目前数据分析工具可分为对网站访问数据的统计分析工具和各项单一分析诊断工具，如搜索引擎优化工具、网站访问速度测试工具、网站诊断工具、网络广告点击率及转化率分析等。这些工具和软件大多是第三方提供的服务，如 Alexa[①]、百度统计、51yes 网站[②]、流量统计等。

📝 课后作业

1. 信息源创建及发布包括品牌官网、博客、App、社交媒体账号等，试比较它们的优点和缺点。
2. 试比较 B2C 和 B2B 电子商务平台不同的网络营销价值。
3. 营销数据的分析工具主要有哪些？它们的使用场景分别是什么？
4. 站在品牌的角度，你将如何利用知识付费工具扩大品牌声望？

---

① 隶属于亚马逊公司，是一家专门发布网站世界排名的网站，致力于开发网页抓取和网站流量计算。Alexa 是当前拥有 URL 数量最庞大、排名信息发布最详尽的数据分析网站。2022 年，Alexa 官方宣布于 5 月 12 日关闭网站。

② 51yes 是一家很早之前就从事网站流量统计的服务商，跟百度统计类似，功能非常强大，但因为网站无法支付昂贵的服务器费用，已于 2021 年 6 月 1 日停止运行。

传统网络营销工具

经过第 1 章的介绍，我们知道 1994 年是网络营销奠基性的一年，也被认为是网络营销诞生的一年，重要的互联网事件都在这一年发生：互联网上第一个网络广告诞生、利用互联网赚钱、电子邮件营销的兴起、搜索引擎诞生并发挥作用等。这些网络营销工具和方法，在此后 20 多年的时间内，一直是主流的网络营销内容。

在第一次网络营销变革中，传统网络营销蓬勃发展，传统网络营销服务市场初步形成，企业网站建设发展迅速，专业化程度越来越高；网络广告形式不断创新，应用不断发展；搜索引擎营销向更深层次发展，形成了基于自然检索的搜索引擎推广方式和付费搜索引擎广告等模式；网络论坛、博客、RSS、聊天工具、网络游戏等网络介质不断涌现和发展。

4.1 传统网络营销

4.1.1 网络营销的定义

网络营销即"网络+营销"，网络是手段，营销是目的。笼统地说，凡是以互联网为主要手段开展的营销活动，都可称为网络营销。但实际上并不是每一种手段都合乎网络营销的基本准则，也不是每一种方法都能发挥网络营销的作用。真正意义上的网络营销，应该具有其内在的规律性，可以为营销实践提供指导，可以产生实实在在的效果，并且具有可操作性。

冯英健所著的《网络营销基础与实践》第 1~4 版（2001—2015 年）将网络营销定义为："网络营销是企业整体营销战略的一个组成部分，是为实现企业总体经营目标所进行的，以互联网为基本手段营造网上经营环境的各种活动。"

由于近年来网络营销的思想及环境发生了许多重大变化，网络营销的定义发生了变化

（2016 年），具体见下一小节。

可见，网络营销不仅仅是"网络+营销"。网络营销既是一种手段，也是一种思想。有必要说明的是，网络营销的内涵和手段都在不断发展演变中，与以前的网络营销定义一样，"网络营销定义（2016 年）"可能也只适用于一定的时期。随着时间的推移，这个定义可能显得不够全面，或者不能够反映新时期的实际状况。

4.1.2 传统网络营销的定义

传统网络营销目前尚未有一个清晰的界定和定义，传统两个字是相对于第 1 章所讲的网络营销市场化转型，即 2010 年之后而言的。传统网络营销主要表现为营销工具和营销方式的传统化。本书对传统网络营销的定义为：是基于互联网络及社会关系网络连接企业、用户及公众，运用企业网站、搜索引擎、许可 Email 等传统营销工具向用户及公众传递有价值的信息和服务，为实现顾客价值及企业营销目标所进行的规划、实施及运营管理活动。

在 2010 年之前，传统网络营销的应用和发展主要表现为以下几个特征：网络营销服务市场初步形成，企业网站建设成为企业网络营销的基础网络广告形式和应用不断发展，Email 营销在困境中期待曙光，搜索引擎营销向深层次发展，网上销售环境日趋完善。

 课后作业

试用自己的语言阐述传统网络营销的定义。

4.2 企业网站营销

企业网站是企业在互联网上进行网络营销和形象宣传的平台。随着互联网的发展，人们对网络的依赖越来越强，企业网站已经成为企业的门面、名片。企业网站对企业形象宣传和提升有很大的推动作用。同时，企业网站也可以辅助产品的销售，提高销量，为企业的网络营销奠定坚实的基础，进而建立全面的网络营销体系。

4.2.1 企业网站概述

4.2.1.1 企业网站的基本内容

企业网站的基本内容有企业信息、产品及服务信息、销售及促销信息、公众信息和其他信息。企业信息是为了让新访问者对企业状况有初步的了解，是网上推广的第一步，也是非常重要的一步。详尽的产品和服务信息包括所有系列和各种型号的产品，并运用文字、图片资料、视频等方式对产品进行详细的介绍。用户对企业和产品有了一定程度的了解，并且产生了购买动机后，此时企业在网站上就应为用户购买提供进一步的支持，以促成销售（无论是网上还是网下销售）。公众信息包括股权结构、投资信息、企业财务报告、企业文化、公关活动等。根据需要，企业可以在网站上发表其他信息，如招聘信息、采购信息等。对于产品销售范围跨国家的企业，通常还需要不同语言的网站内容。

4.2.1.2 企业网站的主要形式

每个企业网站规模不同，表现形式各有特色。尽管每个企业网站的规模和表现形式各不相同，但从经营的实质来看，不外乎信息发布型、产品销售型、综合电子商务型这三种基本形式，一个综合性电子商务网站包含前两种基本形式。

（1）信息发布型企业网站

信息发布型属于初级形态的企业网站，是中小企业网站的主流形式。这类网站仅作为一种信息载体，主要功能定位于企业信息发布，如企业新闻、产品信息、采购信息等顾客、销售商和供应商所关心的内容，多用于品牌推广及沟通，网站本身并不具备完善的网上交易和订单跟踪处理功能。这种类型的网站建设和维护比较简单，资金投入也较少，在真正开展电子商务之前，网站的内容通常也是以信息发布为主。因此，这类网站有广泛的代表性。

（2）网络销售型企业网站

这类企业网站的价值在于企业基于网站直接面向顾客提供产品销售或服务，改变传统的分销渠道，减少中间流通环节，降低总成本，增强竞争力，通常适用于消费类产品或服务等。网上直销是企业开展电子商务的一种模式，但不是每个企业都可以做到这一点，也不一定适合所有类型的企业。

（3）综合性电子商务网站

网上销售是企业销售方式的电子化，但不是企业电子商务的全部内容，企业网站的高级形态，不仅仅将企业信息发布到互联网上，也不仅仅是用来销售公司的产品，还集成了包括供应链管理在内的整个企业流程一体化的信息处理系统。

4.2.1.3　企业网站的特点

企业网站是企业进行网络营销的基础，这决定了企业网站在网络营销中的地位和作用。企业网站营销不仅直接与其他营销方法相关，也是做好整个网络营销最基础性的工作。作为一个具有网络营销导向的企业网站，其通常具有六大特征，分别是权威性、可控性、长期性、稳定性、适应性和低成本。

4.2.2　网站的建设和结构

4.2.2.1　网站建设的基础

（1）域名

域名（Domain Name）[①]，又称网域，是由一串用点分隔的名字组成的 Internet 上某一台计算机或计算机组的名称，用于在数据传输时对计算机的定位标志（有时也指地理位置）。由于 IP 地址[②]具有不方便记忆并且不能显示地址组织的名称和性质等缺点，人们设计出了域名，并通过网域名称系统（Domain Name System，简称 DNS）来将域名和 IP 地址相互映射，使人更方便地访问互联网，而不用去记住能够被机器直接读取的 IP 地址数串。

（2）服务器

服务器是计算机的一种，比普通计算机运行更快、负载更高、价格更贵。服务器在网络中为其他客户机（如 PC 机[③]、智能手机、ATM 等终端甚至是火车系统等大型设备）提供计算或者应用服务。服务器具有高速的 CPU[④]运算能力、长时间的可靠运行、强大的 I/O[⑤]外部数据吞吐能力以及更好的扩展性。根据服务器所提供的服务，一般来说，服务器都具备承担响应服务请求、承担服务、保障服务等能力。服务器作为电子设备，其内部的结构十分的复杂，但与普通的计算机内部结构相差不大，如 CPU、硬盘、内存、系统、系统总线等。

（3）网站页面

网页是构成网站的基本元素，是承载各种网站应用的平台。通俗地说，所有的网站就是由网页组成的，如果只有域名和虚拟主机而没有制作任何网页的话，用户就无法访问网站。网页是由开发者制作好保存在服务器上的，根据用户发送一个请求，再通过客户端的浏览器

---

① 国家域名的分类可分为不同级别，包括顶级域名、二级域名，三级域名等。顶级域名的分类又分为两类：一是国家顶级域名，目前 200 多个国家都按照 ISO3166 国家代码分配了顶级域名，如中国是 cn、美国是 us、日本是 jp 等。二是国际顶级域名，如表示工商企业的.com、表示网络提供商的.net、表示非营利组织的.org 等。二级域名是指顶级域名之下的域名，是指域名注册人的网上名称，如 ibm，yahoo，microsoft 等。三级域名用字母（A~Z，a~z，大小写等）、数字（0~9）和连接符（-）组成，各级域名之间用实点（.）连接，三级域名的长度不能超过 20 个字符。

② Internet Protocol Address，是指互联网协议地址，又译为网际协议地址。IP 地址是 IP 协议提供的一种统一的地址格式，为互联网上的每一个网络和每一台主机分配一个逻辑地址，以此来屏蔽物理地址的差异。

③ Personal Computer，即个人计算机，是指一种大小、价格和性能适用于个人使用的多用途计算机。台式机、笔记本电脑到小型笔记本电脑和平板电脑以及超级本等都属于个人计算机。

④ Central Processing Unit，中央处理器，即计算机系统的运算和控制核心，是信息处理、程序运行的最终执行单元。

⑤ Input/Output，即输入/输出，通常指数据在内部存储器和外部存储器或其他周边设备之间的输入和输出。输入是系统接收的信号或数据，输出则是从其发送的信号或数据。

下载到客户端的终端机器上，从而形成客户端与服务器的交互界面。文字与图片是构成网页的两个最基本的元素。除此之外，网页的元素还包括动画、音乐、程序等。

（4）前端技术

前端技术一般分为前端设计和前端开发，前端设计一般可以理解为网站的视觉设计，前端开发则是网站的前台代码实现，包括基本的 HTML[①]和 CSS[②]以及 JavaScript[③]/Ajax[④]，最新的高级版本 HTML5、CSS3，以及 SVG[⑤]等。前端的核心技术包括 HTML、CSS、JavaScript。这三个是前端开发中最基本也是最必需的三个技能。前端的开发中，在页面的布局时，HTML将元素进行定义，CSS 对展示的元素进行定位，再通过 JavaScript 实现相应的效果和交互。

（5）后台程序

后台网页分为静态的和动态的。静态的网页不能向服务器端发送数据，只能从服务器端下载数据再由浏览器呈现给用户。这种静态网页功能比较单一，要实现客户端与服务器端的交互，必须制作一个动态的网页，借助后台程序来接受客户端传送的数据。后台程序是在服务器端运行的动态语言，在服务器软件环境支持下把从客户端接受过来的数据编译成服务器端的命令，执行相关的操作。它是企业网站开发技术的核心，程序开发的好坏直接影响到企业网站的功能。制作动态网页是使企业网站具有比较完善的销售功能的一个基本条件。

4.2.2.2 网站建设的结构

（1）线性结构

一般网站都属于线性结构，是以某种顺序组织的，可以是时间顺序，也可以是逻辑甚至是字母顺序。通过这些顺序呈线性链接，如一般的索引就采用线性结构。线性结构是组织网页的基本结构，复杂的结构也可以看成是由线性结构组成的。

（2）二维表结构

一些网站会采用二维表结构，企业网站比较常见。这种结构允许用户横向、纵向地浏览信息。它好像一个二维表，如看课表一样。

（3）等级结构

等级结构由一条等级主线构成索引，每一个等级点又由一条线性结构构成。如网站导航

---

① Hyper Text Markup Language，HTML 的全称为超文本标记语言，是一种标记语言。它包括一系列标签，通过这些标签可以将网络上的文档格式统一，使分散的 Internet 资源链接为一个逻辑整体。HTML文本是由 HTML 命令组成的描述性文本，HTML 命令可以说明文字，图形、动画、声音、表格、链接等。

② Cascading Style Sheets，是一种用来表现 HTML 或 XML（标准通用标记语言的一个子集）等文件样式的计算机语言。CSS 不仅可以静态地修饰网页，还可以配合各种脚本语言动态地对网页各元素进行格式化。

③ 是一种具有函数优先的轻量级、解释型或即时编译型的编程语言。虽然它是作为开发 Web 页面的脚本语言而出名，但是它也被用到了很多非浏览器环境中。

④ Asynchronous Javascript And XML（异步 JavaScript 和 XML）在 2005 年由 Jesse James Garrett 提出的新术语，用以描述一种使用现有技术集合的"新"方法。

⑤ Scalable Vector Graphics，是一种图形文件格式，严格来说应该是一种开放标准的矢量图形语言，可以设计高分辨率的 Web 图形页面。用户可以直接用代码来描绘图像，可以用任何文字处理工具打开SVG 图像。

就是这种结构。在构造等级之前，你必须完全彻底理解你的网站内容，避免线性组织不严的错误给浏览者造成不便。

（4）网状结构

这是最复杂的组织结构，完全没有限制，网页组织自由链接。这种结构允许访问者从一个信息栏目跳到另一个栏目去，其目的就是充分利用网络资源和充分享受超级链接。整个互联网就是一个超级大的网状结构。

4.2.2.3 网站建设的技术

（1）HTML

HTML 指的是超文本标记语言，能将文字、图片、声音等元素组合到一个网页中。HTML是一种典型的标记语言，不受平台的限制，适合在互联网的各种平台之间传送信息。HTML里面有很多种代码，对于初学者来说，要完全记住这些代码不是一件很现实的事情。关于HTML 代码的知识，可以参照关于 HTML 知识方面的书籍。

（2）网页制作工具

有工具可以制作精美的网页，如 Microsoft Frontpage[①]、Adobe Dreamweaver[②]等都是非常方便的可视化网页开发工具。Frontpage 对于初学者来说，是一个比较好的网页制作学习工具软件。而 Dreamweaver 则是一个专业的网页制作工具，功能非常强大。两者都是典型的网页编辑工具，其主要功能是对网页元素的安排。仅仅安排元素的位置还不够，还需要利用图片和动画制作工具软件。Web 上支持显示的图片有很多，GIF、JPG、PNG、BMP 格式的文件都支持。可以用图片制作工具来制作这些图片文件，像 Photoshop、Fireworks[③]都是功能强大的图片处理软件。另外，还需要一些动画来美化点缀网页，可以通过动画制作软件制作动画，如 Flash[④]，是比较优秀的动画制作软件。

（3）其他开发技术

很多企业网站都要求有交互功能，使动态网页开发技术得以长足发展。基于 Web 网络数据库的动态网站由 Web 浏览器作为客户端界面、数据库服务器用作信息存储和连接两者的Web 应用服务器组成。原有开发动态网站的 CGI 技术[⑤]，随着 Web 应用程序的客户端技术不

---

① Frontpage 是微软公司出品的一款网页制作入门级软件，结合了设计、程式码、预览三种模式。所见即所得，使用方便简单，会用 Word 就能做网页，因此相对 Dreamweaver 等软件更容易上手。

② 简称 "DW" 中文名称 "梦想编织者"，最初为美国 Macromedia 公司开发，2005 年被 Adobe 公司收购。DW 是集网页制作和管理网站于一身的所见即所得网页代码编辑器。

③ 由 Macromedia（在 2005 年被 Adobe 收购）推出的一款网页作图软件，软件可以加速 Web 设计与开发，是一款创建与优化 Web 图像和快速构建网站与 Web 界面原型的理想工具。

④ Flash 是美国的 MACROMEDIA 公司于 1999 年 6 月推出的优秀网页动画设计软件。它是一种交互式动画设计工具，可以将音乐，声效，动画以及富有新意的界面融合在一起，以制作出高品质的网页动态效果。

⑤ Common Gateway Interface，公共网关接口，是 Web 服务器运行时外部程序的规范，按 CGI 编写的程序可以扩展服务器功能。CGI 应用程序能与浏览器进行交互，还可通过数据 API 与数据库服务器等外部数据源进行通信，从数据库服务器中获取数据。

断发展，逐渐被 Java Applet、ActiveX①控件、DHTML②和 JavaScript 所取代。现在常用的有 ASP③、PHP④、JSP⑤等工具。

课后作业

1. 试举例分析一个网站的结构及其特点。
2. 举例说明企业网站的不同类型及其特点。

---

① ActiveX 是 Microsoft 对于一系列策略性面向对象程序技术和工具的称呼，其中主要的技术是组件对象模型（COM）。在有目录和其他支持的网络中，COM 变成了分布式 COM（DCOM）。

② DHTML 是 Dynamic HTML 的简称，就是动态的 html（标准通用标记语言下的一个应用），是相对传统的静态的 html 而言的概念。

③ Active Server Pages，是 Microsoft 公司开发的服务器端脚本环境，可用来创建动态交互式网页并建立强大的 web 应用程序。

④ Hypertext Preprocessor，即"超文本预处理器"，是在服务器端执行的脚本语言，尤其适用于 Web 开发并可嵌入 HTML 中。

⑤ JavaServer Pages，是由 Sun Microsystems 公司主导创建的一种动态网页技术标准。JSP 部署于网络服务器上，可以响应客户端发送的请求，并根据请求内容动态地生成 HTML，XML 或其他格式文档的 Web 网页，然后返回给请求者。JSP 技术以 Java 语言作为脚本语言，为用户的 HTTP 请求提供服务，并能与服务器上的其他 Java 程序共同处理复杂的业务需求。

4.3 搜索引擎营销

在以工具为主导的传统网络营销方法体系中，搜索引擎一直是一种重要的营销工具。它是指互联网上专门提供检索服务的一类网站，这些站点的服务器按照一定的方法、规律，通过网络搜索软件或网络登录等方式将 Internet 上大量网站的页面信息收集到本地，加工处理建立信息数据库和索引数据库，从而对用户提出的检索作出响应，提供用户所需的信息。搜索引擎营销（Search Engine Marketing，简称 SEM），是指利用用户使用搜索引擎查找信息的机会，尽可能将商业信息传递给目标用户，达到宣传企业形象，促进企业产品销售的目的。

4.3.1 搜索引擎营销的基本原理与目标层次

搜索引擎营销得以体现的必要条件包括三个环节：一是有用户熟悉使用的搜索引擎；二是用户利用关键词进行搜索；三是搜索结果页面的信息对用户产生吸引，从而产生进一步的点击行为。可见，在搜索引擎及其收录的网络信息既定的情况下，搜索引擎营销取决于用户的行为。因此，本节从用户的搜索行为来研究搜索引擎营销的原理，并在此基础上分析搜索引擎营销的特点和基本特征，为制定及实施搜索引擎营销策略奠定基础。

4.3.1.1 搜索引擎营销基本原理

搜索引擎是用户信息查询和企业网站推广的平台，一个典型的用户搜索流程是：选择搜索引擎，设定关键词或者关键词组合进行检索，对搜索结果进行筛选并点击符合期望的信息，进入信息源网站获得详细的信息。如果用户获得满意结果，本次搜索结束，或者更换关键词重新搜索。如果在更换关键词后仍然没有得到合适的信息，用户可能放弃或者更换其他搜索引擎进行搜索，并重复上面搜索过程。用户通过搜索引擎获取信息的过程如图 4-3-1 所示。

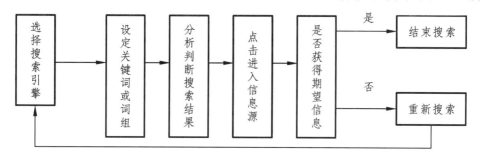

图 4-3-1　用户通过搜索引擎获取信息的过程

搜索引擎营销得以实现的基本过程是：企业将信息发布在网站上成为以网页形式存在的信息源；企业的营销人员，通过免费的注册搜索引擎、交换链接或付费的竞价排名、关键词广告等手段，使自己的网站网址被各大搜索引擎收录到各自的索引数据库中；用户利用关键词进行检索（对于分类目录则是逐级目录查询）；检索结果中罗列相关的索引信息及其链接；用户对检索结果进行判断，选择有兴趣的信息，并点击进入信息源所在网页。图 4-3-2 表达了搜索引擎营销信息传递的过程。

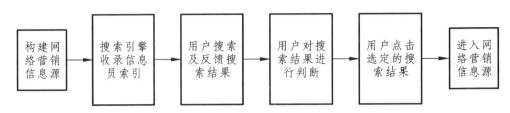

图 4-3-2　搜索引擎营销的信息传递过程

4.3.1.2 搜索引擎营销的特点

与其他网络营销方法相比，搜索引擎营销的特点包括下列六个方面。了解搜索引擎营销的特点，对于我们研究下一节中不同历史阶段搜索引擎营销的模式、方法以及演变趋势具有一定的指导意义。

（1）搜索引擎营销的基础是企业网站

网络营销信息源包括内部信息源和外部信息源，两者都可利用搜索引擎实现信息传递，当然，其前提是信息源发布的网站平台具有良好的网站优化基础。所以，无论是通过企业官方网站、关联网站还是第三方网站平台发布信息，都要求信息发布平台具有搜索引擎优化基础，因为这是企业信息发布获得搜索引擎推广效果的基础。

（2）搜索引擎营销只发挥信息引导作用

搜索引擎检索出来的是网页信息的索引，一般只是某个网页的简要介绍，或者搜索引擎自动抓取的部分内容，而不是网页的全部内容，因此这些搜索结果只能发挥一个引子的作用。如何尽可能好地将有吸引力的索引内容展现给用户，是否能吸引用户根据这些简单的信息进入相应的网页继续获取信息，以及该网页/网站是否可以给用户提供他所期望的信息，这些就是搜索引擎营销所需要研究的内容。

（3）搜索引擎营销是用户主导的网络营销方式

搜索引擎营销可以较好地将营销信息展示到用户面前，却难以强迫或者指使用户的信息检索行为，使用什么搜索引擎、通过搜索引擎检索什么信息完全是由用户自己决定的，在搜索结果中点击哪些网页也可取决于用户的判断。

（4）搜索引擎营销可以实现精准化营销

网络营销的主要特点之一就是可以对用户行为进行准确分析并实现高程度定位，因为使用搜索引擎检索信息的行为是由用户主动发生的，搜索引擎广告的接受没有强迫性，消费者有更多的自主选择权力。在关键词定位方面，完全可以实现与用户所检索的关键词高度相关，从而提高营销信息被关注的程度，最终达到网络营销效果的目的。

（5）搜索引擎营销的直接效果表现为网站访问量

搜索引擎是内容营销的引流方法，也就是为了增加网站的访问量，并不一定直接体现为销售的增加。这个特点意味着，搜索引擎营销的目标是获得潜在用户的访问，至于访问量是否可以最终转化为收益，不是搜索引擎营销可以决定的，还取决于内容价值、产品竞争力等多方面的因素。这也说明，提高网站的访问量是网络营销的主要内容，但不是全部内容。

（6）搜索引擎营销需要适应网络服务环境的发展变化

搜索引擎营销是搜索引擎服务在网络营销中的具体应用，因此在应用方式上依赖于搜索引擎的工作原理、提供的服务模式等因素。当搜索引擎检索方式和服务模式发生变化时，搜索引擎营销方法也应随之变化。因此，搜索引擎营销方法具有一定的阶段性，与网络营销服务环境的协调是搜索引擎营销的基本要求。

4.3.2　搜索引擎优化

4.3.2.1　搜索引擎优化的概念及特征

搜索引擎优化（Search Engine Optimization，简称 SEO），是网站优化的组成部分，通过对网站栏目结构、网站内容、网站功能和服务、网页布局等网站基本要素的合理设计，用户可以更加方便地通过搜索引擎获取有效的信息。

搜索引擎优化的第一个特征是性价比高。搜索引擎优化属于自然优化，与竞价排名相比有一定的优势，而且各个搜索引擎没有限制，即使只针对某一个搜索引擎进行优化，网站在其他搜索引擎中排名也会相应提高，达到企业在关键词推广中重复付费才能达到的效果。第二个特点是信任度高。搜索引擎优化通过修改自身达到的自然排名效果，用户会认为更专业、更可信，同时用户参与度和转化率也更高。第三个特点是见效周期长。不同于网络广告，搜索引擎优化一般要 4~6 个月初步见效，有时候需要更长时间。第四个特点是不稳定。搜索引擎算法经常变，通常会导致网站关键词排名和流量有变动。搜索引擎优化是一个长期坚持的过程，网站做上首页后，还需要后期的维护和管理。同时，也没有办法预测和保证搜索引擎优化后网站的曝光量和点击率。

4.3.2.2　搜索引擎优化的基本内容和方法

搜索引擎优化工作是通过对网站一些要素的合理设计，改善其在搜索引擎检索结果中的表现，获得用户的关注和点击，并为用户提供有价值的信息。因此，为了提升网站对搜索引擎的友好度，提升用户的使用体验，需要从网站的结构、内容和外部链接进行优化。

（1）网站结构优化

为了使用户在浏览网站的时候可以更方便地获取到所需信息，同时也方便搜索引擎更全面地抓取网站数据，企业需要对网站结构进行优化，包括网站结构设计、URL（Uniform Resource Locator，统一资源定位器）设置等。

——网站结构设计

一个合理的网站结构要能正确表达网站的基本内容及其内容之间的层次关系，站在用户的角度考虑，用户在网站中浏览时可以方便地获取信息。网站结构优化包括整体结构和导航两个方面。首先，网站应该保持整体结构的扁平化，一般来说一个网站的栏目最多不要超过 8 个，深度上不要超过 3 个层次。这样用户只需花费少量时间和点击就可以找到所需内容，而不必进行多次纵向点击。其次，对于导航优化的基本要求是清晰、分明。主导航是网站内容的大分类栏目，通常位于页面上方，如淘宝网站首页的天猫、聚划算、天猫超市、淘抢购等；多级导航是对主导航的细分，弥补大型网站中主导航无法列出更多细分类目的缺点，通常呈树形多级分类；底部导航主要包括网站介绍、投诉举报、联系方式等内容，通常位于网站底部（见图 4-3-3）。

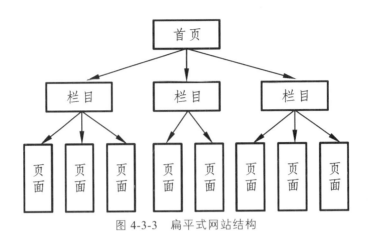

图 4-3-3　扁平式网站结构

——URL 设置

在进行网站 URL 优化时，应采用静态 URL 与动态 URL 结合的方式，其中以静态为主。与动态 URL 相比，静态 URL 的稳定性更好，打开速度更快，有利于提高用户体验。此外，保证 URL 的规范化，使其清晰友好、方便记忆和辨别。URL 一般不宜过长，否则容易影响传播。尽量使用绝对路径的链接，并且制作一个网站地图，方便用户了解网站内容，也方便搜索引擎抓取网站中的链接。

（2）网页内容优化

网站结构的相对稳定性，一旦设计一完成就很少频繁改动，而网站内容则是网站中最活跃的因素。网页内容的优化不仅是提升网站排名的重要方法，更是吸引用户、留住顾客的有效方法，是影响网站搜索引擎优化中的主要因素。网页内容优化包括页面标题、围绕关键词设计的内容、文章内容三个方面。网页标题是搜索引擎用以判断网页主题的一个重要元素，同时也是用户搜索关键词时显示的标题和用户访问网页时显示在浏览器的标签页。网站的页面标题不宜过长，一般来说 6~10 个汉字比较理想，但最好不要超过 30 个汉字。确定关键词之后，应该围绕关键词组织文字，可以在文章中适当插入长尾关键词和相关关键词，方便搜索引擎的识别。文章内容的设计以网页的实际情况为准，文章信息最好有一定的深度，即对用户有价值的内容，便于建立网站的权威，提高用户的信任度。

（3）网站外部链接优化

由于技术型搜索引擎把一个网站被其他相关网站链接的数量作为评估网站级别的因素之一，因此在搜索引擎优化中需要适当考虑网站链接。描述一个网站被链接数量的概念常用链接广度（Link Popularity）来说明。外部链接不仅可以提高网站的权重和排名，还可以为网站带来流量。

外部链接优化可以从以下几方面着手：首先，尽量保持链接的多样性，外部链接的类别有新闻、贴吧、知道、百科等。同时可以发布一些高质量的文章或软文至比较知名的网站上，引导其他网站的分享和转载，从而获得更有价值的外部链接。其次，每天增加一定数量的外部链接，可以使关键词排名获得提升。最后，与一些网站相关性比较高、整体质量比较好的网站合作，交换友情链接，巩固关键词排名。可以达到双赢的效果。比如，天猫首页下方即添加了阿里巴巴集团、高德地图、UC 浏览器等网站的链接。

4.3.2.3 搜索引擎优化作弊与搜索引擎给站长的优化指南

在早期的 META 标签检索为主的搜索引擎中，通过一定的技术手段，也就是用误导的方式获得在搜索引擎中好的排名有时是可以做到的，因此这种网络营销技巧也就广为流传。对于技术型搜索引擎优化的作弊，常见的方式包括关键词堆砌及垃圾等。为提高搜索结果的质量，搜索引擎一直在与搜索引擎垃圾（Spam）作斗争。一些对 SEO 产生浓厚兴趣又不求甚解更不愿脚踏实地进行网站基本要素优化的人，很容易因为盲目的优化而陷入搜索引擎优化作弊的误区。因此，有必要了解搜索引擎优化的作弊问题及搜索引擎给站长提供的搜索引擎优化指南。

为了获得高质量的搜索信息，尽量减少搜索引擎垃圾[①]，针对网站搜索引擎优化的需要，各大搜索引擎都会给网站运营人员提供一些基本方针和指导，值得网络营销人员，尤其是搜索引擎营销人员深入学习和领会，并贯彻到搜索引擎营销工作中去。百度搜索是全球最大的中文搜索引擎，每天响应来自 100 余个国家和地区的数十亿次搜索请求，拥有巨大流量。

本书罗列出部分百度提供的搜索引擎优化指南，从交互体验、移动端搜索、平台工具、算法规范、落地页体验、优质内容指南与搜索合作项目等角度帮助网站合理、可持续地提升流量。

① 百度搜索学堂：https：//ziyuan.baidu.com/college/index#/；

② 百度移动搜索优化指南：https：//ziyuan.baidu.com/college/courseinfo?id=2085&page=2；

③ 百度搜索优化基础知识大全：https：//zy.baidu.com/act/seo?isResponsible=1；

④ 百度搜索算法规范详解：https：//zy.baidu.com/act/guide?isResponsible=1；

⑤ 百度 APP 移动搜索落地页体验白皮书 5.0：https：//zy.baidu.com/act/wp?isResponsible=1。

📝 课后作业

1. 简述搜索引擎营销的基本原理。
2. 搜索引擎营销主要有哪些模式？
3. 请以举例的方式解释关键词排名的规则。
4. 怎么做企业的搜索引擎优化？

---

① 搜索引擎垃圾是为了获得搜索引擎优化效果而采取的作弊行为，造成搜索结果成为事实上的垃圾信息。

4.4 许可 Email 营销

电子邮件是比浏览器更早的互联网应用，Email 营销也是最早的网络营销方式之一，尽管电子邮件的使用率受到即时信息及微信等社交网络等互联网服务的影响，但 Email 营销的作用仍然不可忽视。Email 营销与网络营销的其他方法相辅相成，本身又自成体系，是一个相对完整的内容营销分支。

4.4.1 Email 营销概述

4.4.1.1 Email 营销的概念和基本原理

笼统地说，利用电子邮件实现的网络营销信息传递就是 Email 营销。现在普遍的观点认为，Email 营销是指通过电子邮件方式向顾客发送产品或服务信息及其他促销信息以达到营销目的的活动。

Email 许可营销（Permission Email Marketing，简称 PEM）的原理很简单，企业在推广产品或服务的时候，事先征得顾客的许可。得到顾客许可之后，通过 Email 的方式向顾客发送产品或服务信息。其主要方法是通过邮件列表、新闻邮件、电子刊物等形式，向顾客提供有价值信息的同时附带一定数量的商业广告。在传统营销方式中，许可营销很难行得通，但是互联网的交互性使许可营销成为可能。

4.4.1.2 许可 Email 营销特点

（1）营销范围广

通过电子邮件，企业可以在很短的时间内迅速向全球数千万目标用户发布广告信息，此外，邮件收件人在阅读信件后，将其转发给自己的亲朋好友，还可以引起广告邮件的裂变传播，像病毒一样传递给更多人，进一步扩大营销范围。

（2）建立紧密的用户关系

企业在进行电子邮件营销时，可以通过收集用户的需求信息，投其所好地为其发送个性化、定制化的营销邮件，推广自己的产品和服务。这种营销方式具有更强的针对性，在迎合目标用户喜好需求的基础上，逐步建立和维护了企业与用户之间的关系。

（3）成本低

电子邮件营销是一种低成本的营销方式，企业几乎只需要支付网络费用和搜集信息的成本。这种营销方式只需要满足三个基本条件即可：一是技术，二是用户的 Email 地址资源，三是 Email 营销的内容。同时，电子邮件广告的内容适合各行各业，具有信息量大、保存期长的特点，拥有长期的影响效果，还十分便于收藏和传阅，性价比更高。

（4）简单快捷

电子邮件营销从开始制作到发送，再到获得反应和回馈，整个营销过程的周期比较短，并且可以同时发送数量众多的邮件，制作和发送过程都十分简单，便于掌握。

（5）高反馈率

在电子邮件营销过程中，企业可以非常方便地收集到目标客户的实时反馈信息，包括点击率、回复率等，从而分析出该营销活动的市场反应，及时做出调整。

（6）精准定位

电子邮件营销具有较强的定向性，是一种点对点的传播形式，企业可以针对某一特定的人群发送特定的广告邮件，也可以根据需要按行业或地域等进行分类，通过高精度传播将信息发送到目标客户的邮箱中，增加信息的阅读和传播量，达到更好的宣传效果。

4.4.1.3 Email 营销的分类

不同形式的 Email 营销也有不同的方法和规律，所以首先应该明确有哪些类型的 Email 营销，以及这些 Email 营销分别是如何进行的。

（1）按照发送信息是否事先经过用户许可分类

按照发送信息是否事先经过用户许可分类，可以将 Email 营销分为许可 Email 营销和未经许可的 Email 营销（Unsolicited Commercial Email，简称 UCE）。未经许可的 Email 营销也就是通常所说的垃圾邮件，正规的 Email 营销都是基于用户许可的，如无特别说明，本书所讲的 Email 营销均指 PEM。

（2）按照用户对 Email 地址资源的所有权分类

按照用户对 Email 地址资源的所有权分类，可以将 Email 营销分为内部 Email 营销和外部 Email 营销，或者简称为内部邮件列表和外部邮件列表。内部列表是一个企业/网站利用一定方式获得用户自愿注册的资料来开展的 Email 营销。外部列表是指利用专业服务商或者与专业服务商一样可以提供专业服务的机构，自己并不拥有用户的 Email 地址资料，也无须管理维护这些用户资料。本书中所讲的邮件列表一般是指内部列表 Email 营销。

（3）按照企业的营销计划分类

按照企业的营销计划分类，可以将 Email 营销分为临时性的 Email 营销和长期 Email 营销。临时性的 Email 营销，如不定期的产品促销、市场调查、节假日问候、新产品通知等。长期的 Email 营销通常以企业内部注册会员资料为基础，主要表现为新闻邮件、电子杂志、顾客服务等各种形式的邮件列表。这种列表的作用要比临时性的 Email 营销更持久，其作用更多的表现在顾客关系、顾客服务、企业品牌等方面。

（4）按照 Email 营销的功能分类

按照 Email 营销的功能分类，可以将 Email 营销分为顾客关系 Email 营销、顾客服务 Email 营销、在线调查 Email 营销、产品促销 Email 营销等。

（5）按照 Email 营销的应用方式分类

按照 Email 营销的应用方式分类，可以将 Email 营销可分为经营型 Email 营销和非经营型 Email 营销两类。当以经营性质为主时，Email 营销实际上已经属于专业服务商的范畴。

4.4.1.4 Email 营销的形式

从网络营销目的来看，常见的邮件列表有六种形式：电子刊物、新闻邮件、注册会员通讯、新产品通知、顾客服务/顾客关系邮件、顾客定制信息。

4.4.2 Email 营销的策略

4.4.2.1 内容策略

Email 营销是典型的内容营销模式，Email 营销的技术基础得到保证，并且在拥有一定数量用户资源的前提下，Email 是否可以发挥营销价值，在很大程度上取决于内容设计。用户最关注的是邮件内容是否有价值。如果内容没有意义，即使加入了邮件列表，迟早也会退出，或者根本不会阅读邮件的内容。

4.4.2.2 用户策略

专业的内容是许可 Email 营销的基础之一，而潜在用户数量的多少及对内容关注的程度，则是 Email 营销效果的最根本因素。作为邮件列表营销的三大基础之一，如何获取尽可能多的用户加入邮件列表并保持阅读邮件内容，是邮件列表运营长期且艰巨的工作内容之一。

（1）获得用户资源的方式

用户浏览网站时输入邮件地址订阅邮件列表是最传统的邮件订阅方式。在社会化网络兴起之后，更多地被关注微博、微信公众号等方式所替代。因此，当前最重要的获得用户许可的 Email 地址的方式，是用户注册的过程。

（2）提高用户加入邮件列表的成功率

影响邮件列表订阅成功率的因素包括：邮件列表订阅及确认流程复杂，用户未及时回复邮件确认，涉及敏感的个人信息，某些邮件地址被屏蔽无法收到确认邮件等。为了增加邮件列表订阅的成功率，为用户提供方便的加入/退出方式是非常必要的。

（3）提高用户邮件地址的有效性

有效的 Email 地址是信息得以送达的基础，可以对下列几个问题做出相应的控制和改进来尽量避免错误的邮件地址。尽量采取用户确认才可以加入列表的方式；请求用户使用可以正常通信的邮件地址；鼓励用户更新 Email 地址；尽可能修复失效的邮件地址；对于明显录入字符错误的邮件地址，如用户名中的空格或非合法字符等，经筛选后可以做尝试性修正；对邮件被退回的过程进行分析。

4.4.3 Email 营销的效果评价指标

无论选择专业 Email 营销服务商的服务，还是运营内部列表实现增进顾客关系，为本企业的产品或服务进行推广，都需要对 Email 营销活动的效果进行统计分析。通过对一些指标的监测和分析，不仅可以用来评价营销活动的效果，而且可以通过这些指标发现 Email 营销过程中的问题，并对 Email 营销活动进行一定的控制及优化。按照 Email 营销的过程将这些指标分为以下四类，每一类中有一个或者若干指标。

4.4.3.1 获取用户 Email 地址阶段的效果评价指标

在获取和保持用户资源方面，Email 营销的相关指标主要有三个：第一个是有效用户数量，也是内部列表（邮件列表）最重要的指标之一。一般来说，一个内部列表的有效用户数量应该在 500 个以上时才能逐渐开始发挥其营销价值。第二个是用户增长率，增长率越高，说明 Email 营销越有成效。第三个是用户退出率，与用户增长率相对，有必要说明的是有些用户虽然并没有选择退出列表，但也不一定继续阅读邮件内容，这说明实际情况是邮件列表的有效性比退出率反映的情况更严重一些。

4.4.3.2　邮件信息传递评价指标

在 Email 营销中，送达率和退信率是用以说明信息实际传递的指标，它们所反映的实际上是同一事件的两个方面，两者之和为 100%。如果邮件列表用户数量为 1000，发送之后有 400 封邮件被退回，那么实际的送达率为 60%，或者说，本期邮件列表的退信率为 40%。

4.4.3.3　用户对信息接收过程的指标

在信息送达用户邮箱之后，用户对信息的接受过程，可以用开信率和阅读率、直接删除率等指标来描述。开信率是指在邮件送达用户邮箱后，用户打开的邮件占全部送达数量的比例。阅读率则是指打开并被用户全部阅读的邮件数量占全部送达数量的比例。开信率和阅读率反映了邮件信息受欢迎的程度。直接删除率是指用户收到邮件后直接删除的邮件数量占有效送达邮件的比例。

4.4.3.4　用户对邮件的回应评价指标

Email 营销最终的结果将通过用户的反应表现出来，用户对邮件的回应评价指标主要有直接收益、点击率（点进率）、转化率、转发率等指标。

（1）直接收益

对于商品促销类的 Email 营销，最直接的效果莫过于获得的收入，进行投资收益评估是必要的，但问题是不一定能取得精确的效果，因为 Email 营销的效果可能表现在多个方面，并且可能要一段时间之后才能表现出来。同时，对于新闻邮件、电子刊物等内部列表，很难用直接收益来评价其价值。

（2）点击率

点击率（点进率）是最常用的评价指标之一，是指收件人在打开邮件后，实际点击邮件里所列出的链接，进入广告主所要宣传的网页阅读的数量占发出的总邮件数的比率。虽然并不一定可以准确表明 Email 营销的最终效果，但由于其直观、直接、可以精确测量等，因而一直被采用。

（3）转化率

转化率是指由于 Email 营销活动而形成的用户直接购买、注册或者增加的网站访问量等。这项指标比点击率更具体地显示出广告是否成功地刺激观众并改变其行为。

（4）转发率

当用户收到的邮件比较有价值或者有趣时，可能会将邮件转发给朋友或者同事，这时可以用转发率来评价邮件的价值。转发率越高，说明邮件得到的反应越大，Email 营销也就获得了较大的成功。

课后作业

1. 简述 Email 营销的概念和基本原理。

2. 试比较内部列表和外部列表 Email 营销的不同。

3. 站在企业的角度，如何利用 Email 营销最大程度地触达用户？

4. 企业如何评价 Email 营销的效果？

4.5 网络分享式营销

内容营销的范围和方式相当广泛，除了本章前面介绍的搜索引擎和 Email 营销等主流且由信息发布者主导传播的内容营销方式之外，还有更多的以用户分享模式为主的内容营销形式，包括电子书阅读器、阅读软件、视频分享、音频分享（播客）、图片分享、文档分享、案例及方案分享、规范文档模板下载等。这些分享式内容也是常用的植入式营销的载体，因此也属于植入营销的范畴。

网络分享式内容营销的一般特点有以下几方面：

一是信息表现形式灵活多样，如视频、音频、图片、pdf 文档、txt 文档、ppt 文档。

二是信息发布渠道广泛，包括企业网站、社会化网络媒体、第三方网站平台、文档分享平台、第三方云存储平台、直接分享到用户等。

三是内容阅读及传播方式灵活，不再局限于传统的网站浏览，还包括网络存储及下载、在线播放、手机阅读软件阅读或者以手机 APP 等方式传播。

四是具有用户主动分享的基础。分享式内容具有病毒性营销的基本属性，有价值的内容往往可以获得用户主动分享，因而分享式内容与社会化网络营销也密不可分。

可见，网络分享式内容营销具有多种网络营销模式的特征，是多种网络营销模式的综合表现，是传统的网络营销工具和方法体系所难以包含的。可以认为，网络分享式营销是基于网络可信度的社会化内容营销。本节介绍的网络分享式内容营销方法包括电子书下载与文档分享营销、网络视频与音频分享、图片分享营销等。

4.5.1 电子书下载营销

电子书营销是某一主体（个人或企业）以电子信息技术为基础，借助电子书这种媒介和手段进行营销活动的一种网络营销形式。企业、站长或者网店商家可以通过制作实用电子书并嵌入广告内容，发布后供用户免费下载这种方式来传递产品或者网站信息。电子书营销是起源较早的网络内容营销形式之一，常作为病毒性营销的媒介，在传统 PC 网络营销方法体系中占有一定的位置，在智能手机时代由于阅读的便利性，电子书获得了新的发展，为内容营销增添了新的活力。

4.5.1.1 电子书的信息传递方式

在网络营销的应用中，电子书的信息传递方式有以下几种。

第一，根据一定的营销目的，编写潜在用户感兴趣的书籍，在书中合理地插入企业品牌信息、产品信息、网址链接信息、用户分享等营销信息。

第二，将书籍内容制作成某种或某几种格式的电子书。目前常见的电子书格式包括 txt、epub、mobi、azw3、pdf 和 chm 等（见表 4-5-1）。

表 4-5-1 常见电子书格式介绍

常见的电子书格式	特点	优点	缺点
txt	纯文本的通用格式，几乎所有设备均提供支持	体积小，适用于绝大多数设备	不支持分章节、不支持图片、不支持封面、不支持超链接，就是一个纯文本
chm	微软早期开发的基于 HTML 文件特性的帮助文件系统	相对 txt，可以分章节和加超链接	相对之后的其他电子书格式，体积较大；只是相对 txt 增加了分章节和超链接功能，不支持复杂的排版和标签功能；软件和设备兼容性差
pdf	开放的移动文档标准（Portable Document Format），Adobe 公司开发，适合用于复杂排版的电子刊物，创建和排版的软件专业度和功能性都很强	提供最好的排版效果、从创建到浏览都有一大批软硬件提供支持	在小屏上体验不佳，需要频繁缩放拖动（保证文档高还原度的代偿）
epub	排版基于 HTML 技术，能提供接近 pdf 的功能，图文混排功能和对格式的控制不如 pdf 强大	体积相对 pdf 小；对移动端设备友好	无明显缺点
mobi/azw3	亚马逊电子书的专有格式	均体积相对 pdf 小；mobi 支持邮箱推送到 kindle 设备；均移动端设备阅读体验更好	azw3 支持数字版权管理（Digital Rights Management，简称 DRM），不便于传阅，不支持邮箱推送

第三，将电子书上传到网站或云存储网络空间供用户下载。提供电子书下载可以在自己的网站，也可以是一些提供公共服务的网站，然后通过适当的推广让用户了解并下载。

第四，用户在阅读电子书的过程中，发现企业的促销信息，产生兴趣后来到企业网站了解详情或者关注企业微博/微信与企业建立联系，从而实现了网站或产品推广的基本流程。

一般来说，电子书被下载阅读的次数越多，可以实现的网络营销效果也越好。因此，下载数量也就成为电子书营销效果的评价指标之一。

4.5.1.2 电子书下载营销的特点

（1）信息完整并可长期保存

一本电子书的内容是一个完整的文件，读者下载后书中所有的信息都将完整地被保留，只要读者不从电脑等设备上删除，电子书可以长期保存，随时阅读。

（2）可以离线阅读

从网上下载电子书后即可用各种阅读设备离线阅读。一本有价值的书往往会被读者反复阅读，并有可能在多人之间传播。正是在这样的阅读和传播中，电子书营销实现了其病毒性营销，达到了宣传和获得新用户的目的。

（3）便于用户再传播

电子书下载后可以方便地通过微信、电子邮件、即时信息、蓝牙传输等方式向别人继续传播，甚至可以在一定范围内共享，并可加入阅读圈子与兴趣相同者交流，实现信息在更大范围的传播。

（4）促销和广告信息形式灵活

由于电子书本身具有平面媒体的部分特征，同时又具有网络媒体的部分优点，如具有超链接功能、显示多媒体信息等。因此，促销和广告信息可以采用文字、图片、多媒体文件等多种形式。读者在线阅读时，还可以点击书中的链接，直接到达广告目的网页。

（5）营销效果可以测量

由于电子书所具有的互联网媒体特征，所以可以准确地测量出下载次数、内容中超链接点击次数等，并可记录统计下载者的分布，对潜在读者做进一步的研究。

（6）方便制作与发行

互联网上有许多免费使用的电子书制作软件，也有许多专门的电子书专业服务商，提供电子书策划、制作以及投放服务，为企业进行电子书营销提供了极大的便利。

（7）传播安全

电子书营销适于网站推广、产品宣传、理念传播、品牌营销等各种应用宣传，从营销本质上属于知识营销，即将企业所拥有的对用户有价值的知识（包括产品知识、专业研究成果、经营理念、管理思想以及优秀的企业文化等）以电子书的形式传递给潜在用户，并逐渐使潜在用户形成对企业品牌和产品的认知，将潜在用户最终转化为用户的过程和各种营销行为。无论从传播的内容质量、渠道和方式等方面看，其传播都是安全的。

4.5.2　文档分享营销

如果搜索一些专业知识，在百度搜索结果中，经常看到百度文库、豆丁网、道客巴巴等网站的相关内容，因为这些网站汇集了大量的专业文档，总有一些文档与用户检索的信息相匹配，于是这些由用户分享上传的文档，通过搜索引擎获得了用户阅读或下载。而在这些文档中，可能含有企业或产品的营销信息，在用户阅读的过程中实现了营销信息传递。

文档分享是典型的知识营销模式，文档分享营销的主要特点可归纳如下：

一是在线文档是基于浏览器的阅读方式。

二是在线文档通常利用第三方平台传播。

三是文档分享营销时效性长。

四是用户获取信息的目的明确。

文档分享虽然已经有多年的历史，但是作为一种营销模式，其实至今没有统一的模式和公认的效果评价方式。并且，由于营销方式的限制，其主要具有品牌推广的意义，作为产品推广或者网站推广，则可能难以取得显著的效果。

4.5.3 网络视频分享营销

与在数字视频中投放广告有所不同，网络视频分享营销的信息源于用户分享的视频，与用户文档分享类似，将自己制作的视频文件分享到专业的视频平台或者社交网络。

早期的视频主要通过专业的摄像设备录制内容，并在 PC 电脑安装的视频播放器进行播放。现在手机视频制作与分享非常便捷，极大地推动了网络视频营销的发展，成为内容营销重要的发展领域之一。在移动互联网时代，基于 PC 端的视频分享平台实现了面向移动端用户的延伸，网络视频的用户体验更加完善。网络视频营销的主要特点如下。

4.5.3.1 内容与营销信息的融合

高质量的企业视频才能获得用户的关注，要做到内容即营销、营销即内容并不是简单的事情，需要精心策划、制作并采取合理的传播方案。相对于网页文字信息，视频营销在前期策划和制作阶段要投入的资源显然要更多一些。

4.5.3.2 网络视频的病毒性营销特征

一段好的视频会获得广泛传播，发挥病毒性传播的效果，如果获得各种排行靠前的机会，传播效果会进一步放大。当然，绝大多数短视频难以取得惊人的效果，更多需要获得平台的推荐及企业社交资源的转发。

4.5.3.3 视频营销效果的滞后效应

与网页信息直接展示全部内容不同，用户无法一眼看尽视频的全貌，需要耐心看完视频才能了解其内容，因而视频营销的效果也要到用户观看之后才能体现。因此，要给用户持续观看的理由，并且为用户留下深刻印象并产生后续的点击转发行为。

视频内容可以发布在企业网站，也可以发布在第三方视频网站、社交网络或 B2C 购物平台（如淘宝），同时也可以通过个人用户之间或朋友圈直接传播。传播方式相对灵活，但目前对网络视频营销效果的评价方式还不完善，尤其是手机视频传播等，还需要进一步观察和实践。

4.5.4 网络音频分享营销

网络音频是指通过网络传播和收听的所有音频媒介内容。目前国内网络音频主要包括音频节目（播客）、有声书（广播剧）和音频直播等。与网络视频分享营销相似，网络音频分享营销的信息源于用户分享的音频，通过内容与营销信息融合，或者在内容中插播营销信息的方式，实现网络营销的信息传递。

音频分享内容能够与其他众多场景生态打通，目前各大音频平台不断拓展内容分发渠道，与手机厂商、超级 APP、智能音箱、互联网电视及 OTT[①]、智能家居及可穿戴设备等物联网、车联网[②]厂商的主流品牌达成生态合作，通过提供精品内容以及精细化的联合运营服务不断扩大音频用户覆盖面。

---

① 即 Over The Top 指通过互联网向用户提供各种应用服务。这种服务由运营商之外的第三方提供，不少服务商直接面向用户提供服务和计费，使运营商沦为单纯的"传输管道"。

② 车联网主要指车辆上的车载设备通过无线通信技术，对信息网络平台中的所有车辆动态信息进行有效利用，在车辆运行中提供不同的功能服务。

社交功能是网络音频分享营销开发的一个较为重要的功能，几乎各大移动音频平台都会在这方面下功夫，让用户在移动音频平台上建立社交关系，也就意味着用户黏性的增强。目前，在移动音频社交方面做得较为成功的是荔枝 FM，用户可以在平台上找到志同道合的朋友，也可以根据所在地域交友，在直播时建立用户之间的联系，如直播时用户可以使用弹幕和评论增加互动。

可移动的网络音频分享对于环境的要求度低，可以陪伴于用户的各类生活场景，在碎片化的时间完成信息的传达，最典型的有车内场景、家居场景、睡眠场景等。品牌在音频营销过程中，主要结合场景打造体验式营销，对用户进行全方面渗透。

4.5.5 图片分享营销

图片与文字几乎是不可分割的网页内容基本元素。文字信息更容易被搜索引擎获取，因此图片通常作为文字的配角。在传统的网页中，图片发挥营销效果的主要方式是通过搜索引擎的图片搜索带来用户访问，为网站增加访问量，图片本身的营销效果则很难评估。

不过，作为具有独立"生命"的图片，通过图片分享也可以直接产生营销效果。因为图片本身也是内容，具有独立承担内容营销的能力。图片分享为图片发挥独立营销效果提供了舞台，图片不再仅仅是网页的元素，可以成为完整的网络营销信息源。

图片分享网站为图片处理提供了便利，原始照片经过简单的编辑即可实现更适合网络传播的规格，并可标注相关的标签和说明信息，更重要的是提供了便捷的社交网络分享功能，可以方便地把上传的图片分享到微博、QQ 空间、Meta 等网站。

4.5.5.1 图片分享营销的主要途径

（1）传统网页的图片搜索

在传统的网页中插入图片，设置图片的 ALT[①]属性，这样在用户通过搜索引擎搜索相关图片时，该图片就有机会出现在搜索结果中，从而得到潜在用户访问，并根据图片来源进入原网页浏览。

（2）分享图片附加营销信息

在图片分享网站或社交网络分享设计的含有一定营销信息的图片（如含有品牌信息、网址或微信公众号），图片在用户浏览及转发的过程中传递了企业的营销信息，这是比较常见的图片营销方式之一。

（3）网络相册及云图片资料库

拍照及设计某些领域的专业图片，上传到网络相册或云存储资料图库，有价值的图片往往会获得较多用户的浏览、下载和转发，从而形成有效的信息传递。

另外值得关注的是，一些手机 App 提供的美颜拍照及图片分享服务，由于上传图片的便利性，用户可随时拍摄随时上传，比传统的网络相册和图片分享更受欢迎，也更具有潜在的网络营销价值。例如，美图秀秀等 App 则提供了丰富的图片美化及社交平台分享功能，对图片传播具有较好的效果。

---

① ALT 是用来对网页上的图片进行描述，光标在图片上时显示的提示语即采用该标签实现。

4.5.5.2 图片分享营销未成为主流的原因

从目前网络营销方法体系来看，图片分享营销并未成为主流模式，大致有下列原因：

（1）图片分享营销的规律性不明确

由于图片传递的营销信息本身没有一定的规律，而且分享方式、用户浏览及再传播方式也缺乏规律，因此难以形成具有一般规律性的指导原则及操作方法，甚至有些无所适从的感觉。

（2）用户属性及来源具有不确定性

用户浏览图片信息可能是由于网站的推荐，也可能是朋友的分享，或者图片搜索或随机浏览，用户可能来源于多种渠道，但对于用户行为分析还缺乏有效的措施，用户的不确定性使得图片营销策略具有一定的盲目性。

（3）图片分享营销效果难以评价

图片分享的不同渠道提供的服务可能有较大差异，难以获取浏览数量、再传播数量等指标，同时由于图片上营销信息可能无法直接点击，用户浏览后的行为无法有效跟踪，因此难以建立系统的效果评价方法，从而制约了图片营销方案的实施。

尽管如此，图片分享营销作为内容营销的领域之一，仍然是值得关注和探索的，在实践中不断总结经验，最终可以发现适合自己的营销方案及评价指标体系。

课后作业

1. 简述电子书的信息传递方式。
2. 试比较电子书下载营销和文档分享营销方式的不同之处。
3. 网络视频分享营销方式有哪些特点？
4. 为什么图片分享营销没有成为主流？

第 5 章

网络广告运营基础

学习目标

1. 了解网络广告的主要形式
2. 了解网络广告不同形式的特点
3. 了解网络广告不同形式的营销价值
4. 了解如何评价各种不同形式的网络广告的效果

网络广告在网络营销内容体系中具有不可替代的作用。网络广告不仅是网络营销诞生的标志，也是最常见、最活跃的网络营销方法之一。网络广告涉及的内容非常广泛，如网络广告设计、网络媒体投放策略、网络广告效果监测等。网络广告本身自成体系，成为网络营销体系中一个相对完整的分支。近年来，由于手机广告的快速发展，更多的网络广告形式出现，网络广告的内容更为丰富，在为网络广告投放增加新选择的同时，也增加了网络广告管理的复杂性。

5.1 网络广告及其表现形式

5.1.1 网络广告的主要内容和营销价值

5.1.1.1 网络广告的主要内容

全球第一个标准 BANNER（横幅广告）网络广告出现于 1994 年 10 月 27 日，国内的网络广告诞生于 1997 年 3 月。从网络广告出现至今已经有 20 多年的历史，网络广告的形式发生了巨大的变化，最早的 BANNER 到现在仍是常用的网络广告格式。这 20 多年也是互联网经济最为活跃、日益成为经济和社会主流的高速发展阶段，网络广告则在互联网行业一直发挥着举足轻重的影响。

从广义上讲，网络广告是在互联网上发布的所有以广告宣传为目的的信息，目前常用的网络广告形式包括九个类别：展示性广告、赞助式广告、分类广告、引导广告、电子邮件广告、富媒体广告、搜索引擎广告、数字视频广告和手机广告（如表 5-1-1 所示）。

表 5-1-1　主要网络广告形式及其特点

形式	网络广告的作用及特点
展示性广告	在网页上以静态或者超链接的方式展示企业广告内容或者企业形象的网络广告形式。该广告形式出现最早，是互联网最传统而且多年来一直具有较高市场份额的网络广告形式，其主要作用在于提升企业品牌形象和企业品牌认知度
赞助式广告	赞助式广告的形式多种多样，如内容赞助、节目赞助、节日赞助以及活动赞助等。该广告形式主要是为了提高企业形象或者扩大产品知名度
分类广告	一般分类广告都放置在专业的分类广告网站或者是综合性网站开设的相关频道或栏目，主要借助平台的大流量吸引更多消费者关注企业。由于网络分类广告按照主题归类，消费者可以自主选择感兴趣的主题，因此不容易在心理上让消费者排斥
引导广告	在 IAB 的统计中，主要指广告服务商向广告客户提供和广告客户相关的客户购物查询要求或者向广告客户提供了消费者的信息（如地理位置、联系方式以及行为方式）。这部分网络广告收入一般以消费者的行为如消费者应用、浏览、参与（如抽奖）或者注册作为广告客户支付广告服务商费用的依据。因此，该广告形式对投资回报率（ROI）高的企业比较有吸引力
电子邮件广告	利用企业的客户电子邮件资源或者第三方电子邮件列表，将各种形式的广告以直接发送广告邮件或者将广告内容搭载进新闻邮件、订阅期刊或者以软件升级等形式发送给邮件所属人。该广告形式针对性较强，费用低廉，广告内容可以个性化定制。近年来即时信息及 SNS 对邮件使用率有一定影响，使得邮件广告份额越来越低
富媒体广告	富媒体广告（Rich Media）并不是一种具体的媒体形式，而是指具有动画、声音、视频或交互性的信息传播方法，包含下列常见的形式之一或者几种的组合：流媒体、声音、Flash，以及 Java、Java Script、DHTML 等程序设计语言。富媒体可应用于各种网络服务中，如网站设计、电子邮件、BANNER、BUTTON、弹出式广告、插播式广告等。富媒体在多样性和互动性等方面也有显著的优势。因此富媒体广告的点击率明显比其他网络广告形式的点击率高
搜索引擎广告	在 IAB 的统计中，搜索引擎广告包括了关键词广告和网站优化两个方面的内容。由于搜索引擎广告是在客户进行搜索行为时依据客户的个性化搜索需求显示的网络广告，不仅广告的针对性显著且广告转化率也相对其他网络广告形式明显，被业界认为是性价比较高的网络广告形式之一。因此，该网络广告形式近年来一直占据网络广告市场的主要地位
数字视频广告	数字视频广告采用数码技术将广告以视频的形式展现在互联网上，可以是在网页上投放的视频广告也可以是在网络视频分享网站等多种流媒体上投放的视频广告。该广告表现形式新颖且感官冲击力强，内容丰富，互动性强，实时信息更新快。这不仅能带给客户记忆深刻的新奇体验，而且可显著提高客户的眼球吸引力和心理占有率
手机广告	手机广告并非单一的广告形式，而是包括了所有适合在手机上展示/播放的网络广告，包括：BANNER 广告、数字视频广告、数字音频广告、赞助式广告、富媒体广告、搜索引擎广告等。手机广告中社会化媒体广告（如 Meta，以下统一用 Meta）微博广告等占比较高

截至 2020 年，市场份额前三位的网络广告格式是电商广告、信息流广告、搜索广告。此外，除了这些基本形式之外，网络广告还有更多的新形式或概念，如社会化媒体广告、原生广告[1]、植入广告、游戏广告、App 广告、自媒体广告等。

5.1.1.2 网络广告的营销价值

从网络广告对网络营销职能产生的效果来看，网络广告的营销价值可归纳为六个方面。

（1）品牌推广

在所有的网络营销方法中，网络广告的品牌推广价值最为显著，是增加企业信息网络可见度及网络可信度最直接的方法之一。同时，网络广告丰富的表现手段也为更好地展示产品信息和企业形象提供了必要条件。

多家机构的网络广告研究都得出相似的结论：无论是在快速消费品行业（如洗发水）还是在耐用品行业（如汽车），企业投放的网络广告（如网页展示类广告及搜索引擎关键词广告等），其网络价值都不仅仅在于吸引用户点击和促进销售，对于增加用户的品牌认知也有明显效果。

（2）网站推广

网站推广是网络营销的主要职能，获得尽可能多的有效访问量是网络营销取得成效的基础。网络广告对于网站推广的作用非常明显，通常出现在网络广告中的"点击这里"按钮就是对网站推广最好的支持。网络广告通常会链接到相关的产品页面或网站首页，用户对于网络广告的每次点击，都增加了网站的访问量。因此，常见的网络广告形式对于网站推广都具有明显的效果，尤其是关键词广告、BANNER 广告、Email 广告等。

（3）销售促进

各种形式的网络广告已成为影响用户购买行为的因素之一。尤其当网络广告与企业网站、网上商城等网络营销手段相结合时，这种产品促销活动的效果更为显著。网络广告对于销售的促进作用不仅表现在直接的在线销售，也表现在通过互联网获取产品信息后对线下销售的促进。也正因为如此，每当圣诞、新年等购物高峰季节临近，商家的广告大战就特别激烈，发布在第三方网络媒体的广告量比平时有显著的增加。

（4）在线调研

在促销和品牌展示之外，网络广告还可以用于营销支持，在线调研就是比较常见的方式之一。网络广告对于在线调研的应用可以表现在多个方面，如对消费者行为的研究，对在线调查问卷的推广，对各种网络广告形式和广告效果的测试，用户对新产品的看法等。通过专业服务商的邮件列表开展在线调查，可以迅速获得特定用户群体的反馈信息，大大提高市场调查的效率。通过搜索引擎关键词广告的对比分析，则可以分析各种用户的搜索行为。

（5）顾客关系

网络广告所具有的对用户行为的跟踪分析功能为深入了解用户的需求和购买特点提供了必要的信息。这种信息不仅成为网上调研内容的组成部分，也为建立和改善顾客关系提供了

---

[1] 原生广告（Mative Advertising）概念诞生于 2012 年。顾名思义，原生广告是天生的、本地化的一种广告形式，简单来说就是网络媒体、内容与广告的相互融合。广告也成为网络媒体中有价值的内容的一部分。

必要条件。网络广告对顾客关系的改善也促进了品牌忠诚度的提高。

（6）信息发布

网络广告是向用户传递信息的一种手段，因此可以理解为信息发布的一种方式。通过网络广告投放，不仅可以将信息发布在自己的网站上，也可以发布在用户数量更多、用户定位程度更高的网站及社会化媒体、App 软件，或者直接通过电子邮件发送给目标用户，从而获得更多用户的注意，大大扩展了网络营销的信息发布功能。

随着网络广告的深入发展，传统的广告形式发生了很大变化，内容与广告的结合日益紧密，内容即广告，广告即内容，这也使得传统网络广告的价值发生变化。比如，从网络营销运营管理的角度来看，广告丰富了网站的内容，也为用户带来了新的阅读和分享体验，通过用户分享广告信息创造价值，形成企业、网络媒体、用户及社交圈之间一种新型的信息与价值传递体系。

例如，微信朋友圈的信息流广告往往为"跟广告的广告"①提供了机会。一些打车软件或 O2O（Online To Offline，指将线下商务机会与互联网结合）服务的网络推广信息，通过用户分享到社交网络得到广泛传播。事实上，部分网络广告也成为分享式网络营销的一种方式，网络广告的营销价值有待进一步挖掘和探索。

从日新月异的网络广告形式中我们不难看出，每一个新的时代都催生着不同的消费模式，带来广告形式的完善与革新。新冠疫情暴发以来，伴随着技术的高度发展与成熟运用以及人们生活习惯、消费行为的更新迭代，网络广告也随之获得新的发展机遇。我们除了享受时代赋予的新变化，还应该未雨绸缪结合当前现状考虑未来网络广告形式应当朝着什么样的方向发展，我们又应该如何利用其营销价值来有效助力后疫情时代消费升级以及世界经济复苏。

✎ 课后作业

1. 网络广告的主要内容有哪些？主要分类有哪些？
2. 网络广告的作用和特点是什么？
3. 举例说明你印象最深的网络广告，并说明是什么让你印象深刻。

---

① 即在广告后面发布的评论中含有推广信息，用户的好友可以看到这些信息。

5.2　网络广告形式简介一：展示性广告

展示性广告，即展示型广告。展示型广告通常是指那些海报、路标广告、公交广告牌、展销会横幅，以及发布在综合门户网站的文字广告、图片广告、Flash 广告、视频广告等展示型网络广告。其中属于网络营销范畴的，就是展示型网络广告。

5.2.1　展示性广告的特点

一是内容比较真实直观。直接的展示，很容易让受众了解。

二是具备时代感和民族风格。通常在制作展示型网络广告时，都会及时传递最新的时代信息。

三是视觉审美效应。由于展示型网络广告追求版面的视觉效应，因此美观很重要。

四是容易产生广告效应。一幅色彩绚丽、形象生动的展示型网络广告，能以其非同凡响的美感，增强广告的感染力，立即吸引消费者，使其自觉接受广告的引导。

5.2.2　展示型广告的常见形式

第一，文字链接广告。

第二，横幅广告（BANNER）：大横幅（728*90）又名通栏、小横幅（468*60）、小按钮（120*60）。

第三，竖幅广告（摩天楼）。

第四，矩形广告。

第五，对联广告：有的对联广告是静止的，有的对联广告在拉动滚动条时会跟着往下走，更能吸引人注意。

第六，翻盘广告。

第七，弹出广告。弹出广告会对用户正常浏览信息和使用网络服务产生影响而导致用户的拒绝心理，但从效果来看，弹出的广告的点击率是最高的，Pop-Under（背投广告）不影响用户正常浏览网页，只有在用户关掉网页后才能发现该广告，所以效果要比 Pop-Up（弹窗广告）更好。

第八，视窗广告。

第九，焦点图广告。

第十，跟随式广告。

第十一，全屏广告。

5.2.3　展示型广告的常见计费方式

5.2.3.1　按时间计费

即按天、按周、按月、按年计费。代表：新浪网、五金网。按时间计费的缺点是即便广告没有任何效果广告费也一分不少，不能体现出"按效果付费"。

5.2.3.2 CPM（Cost Per Thousand Impression，千人成本）计费

即广告所在的页面被访问一千次广告主应支付的费用。CPM 计费的缺点是：虽然广告所在页面被多次访问，但用户未必能看到页面中的广告，更不用说点击广告。尤其是广告位置非常靠下或广告尺寸非常小的时候，同样不能体现出"按效果计费"。

5.2.3.3 CPC（Cost Per CLick，每次点击费用）计费

广告所在页面被访问不付费，只有广告被点击才付费，如 1 元/CPC，能够体现出"按效果付费"。

5.2.3.4 CPA（Cost Per Action，按用户行为付费）计费

这个行为是广告主预先设定好的，如注册会员、在线留言、在线购买等。广告商会给广告主一段代码安插在企业网站的某页面，以监测用户是否完成了企业预定的行为。

5.2.4 展示型广告的投放注意事项

一是选准投放网站。确定广告发布媒体的用户是不是公司的潜在客户。

二是选准投放版块。不要投放到首页，尽量选择相应的栏目版块去投放，并且越细化越好。

三是选准投放文章。可以和网站管理员沟通能否将广告投放到其他的文章页面。

四是广告应该更容易被发现。广告面积越大越容易被发现，广告位置越往上靠越容易被发现，会动的广告更能引起人的注意，广告语应写在链接文字或图片或 Flash 上。

5.3 网络广告形式简介二：搜索引擎广告

5.3.1 搜索引擎广告及其表现形式

搜索引擎广告（Search Engine Advertising，简称 SEA）是指广告主根据自己的产品或服务的内容、特点等，确定相关的关键词，撰写广告内容并自主定价投放的广告。当用户搜索到广告主投放的关键词时，相应的广告就会展示。关键词有多个用户购买时，根据竞价排名原则展示，并在用户点击后按照广告主对该关键词的出价收费，无点击不收费。

搜索引擎广告的表现形式包括以下三种。

5.3.1.1 竞价广告

竞价广告是一种由用户自主投放、自主管理，通过调整价格来进行排名，按照广告效果付费的新型网络广告形式。付费竞价广告分手动和自动，手动竞价是指自己设定点击价格，而自动竞价则由广告主设定价格上限，系统将在价格上限之内自动调整点击价格，保证排名。

5.3.1.2 关键词广告

关键词广告是充分利用搜索引擎开展网络营销活动的一种手段，是付费搜索引擎营销的主要形式，近年来已成为搜索引擎营销中发展最快的一种。

5.3.1.3　地址栏搜索广告

地址栏搜索广告是指广告客户将自己的公司名、产品名注册为网络实名，用户输入这些实名时就可以直达相关网站，从而实现营销。其属于第三代的中文上网方式，用户无须记忆复杂的域名，直接在浏览器地址栏中输入中文名字，就能直达企业网站或者找到企业、产品信息，为企业带来更多的商业机会。

5.3.2　搜索引擎关键词广告的特点

关键词广告是目前应用最广泛的付费搜索引擎推广模式，这与关键词广告自身的特点密不可分。

5.3.2.1　关键词广告是"立竿见影"的网络推广模式

搜索引擎是目前用户获取信息的主要渠道，只要投放了关键词广告，用户搜索时，企业的推广信息就会立刻出现在搜索结果页面，广告显效快，远比搜索引擎优化效果更为直接。而且，由于广告展示在自然搜索结果前列，用户关注程度更高。对于竞争性激烈的行业，关键词广告的优势更为显著。

5.3.2.2　搜索引擎关键词广告的灵活自主性

由于关键词广告管理系统的功能越来越强大，广告用户可以灵活自主地投放广告，包括广告投放的区域、时段、每天每月消费金额等。例如，企业可以选择只向在广东省上网的用户而且是中午 12 点到晚上 8 点之间才展示自己的广告；企业还可以设置每天最多投放 200 元或者 1000 元的广告。这样，当达到消费限额之后广告就会停止展示，使预算可控。

5.3.2.3　按有效点击次数付费，推广费用相对较低

按点击付费是搜索引擎关键词广告模式最大胆的特点之一，对于用户浏览而没有点击的信息，将不为此支付费用，相对于传统展示类网页网络广告按照千人印象数收费的模式来说，更加符合广告用户的利益，使得网络推广费用相对较低，而且完全可以自行控制。因此搜索引擎广告成为各种规模的企业都可以利用的网络推广手段。

5.3.2.4　关键词广告的用户定位程度较高

由于关键词广告信息出现在用户检索页面，与用户获取信息的相关性较强，因此搜索引擎广告的定位程度高于其他形式的网络广告。由于用户是主动检索并获取相应的信息，具有更强的主动性，符合网络营销用户决定营销规则的思想，故属于绿色健康的网络营销模式。

5.3.2.5　关键词广告形式简单，降低广告制作成本

关键词竞价的形式比较简单，通常是文字内容，包括标题、摘要信息和网址等要素，关键词不需要复杂的广告设计，因此降低了广告设计制作成本，小企业、小网站，甚至个人网站、网上店铺等都可以方便地利用关键词竞价方式进行推广。

5.3.2.6　关键词广告投放及管理效率较高

关键词广告推广信息不仅形式简单，而且整个投放过程非常快捷，大大提高了投放广告

的效率。与其他广告模式相比，关键词广告管理更为有效。对广告展示内容的调整非常方便，可方便地修改广告标题、内容摘要、链接 URL（Uniform Resource Locator，统一资源定位器）等信息。广告主也可以随时调整关键词的设计。例如，对于广告展示次数太低、每次点击费用太高的关键词，可以对其进行更换或者取消与之相联系的广告投放。

5.3.2.7 关键词广告引导用户到达页面的针对性强

关键词广告所链接的页面，通常被称为着陆页，即广告用户到达的第一个页面。关键词广告所链接的 URL 由广告主自行设定，可以引导用户前往任何一个期望的网页。当然，更加理想的方式是为广告设置一个专门的着陆页。在自然检索结果中，搜索引擎收录的网页信息是网站运营人员无法自行确定的，最终用户出现在哪个网页无法自行选择，因而这也是关键词广告针对性更强的一个原因。

5.3.2.8 关键词广告是搜索引擎优化的补充

搜索引擎优化是网站基本要素优化的反映，通常无法保证很多关键词都能在搜索引擎检索结果中获得好的排名优势。尤其当一个企业拥有多个产品线时，搜索引擎优化难以做到覆盖面广，采用关键词广告推广是对搜索引擎自然检索推广的有效补充，综合利用关键词广告与搜索引擎优化更有利于提升搜索引擎营销的效果。

5.3.2.9 关键词广告可增加网络营销竞争壁垒

搜索引擎营销的竞争是对搜索引擎可见度资源的竞争。利用关键词广告及搜索引擎优化的搜索引擎营销组合策略占据有限的搜索结果推广空间，也是一种合理的网络竞争方式，有助于增加网络营销的竞争壁垒。因此，策略性关键词广告投放也是企业竞争的需要。

5.3.3 关键词广告排名的算法规则

关键词广告是当下应用最广泛的搜索引擎广告形式。但搜索引擎广告技术的不断发展，对关键词广告提出了更高的要求，不是只要付费就能获得好的广告展示机会。争取在关键词广告中取得一个较高的排名，这对于广告传播效果起着至关重要的作用。关键词广告的排名由算法规则来确定。比如，用户在百度的搜索框内输入"汽车租赁"一词并按确认键后，在呈现给用户的结果页面上，不仅包含由机器自动匹配出来的自然搜索结果，而且还在左上和右侧展现了一组关于汽车租赁的广告，这就是关键词广告。大多数搜索引擎采用拍卖的方式出售这些广告位，并决定广告展现的顺序和付费数额，因此也称为关键词拍卖。而在互联网的实务界，这一机制常被称为赞助商搜索（Sponsored Search）或赞助商链接（Sponsored Link）。有些学者干脆直接使用搜索引擎广告（如 Ghose 和 Yang，2009）或者付费搜索广告（Paid Search Advertising，如 Rutz 和 Bucklin，2008）。

竞价排名机制综合排名指数（CRI），即出价与质量度的乘积，是竞价排名机制的衡量标准。一般情况下，综合排名指数越大，在搜索页面的排名就越高（实际排名也受质量度的影响），每次点击的费用由排名、出价和质量度共同决定。具体计算时有两种情况：第一种情况是推广结果排在所有推广结果的最后一名，或者是唯一一个可以展现的推广结果，则点击价格为该关键词的最低展现价格。在其他情况下，每次点击价格=（下一名出价×下一名质量度）/关键词质量度+0.01 元。通过分析竞价排名机制和计算公式可知，质量度较高时，出价较低的，排名也可能靠前。

搜索引擎公司的关键词广告排名算法属于公司机密，而且不同公司的算法规则也存在差异，并跟随时代和技术的发展，各种算法和规则也在不停地调整和改进。因此，在这里只能根据一些公开信息对搜索引擎广告的算法进行推测，大致了解这些规则，对于专业的关键词广告投放及管理具有一定的参考价值。

以国内的搜索引擎巨头百度为例，在每次展现时，百度系统会按照质量度和出价计算得到品牌推广结果的综合竞争力，并按照该综合竞争力自动得到推广结果的排名。关键词的平均排名就是推广结果排名的平均表现。在已参加推广的客户中，百度会选择高质量、高度吻合网民搜索需求的推广结果，将优先展示在首页左侧，余下的结果将依次展现在首页及翻页后的右侧。

根据一些网站的介绍，谷歌关键词广告的排名有一套比较复杂的算法。谷歌赞助商链接区域的关键词广告，在每一页最多可以出现 8 条信息，这些信息的排名位置并非完全按照每次点击费用的高低来决定，还要考虑该关键词的可能点击率，以及用户所选择关键词与广告链接页面（着陆页）之间的相关性等。谷歌根据一定的算法，综合这些主要因素来决定同类广告的排列次序。

5.3.4　搜索引擎关键词广告的投放策略

为了能让广告投放发挥最大的作用，优化搜索引擎关键词广告的投放策略就变得尤为重要。一般来说，实现广告投放策略效率的最大化可以从以下几个角度入手。

5.3.4.1　投放关键词广告的网站运营阶段选择

在网站发布初期，新产品发布并且希望得到快速推广时；在竞争激烈的领域进行推广时；当网站在搜索引擎自然检索结果效果不太理想时；希望对某些网页进行重点推广时。

5.3.4.2　搜索引擎广告平台的选择

不同的搜索引擎有不同的用户群体特征，应当根据目标受众特征选择合理的搜索引擎组合。常见的可以选择的搜索引擎广告平台有百度、谷歌、搜狗等。

5.3.4.3　关键词组合的选择

一个网站的关键词分为三个类型：核心关键词、关键词组合、语义拓展关键词。选择合适的关键词以及关键词组合依赖于搜索引擎营销人员的经验以及对该行业产品特点和用户检索行为的深入了解，同时借助关键词查询参考工具。目前，企业常用的关键词选择和设置的方法有三种，分别是根据产品名称设置主关键词、根据产品特点和属性设置属性关键词、根据消费者心理和产品特点组合设置营销关键词和意向关键词。在不同的情况下不断优化更新关键词组合，可以提升消费者搜索到企业产品的概率，达到营销的目的。企业还可以根据主关键词并添加组合属性关键词、营销关键词、意向关键词、热搜关键词、时事关键词，设置组合关键词，不断优化关键词，最终达到推广企业产品和品牌、促进企业产品销售的目的。

5.3.4.4 广告文案以及广告着陆页面设计

把关键词与着陆页面的相关性作为评估关键词广告价格的一个指标，可以看出关键词广告对提高用户体验、增强广告效果的意义。

5.3.4.5 关键词广告预算控制

制定推广预算是任何一项付费推广活动必不可少的内容，关键词广告也不例外。如果广告词费用过高，可以通过降低每天的广告费用限额或者减少关键词等方式进行费用控制。

5.3.4.6 关键词广告效果分析和控制

进行广告词效果分析，如果发现某个关键词点击率过低，那就有必要对这些关键词进行更换。服务商提供的关键词广告管理后台的各项数据是分析关键词广告的基础，这些指标包括每个关键词已经显示的次数和被点击的次数、点击率，关键词的当前价格，每天的点击次数和费用、累计费用等。

课后作业

1. 展示性广告和搜索引擎广告的定义是什么？
2. 搜索引擎广告的表现形式和主要特点是什么？
3. 举例阐释搜索引擎广告的关键词排名算法规则。

5.4 网络广告形式简介三：社会化媒体广告

5.4.1 社会化媒体广告的定义及特点

社会化网络媒体，简称社会化媒体（Social Media），是用户交流、分享、获取信息、发布个人观点及动态的网络平台，包括网站及手机 App 等多种形式，如 Meta、Twitter、新浪微博、微信、QQ 空间等。社会化媒体广告也称社交媒体广告，或简称为社会化广告、社会广告或 SNS 广告。简单来说，就是在社会化网络媒体上投放的广告，是社会化网络营销的方式之一。①

但 SNS 网站上的广告并非都属于社会化媒体广告（如在网页上展示的 BANNER 广告），只有当具备某些社会化的属性时才能称为社会化广告。IAB（Internet Advertising Bureau，美国互动广告局）于 2009 年 5 月对社会化广告的定义是："一种融合了消费者同意展示及被分享的用户交互广告，在广告内容中有发布人的图像或用户名，使得用户可以与广告发布者产生交互。"这一定义包含三个方面的含义。

一是用户同意广告出现在个人的社交信息中（如微博信息流）。

二是广告发布者也是一个社交媒体的"用户"，有发布人的明确信息，如头像或用户名。

三是用户可以在社交网络中与广告发布者交互，如关注、转发、评论等。

从这些属性来看，目前的社会化网络服务中，在微博、微信朋友圈等 SNS 信息流中投放的广告属于社会化广告的范畴，而这些广告也被称为原生广告。不过，原生广告的范围更广一些，并不限于 SNS 信息流广告，可简单理解为原生广告包含社会化广告。

5.4.2 社会化媒体广告的形式

社会化广告的具体形式比较个性化，如一段文字加网址链接、一个可以直接提交结果的小调查、一个图片、一段视频等，只要适合通过社交网络发布的内容，都可以成为社会化广告的具体形式。国内常见的社会化媒体广告有微博广告和抖音广告，国外常见的社会化媒体广告有 Meta 广告和 Twitter 广告。下面介绍国内常见的主要几种广告。

5.4.2.1 微博广告

以新浪微博为例，微博推广的社会化广告形式包括以下几种。

（1）粉丝头条

让品牌的最新动态、推广内容在第一时间触达粉丝，让他们打开微博一眼就能看到。

（2）粉丝通

是微博推出的精准信息流广告，可以根据年龄、性别、地域以及兴趣等属性精准地投放广告。

（3）微任务

通过创意传播、微植入及组合传播等多种传播方式，实现企业品牌传播及活动推广，带来流量。

---

① 利用用户粉丝资源自行发布的推广信息不属于社会化广告的范畴。

至于社会化广告的收费模式，也有多种形式，有按展示数量收费的，也有按效果收费的。例如，腾讯广点通广告的收费模式分为 CPC 和 CPM 两种。这也从一个侧面说明，无论网络广告的形式如何变化，网络广告的基础统计指标都是有效的，浏览数和点击数是网络广告效果评价的基础。作为一种用户互动性强的广告形式，广告主对社会化广告有更多的评价指标。例如，微博广告可在微博平台内部甚至用户个人页面之内完成广告的传播和转化，因此用户互动指标也就在一定程度上反映了广告的效果，包括获得用户关注（增加粉丝量）、用户参与微博活动（点赞、评论、转发、@更多好友）等。

5.4.2.2 抖音广告

抖音 App 是由字节跳动孵化的一款音乐创意短视频社交软件，于 2016 年 9 月 20 日上线，是一个面向全年龄的短视频社区平台。目前抖音的社会化广告有两种途径：

一是选择平台做付费广告。抖音投放广告是在今日头条后台上，收费模式、价格及广告精准定向跟今日头条一致，只需要开通，就可以在广告后台自行设置投放。

二是选择抖音红人进行合作推广。这是抖音比较常见的推广方式，通过选择与品牌定位相符的博主，将产品植入博主日常的视频中，获取其粉丝的关注，寻求最大的曝光率。

5.4.2.3 Meta 广告

Meta 是大众化的社交媒体网络，拥有超过 20 亿活跃用户，超过全球四分之一的人口，为有广告需求的客户提供了前所未有的机会，几乎可以覆盖每个人。Meta 主要有七种不同的广告形式。

（1）图片

利用精彩的图片吸引用户访问目标网站或应用。

（2）视频

利用动态画面、声效体验生动地展示商品特点，并捕捉用户注意力。

（3）轮播广告

在单条广告中展示多达 10 个图片或视频，且每个图片或视频均可设置不同的链接。

（4）幻灯片广告

利用动态画面、声效体验和文本讲述精彩的品牌故事，适合在任何网速下播放。

（5）精品栏广告（Collection Ads）

借助精品栏广告格式，广告主能够以图像为载体打造沉浸式体验，让消费者能更轻松地通过移动设备发现、浏览和购买商品及服务。

（6）即时体验（Instant Experience）

是一种全屏幕点击体验，可以在移动设备上形象生动地呈现品牌、商品或服务。在即时体验中，用户可以观看极具吸引力的视频和照片、滑动浏览轮播图片、填写表单、快速查看商品，还可以探索被标记商品的生活类图片。即时体验支持几乎所有 Meta 广告格式，包括轮播广告、单图片广告、视频广告、幻灯片广告和精品栏广告。

（7）360 度全景视频

360 度无死角全景展现，让用户身临其境，感受品牌故事与各色场景。

5.4.2.4 Twitter 广告

Twitter 彻底改变了突发新闻的模式，为用户提供了无与伦比的访问渠道，让他们既可以与意向用户联系，也能与主流影响者联系。每月有 3.28 亿活跃用户，是最受欢迎的社交媒体平台之一。Twitter 的广告形式主要有四种。

（1）左侧热点话题广告

结合热点趋势对品牌或活动进行宣传推广，趋势话题由于覆盖面很广，价格也十分昂贵。

（2）中间信息流（feed）广告

网站推广，推文推荐广告，应用下载广告，视频广告，发起消费调查。

（3）右侧账户推荐。

（4）搜索结果广告。

总之，网络广告不只是市场规模在扩大，社会化网络媒体在不断发展变化，社会化广告的形式也在不断创新，目前很难说已经形成哪些固定的模式，需要在发展中不断探索和总结。另外，除了微博、微信这些用户普及程度高的社会化媒体，其他社会化网络如开放式在线百科、在线问答、在线点评及本地生活社区类网站等都在不断推出各种广告形式，这些都是社会化广告值得关注的领域。

5.5　网络广告形式简介四：其他

5.5.1　电商平台网络广告

电子商务平台是国内企业开展网上销售的主要渠道之一，淘宝、天猫、京东商城、拼多多、苏宁等电商平台对国内企业开展网上销售发挥了非常重要的作用，在电商平台进行付费推广（广告）成为企业扩大站内信息可见度从而获得顾客的重要手段。电商平台网络广告主要有以下几个特点。

5.5.1.1　高效率的广告投放

平台广告媒体属于内部资源，广告主是平台入驻的商家，作为一项延伸服务，站内网络广告投放及管理更便捷高效，商家无须从第三方购买广告媒体资源，便可获得快速推广效果。

5.5.1.2　全信息广告流程

通过站内广告链接，用户点击后可直达商家商品页面或促销页面，无须制作专用的广告着陆页即可展示完整的产品信息并直接订购，在平台内部完成从推广到购买的整个流程。因此，电商平台内部广告可认为是信息量最大的网络广告形式。同时，由于广告效果与销售直接关联，数据分析更有说服力。

5.5.1.3　平台广告的原生属性

当用户浏览电商网站的产品页面或搜索结果页面，网站内容与广告内容都属于相关产品，两者共同组成了用户所浏览的网页内容，广告具有明显的原生属性，为用户获取相关产品信息提供了方便，更容易被用户接受。电商平台内部广告具有多方面的优点，是入驻商家不可忽视的站内推广方式。

与搜索引擎广告相比，电商平台网络广告也有类似之处：用户的自然搜索或浏览，相当于搜索引擎营销中的搜索引擎优化，而付费推广则类似于关键词广告。当然，电商平台广告的形式并不仅仅是搜索广告，也包括展示类广告和其他赞助类广告等。每个电商平台的广告形式会有一定差异，但都具有一样的网络营销价值，是开展平台电子商务的重要推广手段。

5.5.2 社交网络红包广告

网络红包源于 2014 年 1 月腾讯公司发布的微信红包，微信用户绑定银行卡之后可以向自己的好友发送红包，也就是将自己银行账户中的资金转移给好友，红包资金保存在微信红包接收者的账户内，可以提现到银行卡，也可以直接用于支付某些消费项目，如手机充值等。微信红包实现了微信用户与银行卡绑定，为接下来的微信支付打下了基础。

现在大多数网友对微信红包、QQ 红包、支付宝红包、微博红包等都不陌生，网络红包已成为日常社交尤其是春节收发红包最受欢迎的方式。

根据本书对网络营销工具属性的分析，一种网络服务成为常规应用时，便具有网络营销的价值。网络红包也是同样的发展路径，从纯粹的社交应用很快发展成为网络广告媒体。提供红包收发的平台如微信及支付宝，事实上也就成为网络红包广告平台。

例如，2021 年春节期间，微博延续 2020 年"让红包飞"这一品牌活动 IP，围绕"微博养牛事事牛"的主题推出"福牛新春旅行记"活动，并通过明星种草①、微博大 V②、打 call③ 等系列营销动作，吸引用户参与认养专属福牛瓜分微博红包。微博红包还为此拍摄了一支脑洞大开的"养牛"宣传片——《大眼村的牛百万》，以讲故事的方式激发大众对品牌的认同感和好感度，让品牌和受众建立密切的联系，这也成为微博红包广告的一次成功尝试。

由于红包营销模式仍在不断发展演变中，尚未形成一种稳定的、有一定规律且可以被大多数企业采用的一种营销模式，因此对其仅作简要介绍并建议营销人员关注其动态，暂时不做进一步的分析。

5.5.3 网络分类广告

全球最有影响力的分类广告网站 Craigslist，由 Craig Newmark 于 1995 年在美国旧金山湾区地带创立。该网站上没有图片，只有文字，涵盖的分类信息包括求职招聘、房屋租赁买卖、二手产品交易、家政服务、地区活动指南、寻找罗曼史对象。国内的分类广告门户网站 58 同城，于 2005 年在北京成立，信息版块分为房屋信息、跳蚤市场、票务、宠物、车辆买卖与服务、交友征婚、黄页、招聘等。

在专业分类信息网站出现之前，国内大型门户网站（如新浪网）在 2001 年就已经推出了分类广告频道。当时网络营销人员常在网络社区中发布商业广告。不过社区并不欢迎大量的广告信息，在网络社区做广告遮遮掩掩，而在分类广告区则可以光明正大地为产品/服务做宣

---

① 指给别人推荐好货以诱人购买的行为。
② 指经过微博官方认证并拥有众多粉丝的微博个人用户，其微博昵称后附有大写的英语字母"V"的图标。
③ 指现场通过整齐、协调的行为对人或事集中表达喜爱的情感，看似疯狂，实则理性。

传。现在有些分类广告服务仍然是免费的，对许多中小企业来说，充分利用网上的免费资源，无疑是有吸引力的。

5.5.3.1　网络分类广告的特点

一是简单实用。广告形式简单，通常为文字及图片信息，无须专业的网络广告设计人员，也无须太多的专业知识，一般电脑或手机上网用户都可以操作，是一种简单实用的网络推广方法。

二是信息集中。一个分类清晰的分类广告网站，每一类下面都可能集中大量同类信息，为用户选择提供了便利，查看分类广告的人一般对信息有一定的主动需求，意向明确，这也是分类广告的优势所在。

三是沟通及交易便捷。与 BANNER 广告或搜索引擎广告相比，分类广告可以承载更多的信息，商品的详细描述及商家的联系方式，甚至在线订购均可在一个网站或一个网页内完成，用户通过一个网页浏览即可获取全部信息甚至完成沟通及交易。

5.5.3.2　网络分类广告的发布途径

网络分类广告常见的信息发布途径有专业的分类广告服务网站、综合性网站开设的相关频道和栏目、网上企业黄页、部分行业网站和 B2B 网站的信息发布区、网上跳蚤市场、部分网络社区的广告发布区等。一般来说，专业性的分类网站通常功能比较完善，分类也比较全面，用户很容易在适合自己产品的类别发布广告。同样，用户查找信息也比较方便，从而保证了分类广告信息的效果。综合性网站的分类广告栏目可以从众多的网站访问者中吸引一部分人的注意，行业网站和 B2B 综合网站则容易直接引起买卖双方的关注，广告效果甚至略胜一筹。

5.5.3.3　分类广告在网络营销中的应用

分类广告不仅适用于个人发布供求信息，也适合于小型企业、本地服务业、商品批发、中介公司等作为网络营销信息发布渠道。分类广告的应用比较简单，与 B2B 电子商务平台大致类似。不同的分类广告网站有自己的功能和特点，从总体流程及运营思路方面，具有可遵循的一般规律。利用分类广告开展网络推广的过程可分为以下三个阶段。

（1）分类广告信息准备与发布

选择分类网站平台，注册账号或用网站提供的第三方账号登录，然后在正确的类别发布信息即可。通常可以提前准备好要发布的产品或服务介绍，包括标题、内容提要、细节的图片和详细介绍等。需要说明的是，信息标题及细节图片等对于用户了解信息及确定购买意向具有非常重要的作用，应尽可能提供用户关心的要素。与网站内容营销中网页标题设计的意义一样，分类信息标题的意义还在于，用户在站内搜索信息时，是否含有丰富及精准关键词的标题直接关系到是否可以出现在搜索结果中以及用户的关注程度。

（2）分类广告信息推广——站内可见度

发布分类信息并不意味着网络推广的结束，如果将分类广告作为一种常规的网络推广手段，则信息发布仅仅是推广的开始。因为在同一个网站平台上，可能集中了大量的相关信息，如搬家服务，大量的搬家公司在发布类似的推广信息，而分类信息页面承载的信息量有限，很多信息可能被淹没了，无法被用户发现。为了提高信息的站内可见度，可以从内容优化及站内付费推广两个方面考虑。

一是内容优化。与网页内容的搜索引擎优化思路一样，做好标题及内容相关性的设计，使得用户在站内搜索时获得展现的机会。

二是付费推广。站内推广是分类广告平台的主要收益模式之一，如58同城提供了多种站内推广方式，包括智能推广、精准推广、置顶推广、品牌推广等。支付一定的费用，获得更多的曝光机会和专业服务，或许是提高分类广告效果的捷径。

（3）分类广告管理与效果分析

专业的分类广告网站为用户提供了信息发布、推广、交易撮合、效果分析等一系列基础功能，为分类广告投放及管理带来了方便。对已发布信息的用户浏览、沟通等统计数据进行分析，结合信息的可见度，不断优化信息内容及推广方案，有利于最大可能地发挥网络分类广告的价值。

在现实社会中任何一种广告类型都会包含很多细小的分类和复杂的内容，每一次营销活动都不仅仅是某一种广告形式或营销工具的使用过程，而是多种工具与形式的有机结合。针对网络广告，如何综合高效地运用上述广告形式、高性价比地实现广告主的目标，成为现在不得不解决的问题。

课后作业

1. 社会化媒体广告的定义是什么？
2. 除了前文所述的几种网络广告类型，还有哪些网络广告？

5.6 评价网络广告效果的常见方法

网络广告的效果评价关系到网络媒体和广告主的直接利益，也影响到整个行业的正常发展。广告主总希望了解自己投放广告后能取得什么回报，在最容易监测的浏览数量和点击率不能反映网络广告效果的情况下，就产生了这样的问题，究竟如何全面衡量网络广告的效果呢?本文从定性和定量的不同角度介绍网络广告的效果，主要包括以下几种基本评价方法：对比分析法、加权计算法、点击率与转化率。这些并非评价测量网络广告的所有方法，仅供在实际应用中参考。

5.6.1 对比分析法

无论是 BANNER 广告，还是 Email 广告，都涉及点击率或者回应率以外的效果。因此，除了可以准确跟踪统计的技术指标外，利用比较传统的对比分析法仍然具有现实意义。当然，不同的网络广告形式，对比的内容和方法也不一样。

对于 Email 广告来说，除了产生直接反应之外，利用 Email 还可以有其他方面的作用。例如，Email 关系营销有助于企业与顾客保持联系，并影响其对产品或服务的印象。顾客没有点击 Email 并不意味着不会增加将来购买的可能性或者增加品牌忠诚度。从定性的角度考虑，较好的评价方法是关注 Email 营销带给人们的思考和感觉。这种评价方式也就是采用对比研究的方法：将那些收到 Email 的顾客的态度和没有收到 Email 的顾客的态度作对比，这是评价 Email 营销对顾客产生影响的典型的经验判断法。利用这种方法，也可以比较不同类型 Email 对顾客所产生的效果。

对于网页展示类广告，除了直接点击以外，调查表明，广告的效果通常表现在品牌形象方面，这也就是许多广告主不顾点击率低的现实而仍然选择展示广告的主要原因。当然，品牌形象的提升很难随时获得可以量化的指标，不过同样可以利用传统的对比分析法，对网络广告投放前后的品牌形象进行调查对比。

5.6.2 加权计算法

所谓加权计算法，就是在投放网络广告后的一定时间内，对网络广告产生效果的不同层面赋予权重，以判别不同广告所产生效果之间的差异。这种方法实际上是对不同广告形式、不同投放媒体或者不同投放周期等情况下的广告效果进行比较，而不仅仅反映某次广告投放所产生的效果。加权计算法要建立在对广告效果有基本监测统计手段的基础之上，下面以一个例子来说明。

第一种情况，在 A 网站投放的 BANNER 广告在一个月内获得的可测量效果为：产品销售 100 件（次），点击数量 5000 次。

第二种情况，在 B 网站投放的 BANNER 广告在一个月内获得的效果为：产品销售 120 件（次），点击数量 3000 次。

如何判断这两次广告投放效果的区别呢？可以为产品销售和获得的点击分别赋予权重，根据一般的统计数字，每 100 次点击可形成 2 次实际购买，那么可以将实际购买的权重设为

1.00，每次点击的权重为 0.02。由此可以计算上述两种情况下，广告主可以获得的总价值。

第一种情况，总价值为：100×1.00+5000×0.02=200。

第二种情况，总价值为：120×1.00+3000×0.02=180。

可见，虽然第二种情况获得的直接销售比第一种情况要多。但从长远来看，第一种情况更有价值。这个例子说明，网络广告的效果除了反映在直接购买之外，对品牌形象或者用户的认知同样重要。

这种评价方法的问题在于，权重的设定对加权计算法最后结果影响较大。例如，假定每次点击的权重增加到 0.05，结果就不一样。决定权重，需要进行大量的统计资料分析，对用户浏览数量与实际购买之间的比例有一个相对准确的统计结果。

5.6.3 点击率、转化率与二跳率

点击率是网络广告最基本的评价指标，也是反映网络广告最直接、最有说服力的量化指标。不过，随着人们对网络广告了解的深入，点击它的人反而越来越少，除非特别有创意或者有吸引力的广告。造成这种状况的原因可能是多方面的，如网页上广告的数量太多而无暇顾及，浏览者浏览广告之后已经形成一定的印象无须点击广告或者仅仅记下链接的网址以备将来访问该网站等。因此，平均不到 0.4%的点击率已经不能充分反映网络广告的真正效果。于是，对点击以外的效果评价问题就显得非常重要。

与点击率相关的另一个指标——转化率，被用来反映那些观看而没有点击广告所产生的效果。美国的网络广告调查公司 Adknowledge 在 2000 年第三季度网络广告调查报告中提出用转化率来评价网络广告的效果，将转化定义为受网络广告影响而形成的购买、注册或者信息需求。该报告认为，浏览而没有点击广告同样具有巨大的意义，营销人员更应该关注那些占浏览者总数 9%而没有点击广告的浏览者。

虽然转化率的概念对增强网络广告的信心具有一定意义，但转化率的监测在操作中还有一定的难度。因此，全面评价网络广告效果仍然是比较复杂的问题。尤其是近年来社会化网络广告及手机广告的快速发展，网络广告效果评价也越来越复杂。事实上，很多新型网络广告可能根本没有成熟的效果评价方式，但这并不影响各种新型网络广告的发展。

二跳量与到达量的比值称为广告的二跳率，该值初步反映广告带来的流量是否有效，同时也能反映出广告页面的哪些内容是购买者所感兴趣的，进而根据购买者的访问行径，来优化广告页面，提高转化率和线上交易额，大大提升网络广告投放的精准度，并为下一次的广告投放提供指导。

📝 课后作业

1. 评价网络广告效果的方法有哪些？它们分别是如何分析的？

2. 对于网络广告来说，除了利用效果监测来适时更换广告形式和广告内容，是否还可以通过网络广告所特有的技术特性来优化相关技术来改进效果？是否还有别的方式可以更好地达到目标效果？

第 6 章

新媒体运营

学习目标

1. 了解新媒体运营的各个方面
2. 了解内容运营的方法和战略
3. 了解用户运营的要素和用户获取方法
4. 了解如何用数据指导新媒体运营
5. 了解活动运营的基本流程

新媒体相较于传统媒体具有强互动、高覆盖、低门槛、多渠道、形式丰富、推广方便等特点，一度成为各个企业宣传推广、盈利变现的重要手段。被称作"脑洞之王"的"GQ 实验室"，推文一出阅读量迅速达到 10 万+，连广告软文点击都能破 200 万；视频起家的"一条"，微信推文平均阅读量 10 万+，视频日均浏览量高达 2000 万，转型电商后更是做得风生水起！深耕女性市场的"灵魂有香气的女子"不仅每篇阅读量达到 10 万+，而且还布局了图书、广播、视频等多方位矩阵。这些 10 万+收割机是如何运转的？里面又蕴含了哪些新媒体运营思维？对于其他企业有何借鉴意义？怎么通过选题和标题提高文章的打开率？百万加阅读量的爆款选题是如何诞生的？怎么摸准广告主的心思，提高软文转化和复投？风靡全网的清奇脑洞是如何诞生的？新媒体的变现，广告、电商、知识付费该怎么做？

6.1 内容运营：数据+产品思维

6.1.1 推动内容战略

内容战略是企业践行顾客中心主义的重要战略，意味着在处理消费者关系时，企业摆脱了以内容为渠道的企业中心思维，转而注重消费者需求和体验，以有温度的内容替代宣讲式的信息，甚至以更开放的心态与消费者共创内容，共建品牌。与此同时，将内容提升到战略高度，也意味着企业不仅把内容当作营销部门的"武器"，还将内容生产变成企业自上而下的集体行动，各个部门围绕着生产优质内容、满足用户需求这一目标达成高效协作。

6.1.1.1 推动内容营销走向内容战略

什么是内容营销？简单来说，内容营销是一种营销策略，将图片、文字、视频和音频等元素以内容的形式呈现出来，使其成为用户可以消费的信息。"京东快报"就是最为典型的内容营销方式。"京东快报"通过文章将需要营销的内容转化为为用户提供有价值的服务，进而吸引用户点击、阅读，引起用户的购物兴趣并付诸行动。其实质是通过对用户购物行为的分析，将这些内容推送给匹配的用户，实现精准营销。它是一种促进流量变现和用户消费升级的新型营销方式，可以简单地将其看作以内容聚集粉丝来提高转化率的一种营销方式。同时，这种内容的表达方式使企业与用户之间建立起了强有力的互动，为企业品牌与形象的建立提供了更直接的途径。

内容营销的表现形式非常多样，包括软文、新闻稿、音频、动画、图片、信息图、电子书在线教学或电视广播、幻灯片、视频、游戏等，通过有价值的内容分享，将品牌和产品信息传达给用户。内容营销作为一种营销思维，并没有固定的形式和方法，适用于所有的媒介渠道和平台。

内容营销升级为内容战略时，意味着企业不仅需要考虑营销层面的问题，还需要将内容放在管理的语境中思考。谈及内容营销话题时，一些知名企业，如可口可乐、麦当劳、蒙牛等，将话题引向与消费者的沟通。相较于内容营销，内容战略在内容的打造与传递上更注重整体性。当下，企业触达消费者的渠道繁多，如果缺乏整体性思考，即便在单一渠道中创造出好内容，也难免造成沟通的割裂。

6.1.1.2 内容战略"五力模型"

1980年哈佛商学院教授迈克尔·波特（Michael Porter）在《竞争战略》一书中总结了"五力模型"，将包含新进入者的威胁、替代品的威胁、购买者的议价能力、供应商的议价能力、同业竞争者的竞争程度在内的五大因素，汇聚在一个简单的模型中，引导企业从新老竞争者、消费者、供应链、产品几个方面去审视行业的竞争态势。将其对应到内容战略中，会发现这样一条思路：以消费者为中心，提升品牌、渠道、产品、转化的竞争力，形成破局增长力，应对所在行业新老竞争者的威胁。

（1）沟通力

谁能建立一个双向互动的高效沟通机制，就意味着谁离消费者的距离更近。内容的多样性为这种沟通机制提供了肥沃土壤。在内容表现形式上，在5G的背景下，图文已经成为基础，短视频、直播等愈发生机勃勃。与此同时，内容渠道的多样性也让连接消费者变得更便捷，内容内涵加上丰富的场景覆盖了多种多样的语境，不仅为消费者提供更直观、美感、震撼的全方位感官体验，为企业增加了可以与消费者平等对话的角色感，增添了对话频率，也让企业有机会突破圈层，触及更多潜在消费群体。

（2）渠道力

在内容和商业的全触点时代，每一个触点都成为企业与消费者沟通的渠道。技术的迭代和更新带来内容载体的多样性，触点和渠道也变得越来越多元，一个游戏、一个信息流广告，甚至一个小程序都可以是触点。内容让企业在注意力和触点碎片化的当下，更快速、高效地直达消费者。这也是诸多货架式电商平台都开始大力推进"电商+内容"，向内容型电商转型的原因。这种渠道的整合和消费者的强连接，提升了沟通效率，建立了统一的沟通体系，有利于企业更好地建立准确且稳定的品牌形象。

（3）产品力

产品本身是连接消费者的触点之一，将产品纳入内容战略的一部分，通过"内容+产品"触点的结合，可以增强产品的溢价能力，提升产品力的同时也让品牌更有温度感。其融入的方式多种多样，如代言人同款、IP 授权产品等。如果换一个思路，将内容融入全渠道多触点，则会带来另一种产品力的提升。构建与消费者对话的全触点体系，在每个触点植入内容，或者说用内容串联起所有分散的触点，对于企业而言，更大的意义是提升了消费者行为数据化的程度，为产品研发、定价、营销方式等多层面决策提供反馈，从而让品牌做出更让消费者喜欢的产品和服务。

（4）转化力

内容对于商业的价值还体现在更直观的转化上。如今，商业转化可以分为三个维度：销售转化、行为转化、用户转化。它们涵盖了企业从短线收益到长线运营的全流程。销售转化是最为直接的短线价值。内容直接刺激消费者购买的效率已经不言而喻，直播电商的大行其道就是最佳说明，而 IP 同款效应带来高转化的例子也不胜枚举。不过，转化不仅是短线的，延迟转化是一种常见的行为，消费者可能在浏览内容之后的数天或者数周内完成最终的销售转化。而在这之前，他们的浏览、收藏、加购物车等被称为行为转化。企业可以在这些关键的行为触点上，通过优质内容刺激，提高行为转化率，从而抓住延迟转化人群，进行中长线运营。最后是用户转化，如何从流量到留量，将消费者变成品牌粉丝或者忠诚用户，这是数字化趋势下，所有品牌最关注的问题。想要将消费者沉淀在企业私域流量池，将他们变成可称为数字资产的粉丝，有足够吸引力的内容是绝佳的催化剂。

（5）品牌力

商业价值的另一个维度是品牌力，是消费者对于企业的产品、服务、解决方案能够感知到的价值总和，能够为品牌带来差异化的溢价能力。内容是品牌的底层，苹果发布会上乔布斯身后屏幕播放的 PPT，可口可乐脍炙人口的广告语，就是让人迅速记得住的内容转化为品牌心智的典型代表。而内容和载体形式，在全触点里多样化植入，对于品牌而言，不仅可以在各种场景中深度表达品牌理念，还可以与消费者沟通、互动，为品牌增加丰富的精神内涵，让消费者感知并且认可。

从商业时代的视角，内容战略让过去企业与消费者之间的信息流向，从单流运行变成多流往复运转，深度连接消费者、增强互动，内容和触点的深度结合，改变了企业营销手段之间的隔阂，实现了过去单项营销的整合和串联。如从整体提升"五力"，企业能够形成完整的从 B 到 C，再从 C 到 B 的全链路闭环。即便企业仅从一力出发，但发挥到极致，亦可形成破局之势，引爆增长。

6.1.2　内容营销典型案例

优秀的内容战略对于企业的长期发展至关重要，本小节以哔哩哔哩（以下简称 B 站）为例，对该企业的内容营销案例做简单拆解。

B 站作为具有较高商业价值的 Z 世代人群（1995—2009 年出生的一代人）聚集的数字社

区，其用户与内容增长均保持高质量发展。根据 B 站 2021 年第四季度财报，截至 2021 年年底，B 站月均活跃用户达到 2.7 亿，较 2020 年同期增加 35%，月均付费用户 2450 万，同比增长 37%，用户黏性持续提升。

6.1.2.1 内容构建

在内容构建方面，B 站围绕 IP 化、精品化、服务生态三个方面进行重点扶持与孵化优质专业内容，不断扩展内容边界。B 站以优质视频内容为主，平台内容综合多元，PUGV（Professional User Generated Video，专业个人用户视频）内容生态完善，不断满足用户审美、创作与体验的需求。

（1）源头 IP 供应

第一，国内创作。持续加码对国内创作的扶持，B 站在 2019 年推出《灵笼》，在 IP 价值上实现突破；2021 年推出的动漫《时光代理人》，在全球化方面形成突破。

第二，影视/纪录片。2021 年，B 站联合业内专业人士，升级影视、纪录片，举办纪录片发布会，并现场发布了《人生一串第三季》等 21 部不同类型的纪录片。

第三，综艺。尝试精品综艺打造，并反哺内容生态，丰富用户娱乐体验。2021 年推出异性交友节目《90 婚介所》、音乐综艺《我的音乐你听吗》等。

第四，赛事。围绕电竞和娱乐主题，构建全年赛事直播，如成为英雄联盟 S11 赛季等多个赛事的独家版权方。

（2）内容扩展

一是新分区。对内容精准分区，并围绕年轻用户的兴趣不断扩展内容，如新增知识区、升级美食区、动物圈为一级分区等。

二是内容二次创作。用户对内容的再造，让 IP 或优质内容在生态合力下激发出更多内容再创，引起话题聚变。

（3）娱乐体验升级

一是大型活动。以海量的内容为支撑，打造 B 站独特的内容嘉年华，如 B 站跨年晚会、B 站 POWER UP 百大 UP 主①颁奖等，并结合社区氛围带动活动发酵。

二是服务产业链升级。构建立体全面的服务设施，如 B 站漫画、电竞战队、会员购等服务，给予用户全方位的娱乐内容体验。

6.1.2.2 内容营销策略

基于 B 站生态形成"4I 兴趣营销模型"，即洞察（Insight）、资源（Immerse）、传播（Impress）、复利（Icon），并通过营销资源的配置，利用圈层营销、节点营销、事件营销、种草营销四种整合传播路径，最终围绕内容实现更长用户留存、更强用户黏性、品牌内容资产沉淀。

第一，洞察。有效构建品牌的完整性、准确性和有效性。

第二，资源。节点内容资源与圈层内容资源结合。

第三，传播。圈层营销、节点营销、事件营销、种草营销。

---

① UP 主，是对哔哩哔哩网站中视频上传者的称呼。

第四，复利。围绕内容，实现复利。一是社区复利。针对优质内容，UP 主和用户进行大量二次创作，帮助品牌产生内容裂变，B 站 2021 年投放 top100 品牌的相关广告增长 2.15 倍。二是时间复利。在 B 站发布商业内容后有着持续性的播放量，商业内容具有长尾效应，2020 年 7 月花火上线至 2020 年 11 月发布的商单，发布一年后，其 7 天后播放量占比高达 45%。三是 IP 复利。品牌在 B 站发布优质的商业内容，激发互动搜索，构筑用户心智，建构品牌资产。B 站 2021 年 top100 品牌搜索量增长 2.7 倍。

6.1.2.3　内容营销案例

2021 年，B 站和河南卫视推出的文化剧情舞蹈节目《舞千年》，搭载优质内容创意传递品牌信息，助力品牌塑造，构建情感共鸣。

第一，紧密结合内容，实现商业软着陆。创意思维，有效融合内容与商业，营销效果 1+1>2。

第二，绑定节目主旨，塑造品牌。搭载优质内容，建立品牌，有效提升品牌认识度及好感度。

第三，关联节目内外，单点发散营销矩阵。互动发酵，扩大营销声量深挖圈层，收获潜在用户。

课后作业

1. 什么是内容营销？
2. 内容营销战略的"五力模型"包括哪些内容？
3. 举例说明品牌是如何做内容营销的。

6.2 用户运营：巧用 UCD（User Centered Design）

6.2.1 用户获取

用户获取即为品牌获取新用户的过程。拥有一个考虑周全并且执行到位的用户获取策略是取得成功的必要基石。"获得"意味着同用户建立连接关系，这是用户策略的开始。建立用户连接、维护用户关系、构建用户价值及利益体系、创造用户价值与利益关系、获得用户长期资源价值，是网络营销用户策略的基本内容和目标，而用户数据分析则为制定和实施用户策略提供了决策支持。本小节主要阐述新产品的用户获取环节。

6.2.1.1 用户的分类

（1）临时用户

有明确的需求但通常比较简单，获得满足之后就会离开，可能会重复访问，也可能是一次性的。

（2）注册用户

用户可能需要长期的服务，愿意为网站提供必要的个人信息，双方建立较为紧密的连接关系。

（3）活跃用户

经常会登录网站/手机 APP/其他应用平台等，与网站之间保持较为紧密的关系。

（4）价值用户

为网站带来高价值的用户，这类用户在网站营销生态系统中通常处于核心地位，既是直接顾客，也是网络推广资源。

（5）噪声用户

在企业网络营销信息系统中产生不符合企业期望信息的用户，这类用户并不是网络营销用户的主流，但往往具有明显的负面作用。

6.2.1.2 用户的获取之道

我们在线下看到街头的广告牌、社交平台、短视频 App，以及 App 搜索引擎上，经常有各种广告，这些都是在扩大自己的曝光度，让用户能最大程度地看见品牌。如果给这些获取用户的方法简单分类，可以概括成这几种。

一是通过搜索排名优化，让用户搜索时先看到自己，从而获取用户。

二是通过生产优质内容，让平台算法推荐自己，从而获取用户。

三是靠服务口碑和利益引导，利用用户关系裂变，从而获取更多用户。

6.2.2 用户运营要素

6.2.2.1 运用 UCD 完成用户运营

互联网的本质是连接，无论企业的业务是 to Business（商家）还是 to Customer（客户），其背后连接的都是人。马云把 B2B 模式解释为 Business man to Business man，而不是 Business to Business，所以企业核心的运营对象应该是用户。新媒体中的用户运营主要指在新媒体平台上设定一系列针对用户的运营策略和动作。

在进行用户运营时，必然要对该企业所获取的用户进行充分的分析，包括用户整体属性、用户行为、变现分析。做完用户画像，了解了用户是谁、他们是怎么来的以及产生了哪些行为，接下来就可以对用户进行相应分层、分级、分阶段的运营。

（1）范围层：实现用户"分类而治"

在用户的分层、分级和分阶段运营中，分层运营主要是根据用户的基本属性及行为属性划分进行运营动作；分级运营主要是根据用户自身的成长分级进行运营动作；分阶段主要是根据用户所处的生命周期进行运营动作。用户的分层、分级和分阶段运营主要解决用户"分类而治"的问题，同时提升企业运营的效率。

（2）结构层：私域流量池的部署

"私域"这个概念来自电商行业，如果企业在某个电商平台开设店铺，用户通过搜索框搜索到企业的店铺/商品，那么这部分流量就属于电商平台，而不属于企业。但用户进入企业的店铺后，可以将客户添加至某个群并做相应维护，此时这个用户群就可以称为企业的私域流量池。在微信体系内，公众号、社群、个人号、小程序都是私域。因为用户进入这些平台后，可以独立进行维护。新媒体结构层的设计包括用户环节的设计及社群设计。

用户环节的设计即私域流量池的部署，如用户从引入期到成熟期，需要经过哪些平台、如何进行转化等。在设计时需要考虑以下三点：覆盖用户全流程、考虑各平台情况以及考虑商业转化漏斗。覆盖用户全流程顾名思义，就是设计时保证整个流量环节是一个闭环，包含从引入到转化的各个环节。考虑各平台情况是由于它们都有其独自的特点，企业需要根据各个平台的特点，考虑如何与产品匹配。考虑商业转化漏斗要求企业熟悉业务的核心并考虑各个环节的漏斗。

（3）框架层：用户体验流程设计

在用户运营的框架层面，重点设计用户从关注到最后转化的整个体验流程。以微信公众号为例，首先优化用户体验地图，在用户关注后，消息框会弹出一段欢迎语，直接将用户引流到公众号上。菜单栏设置注重逻辑性，引导用户点击相应模块。媒体型菜单栏注重内容展示，促进内容传播。销售型菜单栏注重购买流程，着重展示营销客服等功能。其次，公众号的简介尽量让用户一眼就记住。公众号简介即功能介绍，是其对读者敞开的第一扇窗户。用户在选择是否关注时，会不由自主地先看在公众号展示页的简介。如果简介足够吸引人，那么用户点击关注的概率就会提升。

6.2.2.2　引爆用户增长

埃里克·莱斯在《精益创业》中提出用户驱动增长的三大引擎，分别为黏着式增长引擎、病毒式增长引擎和付费式增长引擎。

（1）黏着式增长

黏着式增长是通过口碑或者品牌传播等形式实现的增长，增长的速度取决于复合率，只要自然增长率减去流失率的结果为正数，增长就可以持续。在公众号体系中，黏着式增长主要通过文章自发传播或者口碑推荐吸引用户。黏着式增长的典型方式是依靠内容，内容带来的粉丝是有黏性且精准的，一般粉丝 7 日留存率会超过 80%。

（2）病毒式增长

病毒式增长也称裂变式增长，通过"人拉人"形成正反馈循环。病毒式增长主要关注病毒传播系数和传播周期，通常系数越大、周期越短，说明新人参与越多，传播速度越快、增长越有效。病毒式增长在新媒体中具体的增长方法有社群裂变、红包、任务宝模式等。

（3）付费式增长及其他增长渠道

付费式增长主要是通过金钱或者资源的投入来获取增长，关键考核指标是 CAC（单个获取成本）和后续的 ROI（投资回报比）。接下来，本小节简单介绍几种付费式增长及其他类型的增长玩法。

——互推增粉

互推是一种相对比较成熟的涨粉方式，主要是找到一个或者多个公众号进行账号的相互推荐。互推涉及两个技巧。首先是人群的一致性，例如，企业的用户是 20 ~ 30 岁的女性群体，那互推账号的用户群体也需要包含同一年龄段的人群，老年用户类账号就不在考虑范围之内。其次是互推文案不宜过分生硬地直接推荐对方账号，最好能结合相应的场景，然后再加上对这个公众号的基本介绍。互推分两种：1 对 1 的单推和多个公众号组团互推。一般单推的效果会好些。如果做多个账号互推，就会存在各个公众号在文案中互推位置的排序问题。一般来说，互推发起方占据第一个位置。具体位置的效果不同，其效果大致排序为：位置第一>位置第二>最后一位>其他。

——Wi-Fi 增粉

Wi-Fi 增粉主要指在机场、商场、医院等某些公共场合，商户提供免费的 Wi-Fi，用户在连接 Wi-Fi 时，会被要求关注公众号。类似的增粉方式还有借用手推车、照片打印机和摇一摇等。其核心逻辑是用户在某个场合想享受某项免费服务，必须先关注品牌的公开账号。这类粉丝的获取单价在 0.8 ~ 2 元，但因为这是强制关注模式，很多用户在完成某项动作后会马上取消，所以在采用此类增粉方式时，活动方需要关注用户的留存率和互动率。

课后作业

1. 品牌获取用户的要素有哪些？
2. 自选一个行业品类，请具体说明一个新品牌在前期如何获取用户？
3. 品牌在获取一定量的用户后，如何继续进行用户维护？

6.3 数据运营：用数据运营思维指导日常工作

管理学大师彼得·德鲁克有一句名言："你无法衡量的东西，你也无法管理。"我们做决策时通常依靠过往的经验或者个人直觉，但结果很容易产生失误。而要想减少这种失误，就需要借助数据分析。数据分析不只是某一条公式或者一串代码，它真正的魅力在于系统地、客观地、有逻辑地思考，用这种思考方式去代替零散、臆断、盲目的猜测，这才是它最大的价值。

6.3.1 新媒体数据运营的路径

新媒体数据分析流程主要分为六个环节，包括明确分析目的、数据获取、数据处理、数据分析、数据可视化、提出建议并推动落地。

6.3.1.1 明确目的和思路

做任何事情都有其对应的目的，数据分析也是如此。每一次分析前，都必须要先明确做这次分析的目的是什么。只有先明确了目的，后面的分析才能围绕其展开。常见的数据分析目标包括以下三种类型。

第一，波动解释型。某天的销售额突然下降了，某天的新用户留存突然降低了，这时候往往需要分析师去解释波动的原因。

第二，数据复盘型。类似于月报、季报，在互联网领域常见于 App 某某功能上线了一段时间后，数据分析师往往需要复盘一下这个功能的表现情况，看看有没有什么问题。

第三，专题探索型。对某个主题发起的专项探索，如新用户流失、营收分析等。

在明确目标和思路时，建立体系化的思考框架很重要，这也是数据分析的核心。营销层面的体系化思考框架有 4P 分析、SWOT 分析、STP 理论、用户行为理论以及六项思考帽等，管理方面的思考框架有 5W2H、PEST、逻辑树、金字塔、SMART 原则等。这里简单介绍三个常用的思考框架。

（1）5W2H 分析法

5W2H 分析法由第二世界大战中美国陆军兵器修理部首创。它简单、方便，易于理解、使用，被广泛用于企业管理和技术活动，对于决策和执行性的活动措施非常有帮助，也有助于弥补考虑问题的疏漏。一个活动方案也许各有侧重点，但是基本的思路都会从 5W2H 这几方面入手。用五个以 W 开头的英语单词和两个以 H 开头的英语单词进行设问，发现解决问题的线索，寻找思路，进行设计构思。

What——是什么？目的是什么？做什么工作？

Why——为什么要做？可不可以不做？有没有替代方案？

Who——谁？由谁来做？

When——何时？什么时间做？什么时机最适宜？

Where——何处？在哪里做？

How——怎么做？如何提高效率？如何实施？方法是什么？

How Much——多少？做到什么程度？数量如何？质量水平如何？费用产出如何？

（2）SWOT 分析法

SWOT 分析法即态势分析法，即基于内外部竞争环境和竞争条件下的态势分析，如将与研究对象密切相关的各种主要内部优势、劣势和外部的机会、威胁等。通过调查列举出来，并依照矩阵形式排列，然后用系统分析的思想，把各种因素相互匹配起来加以分析，从中得出一系列相应的结论，而结论通常带有一定的决策性。SWOT 分别对应优势（Strengths）、弱势（Weaknesses）、机会（Opportunities）和威胁（Threats）。这套分析框架适合作为企业的产品战略分析框架。

（3）PEST 分析法

PEST 分析是指宏观环境的分析，P 是政治（Politics），E 是经济（Economy），S 是社会（Society），T 是技术（Technology）。在分析一个企业集团所处的背景的时候，通常通过这四个因素来进行分析企业所面临的状况。PEST 分析法适用于企业战略规划、市场规划、产品经营发展、研究报告撰写等工作。

6.3.1.2 数据收集

在明确分析目标后，再获取所需要的数据，数据获取主要可以分为外部数据和内部数据两类。

（1）外部数据

想要获取外部数据，一是可以从公开的数据网站上查询，如在研究进入某个地区或某个国家的策略时，往往就需要获取对应地区、国家的数据，这些就可以在该地区或国家的公开网站上查到相应的数据。第二种获取外部数据的方法就是爬虫，这种方法会更加灵活，不过目前做爬虫有一定的法律风险。

（2）内部数据

内部数据是企业自身内部的数据，对于互联网行业而言，用户行为的数据是通过埋点的形式上报获取，最终储存在 hive 表中。数据分析师需要用 SQL（Structure Query Language 结构化查询语言）把数据从中提取出来。

——结构化数据

结构化数据一般是指可以使用关系型数据库表示和存储，可以用二维表来表达和实现的数据。结构化数据能够直接用数据或统一的结构表示，如数字或符号。不同类型的新媒体关注的数据也不太一样。产品型新媒体主要关注使用次数、使用频次、留存率和付费用户数。媒体型新媒体主要关注打开率、转发收藏率、新增粉丝数、留言数和转载数。销售型新媒体主要关注商品库存（Stock Keeping Unit，简称 SKU）、进站用户访问量（Unique Visitor，简称 UV）、页面跳转率、购买完成率、复购率和交易总额（Gross Merchandise Volume，简称 GMV）。这些结构化的数据可以通过微信公众号后台或 App 后台数据获得。

——非结构化数据

非结构化数据顾名思义，就是没有固定结构的数据，包括所有格式的办公文档、文本、图片、XML、HTML、各类报表、图像和音频/视频信息等。对于这类数据，一般直接整体进行存储，而且一般存储为二进制的数据格式。以微信为例，非结构化数据在新媒体各场景中的具体含义分别如下：用户在微信上的回复文字，关注的公众号的名字，微信对话时使用的表情、文字，朋友圈的内容、形式和使用频次。

——半结构化数据

半结构化数据是结构化数据的一种形式，并不符合关系型数据库或其他数据表的形式关联起来的数据模型结构，但包含相关标记，用来分隔语义元素以及对记录和字段进行分层，数据的结构和内容混在一起，没有明显的区分。因此，它也被称为自描述的结构。简单地说，半结构化数据就是介于完全结构化数据和完全无结构的数据之间的数据。例如，HTML 文档，JSON[①]，XML（可扩展标记语言）和一些 NoSQL[②]数据库等就属于半结构化数据。

6.3.1.3　数据处理

数据处理阶段主要的目的是解决数据质量的问题，在数据采集环节中，内部的数据往往质量较好，但是外部数据，如爬虫获取的数据，往往会比较杂乱，俗称"脏数据"，需要进行数据清洗，包括补全缺失值、删去异常值、重复值、进行数据转换等。

数据处理一般分为以下四个步骤。

第一步，数据抽取：从源数据中抽取目标字段，如时间、销量。

第二步，数据清洗：清洗抽取后的数据，如去除空值、异常值。

第三步，数据转化：将数据格式进行转化，如把文本转化成数据格式、日期转化成可计算格式。

第四步，数据计算：进行数据的一些基本计算，常用的工具有 Excel、SQL 等。

6.3.1.4　数据分析

数据处理好了之后，就可以开始分析，根据确定的分析目标，选择合适的分析方法。常见的分析方法包括以下几种。

（1）描述型分析

在第一步的分析目标中，提到了一种常见的分析类型，即做数据复盘。在这种分析报告中，描述性分析就是最常用的方法。描述性分析主要是对所收集的数据进行分析，得出反映客观现象的各种数量特征的一种分析方法，包括数据的集中趋势分析、数据离散程度分析、数据的频数分布分析等，描述性分析是对数据进一步分析的基础。

（2）推断性分析

推断性分析是研究如何根据样本数据来推断总体样本数量特征，是在对样本数据进行描述统计分析的基础上，对研究总体的数量特征做出推断。常见的分析方法有假设检验、相关分析、回归分析、时间序列分析等方法。

（3）探索性分析

探索性分析主要是通过一些分析方法从大量的数据中发现未知且有价值信息的过程，不

---

① JavaScript Object Notation，JS 对象简谱，是一种轻量级的数据交换格式。
② Not Only SQL，泛指非关系型的数据库。

受研究假设和分析模型的限制，尽可能地寻找变量之间的关联性。常见的分析方法有聚类分析、因子分析、对应分析等方法。

——聚类分析法

聚类分析是指将数据对象的集合分组为由类似的对象组成的多个类的分析过程。聚类分析的目标就是在相似的基础上收集数据来分类。聚类源于很多领域，包括数学、计算机科学、统计学、生物学和经济学。在不同的应用领域，很多聚类技术都得到了发展，这些技术方法被用作描述数据，衡量不同数据源间的相似性，以及把数据源分类到不同的簇中。

——漏斗分析法

漏斗分析法从字面上理解就是用类似漏斗的框架对事物进行分析的一种方法，这种方法能对研究对象在"穿越漏斗"时的状态特征进行时序类、流程式的刻画与分析。漏斗分析涉及四个方面的要素：时间、节点、研究对象、指标。时间指的是事件是何时开始、何时结束的，也包括我们应用漏斗模型进行研究的时间段（即取数的时间范围），还涵盖前后两个节点之间的时间间隔、某节点的停留时长等。节点包括起点、终点和过程性节点，涵盖这些节点的命名、标识等，节点的数量对应于漏斗的层级数。研究对象指的是参与事件或流程的主体，可能是一群人、某类用户或某个人。指标则是对整个事件流程进行分析的工具，也是对漏斗的描述与刻画。

6.3.1.5 数据展现

分析完数据之后，就要将数据清晰地呈现出来。一般会采用图表的方式，要选择正确的图表。每一种图表都有最擅长表达的方面，所以要根据展示的内容进行选择，如该用折线图的时候不要用雷达图，否则呈现的数据会令人迷惑。

6.3.1.6 数据报告

做完所有数据分析之后要生成数据报告。首先，报告内容重点要分析数据所体现出来的内涵，阐释个人所做的思考。其次，要分清主次，提炼出核心内容，把握重点，文字凝练。一些重要的数据或个人思考的内容可以突出展示出来，标黄或标红。最后，整个数据报告要有框架，展示的内容要有逻辑。可以参照前文所说的思维框架建立大纲。

课后作业

1. 怎么用数据运营思维指导品牌营销？
2. 新媒体数据运营的路径有哪些？

6.4 社群运营：数据+实操

6.4.1 什么是社群运营

6.4.1.1 社群运营的内涵

社群，是由共同爱好、共同需求的人组成的群体，有内容有互动，由多种形式组成。社群是一种具有共同价值观的精神联合体和利益共同体。一个真正的社群不仅有共同的价值观、共同的需求，还必须有一套完整的运营体系。群成员都可以在社群中获得相应的价值。群体是由作为个体的人来构成的，当一群人集合在一起之后就会产生一股力量，这种力量能够宣传或者将一个产品推送给受众，而社群运营就更加偏向于这个方面。

一般来说，社群分为短期群和长期群两种。短期群重点做氛围的烘托和产品的转化，通过高频度信息促成以及高价值回馈等方式形成转化。长期群则重点做用户连接，通过内容、产品、活动等形成统一的价值观，使用户形成强烈的身份认同与归属感，让社群成为一个深度聚合和链接的团体组织。目前比较常见的是短期群，包括购物快闪群、知识付费训练营群等。而运营难度比较大的则是长期群，一个氛围良好的长期社群，需要社群运营者去制定规则、定义玩法、抓住头部，促使用户自觉维护社群氛围。

相对而言，长期群的运营更加考验社群运营者的综合运维功底，短期社群的运营则更加考验运营者单项技能的突出程度。前者可抬高整个职业生涯的上限，后者则可以让运营者在前期就站稳脚跟。

6.4.1.2 为什么运营要做社群

社群实现了人与人、人与物之间的连接，提升了营销和服务的深度，建立起高效的会员体系，增强了品牌影响力和用户归属感，为企业发展赋予新的驱动力。未来是社群和社群之间的竞争，谁能更多地利用社群去占用用户的时间，谁就能在市场竞争中占得先机。除了低成本、高转化的优点，社群最大的优势在于"价值延伸"。普通的客户关系，往往只存在于交易过程中，一旦交易全部完成，关系链就会大幅弱化，甚至直接断链。但社群可以做到和客户保持长久的关系，在这期间所做的社群运营可以不断挖掘客户价值。

6.4.2 社群运营实操

6.4.2.1 社群运营准备

社群运营的目的是通过长期的用户运营，建立信任关系，进而开展有效营销，最终实现转化变现。要达到最终目标，首先需要做好社群运营的各项准备，掌握社群运营的重点。

（1）明确社群定位

要弄清楚社群定位这个问题，首先得弄清社群的用户是谁、用户在社群想得到什么、用户能为社群贡献些什么。然后明确对象及其需求，再根据产品/项目的目标，去合理地定位社群，即确定社群的核心目标，到底是信息告知还是客服答疑，是课后辅导还是互动交流。

（2）设定社群规则

根据社群定位，设定社群规则，如本社群的创建目的，能干什么、不能干什么等基本规则。可以以群公告的形式告知，也可在添加用户审核时告知，这样用户进来后就能判断要不要留在群里，降低用户流失率。

（3）高质价值输出

在做价值输出的时候，一方面群管理者需要自己去整理和收集高质量的内容、话题；另一方面要多挖掘群内成员，帮助价值用户树立专业权威形象，这样他们更愿意参与分享和解答成员疑惑。当社群不够活跃的时候，管理者需要主动去引导话题，让用户积极参与。问问题请教时可以"@"一些熟悉的意见领袖或活跃用户。

（4）激励机制设计

群积分是一个保持群活跃的很好办法。激励机制的核心是：管理者设置的奖励是大家喜欢的、想去争取的。但是这个奖励又不能太好，太好的问题会导致很多无效信息被刻意地产生。一般建议从签到、参与、拉新、分享等方面设计积分规则，然后设立排行榜，带动竞争。

（5）核心用户运营

根据二八原则，要想把社群运营好，需要抓好核心用户的运营及维护。怎么维系核心用户呢？要真诚互动、给予荣誉感，可以是聊天，可以是请教，也可以是邀请分享，充分挖掘活跃用户的价值，营造这就是驻场的感觉。

6.4.2.2 社群运营策略

对于一个社群来说，聚集在一起的成员必须有一个共同的强需求，社群必须能提供解决这一需求的服务。社群运营主要是人的运营，是要建立人与产品以及人与人之前的链接，对运营者的综合能力通常要求比较高。那么，究竟该如何玩转社群运营呢？

（1）微信裂变

现在是微信社群裂变的黄金时代。裂变机制的核心有两个。一是诱饵，超出预期的奖励，如免费听课、免费送资料包等。二是门槛，邀请好友才能领取，如分享海报并截图、两位好友扫码等。一个用户若想获得奖励，必须邀请更多的新用户来参与活动，如此无限循环。根据经典的"病毒传播模型"，一次成功的裂变，病毒系数 K 必须大于 1，即平均每位用户能够带来大于 1 名新用户，才可以实现指数级增长。随着用户参与的次数增多，新鲜度不再，效果可能逐步下降，因此诱饵的打造也要有足够的吸引力。

（2）社区运营

过去的社区局限在"圈子"概念，主要是由品牌力号召组建的，而现在更多是回归用户需求。例如，国潮健身服装品牌对焦 duijiao 通过社群虚拟 IP 来连接用户，以分享生活、运动知识干货为运营核心。设计师运动服品牌 MAIA ACTIVE（玛娅）以运动结合趣味，打造 MAIA FUN CLUB 社群 IP，并把公益性活动作为社群内容之一。粒子狂热以小众运动为核心，建立运动团体的概念，普及较少被关注的小众项目等。社群运营已经不局限于微信群、QQ 群等，网站、小程序、App 等都可以为载体。比如近年来盛行的早起打卡分红包、拼多多签到领红包等。

（3）小程序导流

小程序作为微信力推的产品，开发了很多权限、接口等。小程序也成为一种导流不错的工具。比如小程序"头脑王者"给知乎 Live 的导流，还有 2 天时间获取千万用户量的微信头像小程序"圣诞帽"。"群玩助手"这个流量很大的小程序，采用了广告模式，用淘口令的模式给淘宝商家导流。当用户点击按钮后，就会自动复制口令，打卡淘宝 App 即可跳转到商家页面，领取优惠券。简单来说，就是把淘客的模式放到小程序上。

（4）拼团

在大众的普遍认知里，拼团是落后的运营手段。但是，拼多多正是利用这项看似非常低级的手段，在两年多时间内，日订单超过京东。同样，蘑菇街上线小程序，获取的 300 万新用户，其中七成是通过拼团机制吸引而来，转化率是 App 的两倍。目前，在知识付费市场，也出现了拼团机制，如刷屏的网易云课堂。

（5）分销返佣

淘宝客的模式就是分销返佣，为淘宝的流量立下了汗马功劳。微商刷爆朋友圈同样是分销机制。[①]但因分销层级超过 3 级涉嫌违法，多个微信小程序因此被腾讯永久封号。

（6）用户补贴

从滴滴与快的补贴，到支付宝与微信的红包大战，互联网企业的一大竞争法宝就是烧钱换用户。但不同的烧钱战略，效果天差地别。在内容领域，百度、新浪、微信三巨头格局确定的情况下，今日头条凭借"智能推荐+补贴作者"的手段，成为内容领域的颠覆者。目前，随着百度百家号、天天快报、凤凰自媒体、UC 大鱼号、一点资讯的发展，自媒体的市场再次稳固，但是用户增长最快的却是趣头条。面对各大巨头的包夹，它只用了一招来突出重围：读新闻就能赚钱。新用户注册就领 0.5～2 元红包、邀请别人注册自己得红包、完成任务得红包。同时，趣头条采用"师徒制"，个人邀请新用户的奖励都有分成，只要徒弟够多，别人刷新闻，自己就能赚钱。在长尾效应下，这样的社群运营用户补贴其实并不需要投入太多成本。

（7）测试

测试也是社群运营中经常出现爆炸效果的手段，经过包装后的测试能表现出惊人的传播效果，如网易云音乐通过听音乐测试用户的性格。

6.4.2.3　社群运营的几点小技巧

（1）社群运营初期拉新

在社群运营初期主要通过外部渠道为社群拉新。外部渠道可以分为权威自媒体平台和普通 UGC 内容平台两种类型。权威自媒体平台以今日头条、一点资讯、UC 头条、百家号、搜狐号这五家为主，按其各自的重要性把它们进行的排序是：百家号、搜狐号、今日头条、一点资讯、UC 头条。除了外部渠道的推广之外，品牌还可以长期持续地产出优质原创内容，

---

① 2013 年 11 月 14 日，最高人民法院、最高人民检察院和公安部联合发布《关于办理组织领导传销活动刑事案件适用法律若干问题的意见》，明确了"包括组织者、领导者本人及其本层级在内"，分销层级不能超过 3 级。

通过小红圈的流量机制获取新用户。小红圈独特的流量分发机制是用户通过在社群中发布优质的原创内容，并且将其选择分享到发现页面中，随后小红圈官方会在24小时内对内容进行审核，审核成功便将内容推荐在发现页面的精品话题中，从而使用户的社群获取更大的曝光，依靠优质的内容可以有效地进行用户拉新。

（2）形成良好的社群氛围

尤瓦尔在《人类简史》中提出：智人与其他动物最大的区别就是懂得如何讲故事。他们就是凭借这个优势，形成了智人共同的目标甚至信仰，并为之互相合作，凭借众人之力一次次实现以小博大的成功逆袭。人类合作的前提条件便是有统一的目标，社群运营也是。社群所聚拢的是一批有同样需求或者同样属性的用户，而要想让这批用户长期的活跃于社群之中，并释放其价值，就必然要筛选出那批认可社群的用户，通过以点带面来影响后期加入的用户，形成良好的社群氛围。

（3）社群运营也适用于 AARRR 模型

AARRR 是 Acquisition（获取用户）、Activation（提高活跃度）、Retention（提高留存率）、Revenue（获取收入）、Refer（自传播）这个五个单词的缩写，分别对应用户生命周期中的5个重要环节。社群运营也适用于 AARRR 模型，无可避免地需要经历用户获取、激活、留存、收入、传播这几个环节。但如果要建立健康运行的社群，让运营顺利进行，直至完成收入指标。第一，需要明确运营目标，使运营目标和用户需求达成统一，并且自始至终忠于目标，为各个环节制订合理的阶段性目标和方案。第二，在运营的任何阶段都兼顾各个环节，让社群流畅健康地更新换代，不断注入新鲜血液，不断产生转化和传播。

6.4.3 社群数据化

通常在做社群运营的时候，都会涉及数据化运营，社群数据化本身的意义在于达到品牌的既定目标。在社群数据化运营中，这里主要是对用户行为数据和用户内容数据进行简单的分析。

6.4.3.1 用户行为数据

主要考察用户在社群中的交互行为，根据行为数据可以对用户进行分类，从而实现精细化管理。举个例子，在分析社群活跃度的时候，以签到数据为例，借助社群小助手在群里发起签到任务，并后台分析用户签到记录以及签到统计数据，如果社群的签到率低，那么可以对社群中不签到的用户进行清退，招募新用户。

6.4.3.2 用户内容数据

主要围绕着发言量、发言趋势以及热力分析，在特定时间段内对发言数进行互动统计。比如社群通知，通常会在用户活跃度最高的时间点来发布，从而达到最高的消息送达率。利用社群小助手，可以在一周活跃走势图中看到哪天用户的活跃度最高，确定每周哪个时间段来进行话题讨论和分享。

📝 课后作业

1. 选择一个自己熟悉的品牌，说明如何为这个品牌做社群运营。
2. 举例说明 KOC①和 KOL 在不同营销场景中的价值。

---

① KOC 指 Key Opinion Consumer（关键意见消费者），指通够影响自己的朋友、粉丝、促使他们进行消费活动的人。

6.5 品牌新媒体矩阵的搭建与运行

6.5.1 品牌新媒体矩阵的搭建方法

随着新媒体平台越来越多，如微信、微博、抖音等，有个概念开始被频繁提及——新媒体矩阵。搭建新媒体矩阵，首先要明白矩阵是什么。矩阵原本是一个数学概念，指一个长方形阵列排列的复数和实数集合。目前行业内关于新媒体矩阵的定义尚未统一，本书倾向于将它定义为一种内容多元、风险分摊、协同放大宣传效果，以全面触达目标群体为目标的多维新媒体渠道组合。而矩阵又有横向矩阵和纵向矩阵两种类型。本节将针对如何搭建自由媒体矩阵进行探讨。

6.5.1.1 品牌官号的搭建和运营

上文提到矩阵有纵横矩阵之分。横向矩阵指企业在全媒体平台的布局，包括自有 App、网站和各类新媒体平台，如微信、微博、今日头条、一点资讯、企鹅号等，也可以称为外矩阵。常用的媒体平台可以被简单整理归类，如图 6-5-1 所示。

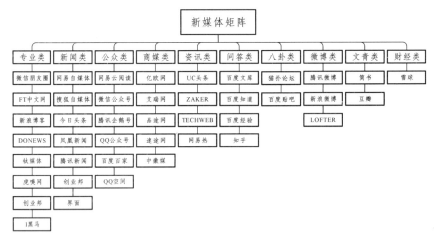

图 6-5-1　新媒体横向矩阵（不完全举例）

纵向矩阵主要指企业在某个媒体平台的生态布局，是其各个产品线的纵深布局，也可以称为内矩阵。这些平台一般都是大平台，如微信。在微信平台可以布局订阅号、服务号、社群、个人号及小程序。表 6-5-1 列举了微信、今日头条和微博的部分纵向矩阵。

表 6-5-1　微信、今日头条、微博的部分纵向矩阵

微信	今日头条	微博
订阅号	头条号	状态
服务号	抖音	新浪看点
社群	悟空问答	秒拍视频
个人号	西瓜视频	一直播
小程序	火山小视频	爱动小视频

企业分散在不同平台运营，是为了避免"黑天鹅事件"①的出现，如被封号，则会前功尽弃。2017 年 6 月，包括"毒舌电影""关爱八卦成长协会"在内的大号遭到了永久封禁，在此之前"毒舌电影"就建立了 App，及时把粉丝引导到新平台，因而封号的影响程度被降低。建立矩阵也是纳西姆·尼古拉斯·塔勒布在《反脆弱》一书中提到的遇到波动和不确定性的情况下一种可靠的解决办法。

建立矩阵后，不同平台的产品及调性可以形成互补。比如进行事件营销，可以先在微博上造势，再在微信上进行转化，最后在今日头条等媒体网站分发品牌公关稿以达到协同放大的营销效果——用户可能在微博上看到品牌宣传，对这个品牌有印象，后来在微信上又看到该品牌的宣传，就更会产生消费的冲动。做好矩阵一共分六步。

（1）梳理阶段

第一步需要梳理企业新媒体的发展阶段。新媒体矩阵并非一开始就得搭建，不同阶段的重心不同。例如偏品牌宣传的新媒体，在启动期搭建外矩阵主要以尝试为主，在有红利的新平台尝试，微信内的矩阵搭建则需要先建立一个账号，找到核心发力点。

（2）细分人群及需求

企业确定要搭建微信内矩阵后，需要对目标用户进行人群细分。首先是同类群体的细分。有些企业运营的对象是某一类人群，例如英语软件百词斩，用户主要是有英语学习需求的人群，其中学生偏多，年龄范围在 12～25 岁。在增长期，百词斩的用户数增加后，又细分出初中、高中、大学等不同人群，于是百词斩针对不同人群推出相应的板块。其次是不同群体的细分。有些企业运营的人群不是同一类，需要细分出矩阵实现分类运营。

（3）选平台

确定新媒体的目标及运营对象后，再选择相应的平台进行矩阵布局，这里的平台主要指可以入驻的媒体或电商平台。平台的选择分初选、复筛、确认三个步骤。首先，需要了解一些常规的泛内容平台；然后根据企业垂直领域业务初步选择平台，初步选定平台后进行下一步——复筛，即将初选的平台进一步筛选；最后选择出几个平台进行试运营。

（4）人格化建设

在选定平台、确定矩阵的结构后，需要针对运营的平台账号进行人格化建设。人格化建设的具体内容会在后文中讲到，这里着重阐述企业在不同平台展示的人格化需要遵循 1+N 模式。"1"指的是企业的"基因"。例如，美丽说的基因是时尚，那么所有的人格化建设都会围绕时尚这个调性。而小猿搜题的基因是学习，则小猿搜题的人物身份一定和学习相关。"N"指的是在不同平台需要搭建的角色要有所不同，按照各平台的风格属性进行改造。比如学霸君请高颜值的北大学姐直播，她代表学霸君的形象，进行与学习方法相关的输出。

（5）搭班子

搭建矩阵的运营团队，可以参考两种人员配置方式：按业务模块配置和按平台配置。

——按业务模块配置人员

企业新媒体可以是不同业务模块的组合。新媒体工作种类通常分为四种：内容运营、活

---

① 黑天鹅事件（Black Swan Incident），是指难以预测，但突然发生时会引起连锁反应、产生负面影响的小概率事件。

动运营、用户运营和投放运营。四个业务模块又可以进一步细分，运营团队的搭建可以根据这些业务模块分别配置人员。

——按平台配置人员

按平台配置是按照不同平台进行人员分配、搭建团队。例如，将企业负责新媒体的人员分为微信运营、微博运营及抖音运营三大团队，虽然微信运营团队可以进一步细分为文案、社群和投放组，但此时文案组只需要负责微信平台上的内容输出，不需要负责微博平台上的内容。两种分类方式没有孰好孰坏之分，主要看哪种更加适配。一般来说第一种更灵活，第二种更适合在某一平台做得非常大的企业。比如，在抖音平台上有 20 个账号的企业，可以为抖音平台配置专门的运营团队，之后根据具体的情况可以再行调整。

（6）定目标

运营需要强大的目标支撑，这样才能走得更快、更远。

6.5.1.2 联合其他品牌或行业 KOL

多种多样的网络营销方法有助于建立和推广网络品牌，一是立足于自有媒体传播矩阵，二是联合其他品牌或行业 KOL 进行推广。

近些年，诸多品牌联名款诞生，耐克和杜蕾斯联名的避孕套，中国李宁和《人民日报》的联名服饰等，各种各样的 IP 加身，实质是与其他名牌的结盟。而除了品牌与品牌的联名之外，还有品牌与品牌之间的互推，以及利用行业 KOL 的影响力来提升自身品牌的知名度。一些"头部网红"的带货能力不容小觑，直播间的商品常常一抢而空，短时间销售额飙至 9 位数甚至 10 位数，而经过他们推荐的商品往往和明星代言一样具有高效力。与此同时，还可以针对产品定位，邀请对应行业高公信力代表辅助树立可靠的品牌形象，提升品牌在行业内的影响力。

6.5.1.3 注重 KOC 在品牌营销中的作用

KOC（Key Opinion Consumer）又称关键意见消费者，KOC 自己就是消费者，分享的内容多为亲身体验。KOC 短视频更受信任，他们距离消费者更近，更加注重和粉丝的互动，由此 KOC 和粉丝之间形成了更加信任的关系。此外，KOC 的内容、文案虽然不精致，甚至有时候还很粗糙，但是因为真实所以信任，因为互动所以热烈，这样带来的结果是显而易见的，可以将曝光（公域流量）实现高转化（私域流量）。总结来看，KOC 是粉丝的朋友，是具有真实、信任等特质的消费者。

6.5.2 运营矩阵的四个核心能力

6.5.2.1 数据为王——数字洞察

大数据环境下的精准营销，对企业至关重要。大数据本质上是一种工具，只有当数据被企业利用并开始创造价值时，它们才有真正的意义。企业可以利用数据进行用户画像、预测分析、精准推荐、技术强化等，以优化广告投放策略、精准推广策略、个性化产品策略、制定科学的价格体系策略，重视用户关系管理，从而争夺未来市场，即争夺用户资源。

（1）市场、竞品、行业：营销节点榜单

每逢热点和节点，必有品牌的身影。2020 年上汽五菱借势地摊经济推出摆车，京东借势热点《脱口秀大会 3》打造《脱口秀大会 3.5》别样"双十一"发布会等，都是营销节点的鲜活案例。品牌只有充分把握好数据，才有望在市场中纷繁复杂的竞品中突围，抢占行业先手，获得立足之地。因此，对于数据的把握与洞察成为数字化经济当道的存活关键。

（2）品牌数字银行

品牌数字银行指一个构建在高速分布式存储网络上的数据中心，它将网络中大量不同类型的存储设备通过应用软件集合起来协同工作，形成一个安全的数据存储和访问的系统。数字银行适用于各大中小型企业与个人用户的数据资料存储、备份、归档等一系列需求。数字银行最大优势在于将存储产品转换为存储服务。用户除了能像在银行存取现金一样管理自己的数字化信息，还能享受由信息价值再造带来的增值服务。数字银行特点主要有强大的数据存储及备份能力、安全性能高、备份及恢复能力强和降低企业运营成本。

6.5.2.2　创意为王——病毒式传播打爆声量

（1）形式：品牌造"梗"①

对于长期沉浸虚拟网络世界中的年轻人来说，玩"梗"似乎已经成为沟通暗号，这类带有社交属性的"梗"，能够催发网友们的自发推荐传播，引起全民狂欢，这就是社交流量节节攀升的原因之一。品牌造"梗"并不一定局限于自身，有时候联系外在的事物，反而能够产出奇妙的化学反应，"谐音梗"和明星个人"梗"都是不错的方式。

（2）表达：断言、重复、传染助推"爆梗"

断言、重复、传染，勒庞在《乌合之众》中提到这三大传播手段，其中的"重复"被广告业广为使用。无论早期的脑白金、后续的王老吉还是新近的蜜雪冰城 和屈臣氏蒸馏水广告，都将这一技巧运用得淋漓极致。BGM、翻唱、二创等音乐类短视频的广泛传播推动了大量爆款歌曲出现。如果梳理爆款歌曲在抖音上的崛起路径，便可以发现这样的规律：它们普遍沿着"造梗—爆梗—接梗—引发潮流—流量收割"这一路径。

6.5.2.3　策略为王——精准收割促进生意落地

新营销时代中最大的特征，除了从以商品为主导的卖方市场逐渐转向以消费需求为主导的买方市场外，消费者的决策过程也呈现出前所未有的跳跃和碎片化。营销理论从 4A 向 5A（Aware 了解、Appeal 吸引、Ask 问询、Act 行动、Advocate 推荐）的演变也正是由此而来：以消费者为中心视角系统性地还原需求的产生、发展及转化的路径和过程。

（1）流量蓄水，打造声量

随着各平台流量红利的消退、获客难度的持续提升，而公域流量又太昂贵，私域只能做存量，这时就需要回归到交易的本质：建立信任。品牌，是由信任累积起来的集合体。相对于品牌广告而言，新客户更信任由消费能力相近、"三观"相符的真实客户所输出的内容，也就是品牌常说的素人。素人天生自带流量引力，品牌需要在各个社交媒体上，通过 KOC 来为品牌发声，实现这一信任关联。

（2）深耕内容，坚持品牌长效经营

从短期新品的流行带动长期新品牌的经营。反观如今在市场上津津乐道的新消费品牌，

---

① 梗是"哏"的讹字，网络流行语，指"笑点、伏笔、含有特别意义的事物"。

如元气森林、Ubras 等，其成功秘诀无不指向品牌的长期经营主义。尽管他们在短时间内依靠一两个爆款获得先发优势，但仅凭此并不能使他们站稳市场。在新消费大爆发的背景下，这些品牌不仅选对了新方向和赛道，更能深刻理解产品差异化和品牌价值塑造的重要性。元气森林称自己为"专注于年轻一代健康好喝的饮料"，Ubras 赋予自己"犹如人体第二层肌肤"的独特表达。这些与众不同的品牌从一开始便知晓，爆款系列只是支撑品牌存活的载体，通过品类创新延展塑造品牌价值和经营是维持长久发展的内核。

6.5.2.4 场景为王——人、货、场推动流量变现

（1）从"人找货"到"货找人"：主体转换重塑消费行为

内容场与电商场的相互叠加从本质上转变了传统电商购物过程中"人找货"的购物流程，内容的加持使得用户可以在使用电商平台时无须带有明确的购物目标，线上平台也可以给予用户如同线下逛商场一般的沉浸式购物体验。在这个过程中，购物的主体由货回归到人本身，很好地将消费者线下"逛"商场的场景重现于互联网电商及内容平台，用户对平台的使用可以是有目的性的购物，也可以是无目的性的消遣，大大增加了电商平台的使用契机和时长。

（2）从"品牌逻辑"到"产品逻辑"

消费逻辑转变带来消费去品牌化，对大牌来讲是一次重大的冲击和考验，但对于物美价廉的产品而言，也是一种机遇。因此，内容与电商融合大潮之下，高性价比的产品才是获得消费者青睐的终极法宝。

（3）从"单一"到"多元"

渠道增多带来消费场景的扩容在传统电商时期，消费者的线上消费行为往往通过电商平台这个单一渠道完成。而随着内容场与电商场的不断融合叠加，多触点的媒体接入为消费者提供了多元的消费场景，无论是淘宝、京东等电商平台，还是微博、抖音等内容平台，都能够为用户对接个性化的购物场景。

课后作业

1. 运营矩阵的四个核心是什么？
2. 举例说明品牌利用人、货、场如何实现流量变现。
3. 举例说明品牌如何为产品打造场景生态。
4. 品牌的自媒体矩阵如何搭建？

第 7 章

社交媒体运营

 学习目标

1. 了解微博营销的特点和要点
2. 了解微博营销的策略
3. 了解微信营销的特点和价值
4. 了解微信不同功能营销的方式和价值

社交媒体营销是品牌经营的重要组成部分，无论是非常成熟的还是新兴的品牌，社交媒体营销都可以通过具体、重要和可量化的方式将品牌和受众连接起来。从本质上讲，社交媒体营销包括通过在受欢迎的平台上发布内容、量化特定指标以及粉丝的持续互动来实现既定的营销目标。

目前国内较为知名的社交媒体平台有微博、微信等。与任何营销方法一样，社交媒体营销的最终目标是利用这些社交媒体平台与受众或者消费者建立更牢固的联系，以建立品牌认知度，增加受众对品牌的兴趣，为品牌带来流量，并有望因此增加销售。

7.1 微博营销

微博是一个即时信息传播平台，在信息的传播和分享过程中，可以为用户提供最短的路径，让用户快速准确地获取有价值的内容。微博具有非常鲜明的平民化、碎片化、交互化、病毒化的传播特征，迎合了现代人碎片化、快节奏的信息获取需求。在微博这个平台上，用户既可以作为读者浏览自己感兴趣的信息，也可以作为发布者发布内容供其他用户浏览，其中比较突出的微博信息往往可以在极短的时间内发酵成一种网络风潮，传播范围甚至能延伸至整个网络，形成爆炸式的病毒推广效果。这种蛛网式的传播方式更为市场营销提供了平台和渠道，让品牌和个人拥有更多的营销选择。

除此之外，微博的即时互动性、便捷性、泛传播性等特点，也使其在顾客服务、产品调研、产品销售、危机公关、广告宣传等方面发挥着重要作用，不管是个人还是品牌，都纷纷选择微博来打造自己的品牌，使微博营销成为社会化营销的主要力量之一。

7.1.1 微博的特点

相对于传统的博客，微博的特点主要表现在以下三个方面。

7.1.1.1 微博信息发布更便捷

首先，微博对内容格式没有严格要求，也不需要文章标题和编排格式，只有最高字数的限制，中文微博通常为 140 字，英文微博通常为 140 字符（新浪微博于 2016 年年初取消了 140 字的发布限制）。这就使得用户可以便捷地完成一篇微博的写作（哪怕只有几个字符）。其次，微博发布方式很多，微博用户可以通过微博网站、客户端软件、手机短信、邮件、即时通信、多种定制的开放式应用软件等随时发布微博信息。

7.1.1.2 微博信息的时效性更强

首先，微博的发布不受时空的限制，甚至最大程度地不受设备的影响，只要有电子设备就可以随时随地发布微博，这为信息的及时传播创造了前提条件。其次，通过用户之间的互相传播（转发、@等）可以形成快速传播，一条热门信息可以在短时间内获得巨大的流量。

7.1.1.3 微博用户之间的交互性更强

在微博平台内，每个用户都可以通过微博内容转发、评论、私信、@等方式与其关注者产生互动和再次传播。同时，互动量在短时间激增的微博信息会以热搜的形式进行话题式传播，以此博得更为广泛的关注和更大的互动量。由于微博主要通过用户进行传播，因此往往用户量越大传播效应越显著。这种特点决定了微博不可能像博客那样每个品牌甚至每个用户都自己经营一个独立的网站。微博活动通常集中在开放的广场式社交平台上，微博平台内部服务行业高度集中，领先的头部账号占有了绝大多数用户份额。这一特点意味着，微博平台蕴藏着巨大的网络营销价值（在一定程度上类似于早期大型 B2B 电子商务平台，如阿里巴巴网站）。

由于微博具有上述特点，其一经推出，便与网络营销产生了必然的联系，微博营销的概念也就应运而生，多种微博营销应用模式不断出现，并且在大型品牌的推广策略中首先得到关注和应用。

7.1.2 微博的网络营销功能

本书将微博的网络营销功能归纳为下列八个方面：

一是品牌官方微博是品牌网络营销必不可少的组成部分。

二是品牌微博的关注者（粉丝、听众）是有价值的网络营销资源，与其他资源（如网站注册用户）一样具有长期网络营销价值。

三是微博可以作为网络推广活动的平台，对产品推广、促销等产生直接效果。

四是微博是有效的在线互动工具，在顾客服务、顾客关系方面发挥积极作用。

五是合理利用微博，可以实现微博内容与品牌网站/博客内容的相互融合和相互推广。

六是微博具有病毒性营销的天然属性，是网络口碑传播最有效的工具之一。

　　七是微博可应用于网络市场调研、用户行为研究等方面，是网络营销研究的辅助工具之一。

　　八是借助搜索引擎的实时搜索等功能，微博信息也可以实现搜索引擎传播，从而进一步扩大微博信息传播的价值，增加品牌信息的网络可见度。

　　2016 年之后，微博平台上的社会化网络营销仍在发展之中，但总体来说新功能、新应用的推出速度逐步放缓，其中微博作为成熟的互联网服务，仍然是网络营销不可忽视的阵地。

7.1.3 微博营销的特点

　　微博营销是指企业、个人通过微博平台为自己创造价值的一种营销方式，是基于粉丝基础进行的营销，对于营销者而言，微博上的每一个活跃粉丝都是潜在的营销对象。企业可以通过微博向广大粉丝传播信息，树立良好的企业形象，提高品牌影响力，如海底捞、杜蕾斯等企业均通过微博营销在品牌传播、品牌推广方面取得了不错的成绩。个人也可以通过微博建立自己的粉丝圈子，开展各种营销活动，提升个人品牌的影响力。

　　虽然微博的用户量在微信出现后受到了一定影响，但作为社交网络平台的老品牌，微博的用户活跃度仍然有增无减。微信营销针对的是微信好友和关注用户，而微博营销由于其信息传播的开放属性，营销的对象更为广泛。微博营销方式具有便捷性、广泛性、高速度和立体化的特点。

7.1.4 微博用户的属性分析

　　平台的用户画像是品牌决定是否在该平台开展营销活动的一个重要的依据。如果一个平台用户属性与品牌的目标客户人群高度吻合，这个平台就需要品牌方着重去运营推广，因为这是决定品牌投入的推广成本能否收回的重要因素。微博数据中心有其用户属性的分析数据，通过报告即可准确地了解到微博用户人群属性。

7.1.4.1 微博活跃用户数量

　　截至 2021 年四季度末，微博月活跃用户达到 5.73 亿，日活用户数量为 2.49 亿，这意味着微博的公共属性持续增强，在网络营销活动中的地位保持稳定。

7.1.4.2 微博用户人群属性

　　微博用户群体以"90 后""00 后"为主，两者总占比接近 80%，总体呈现年轻化趋势。这部分用户是目前消费能力与需求较强劲的人群，也是乐意接受新事物的人群。微博凭借高质量的用户人群，吸引着很多品牌纷纷加大微博营销的推广预算，也正是这部分人群让很多新品牌在微博中得到了曝光，获得知名度与销量转化。

7.1.4.3 用户兴趣

　　微博用户的兴趣爱好可以辅助企业做微博营销的内容规划，并且清晰地告诉企业每一个内容领域的用户消费规模大小。例如，根据微博 2020 年发布的《微博 2020 用户发展报告》，女性消费中"90 后"消费占比最高。女性的消费兴趣大多是："00 后"大多认为幸福就是吃吃喝喝美美；"90 后"大多认为身体健康稳居 C 位；"80 后""70 后"大多后认为能吃是福，善吃是智。同时，报告显示出"70后""80后""泛社会"以及"90后""00后"有"泛娱乐"的特征，体现出各个年龄层的用户兴趣也大不相同。但是品牌也不能盲目地按用户兴趣分布来选择微博的内容规划方向，还得结合品牌的产品属性。

通过以上三个维度的微博用户人群属性的分析，可以得出一个结论：微博的用户以年轻化、具备消费能力和乐意接受新鲜事物的人群为主，而且微博在这个人群中的市场占有率呈稳健的引导趋势。

7.1.5 微博营销的要点和技巧

微博营销以微博作为营销平台，每一个粉丝都是潜在的营销对象。越多的人参与话题交流，则话题传播速度越快，影响力越大。与微信营销一样，要想使微博营销取得良好的效果，一方面要拥有更大的粉丝数量，另一方面要有有效的粉丝流量。如果粉丝只是关注品牌的微博，而不参与信息传播、交流互动，那么粉丝的价值将大打折扣。因此，在微博营销的实际应用过程中，需要注意一些营销要点和技巧，以获得更多的有效流量。

7.1.5.1 个性化微博名称

对于社交媒体而言，拥有个性化的账号名称是必不可少的，它能够在第一时间吸引用户眼球。好的微博名称不仅要方便用户记忆，还要能取得好的搜索流量。如果品牌开通微博进行微博营销，可以用产品名或品牌名命名，通常与品牌名称保持一致，如苏宁易购、宝洁中国等，以最大程度地获得线下用户的流量转化。

7.1.5.2 利用话题

利用话题不仅指利用微博的话题功能，还指利用有热度、有讨论度、容易激起粉丝表达欲望的信息。在设置话题促进粉丝互动时，通常需要遵循几个基本原则：首先，必须有话题感，最好与用户的生活息息相关，能引起用户的兴趣。其次，话题最好比较简单，便于用户快速反应。最后，话题不要与已有话题重复，且应该以微博定位为基础，尽量与微博的主要内容保持一致。

7.1.5.3 定期更新微博内容

微博信息发布的频率几乎不受限制，但对于营销而言，微博的热度与关注度来自于微博的可持续性话题。品牌不断制造新的话题，发布与品牌相关的信息，才可以持续吸引目标群体的关注。微博具有传播速度快、信息量丰富的特性，即使刚发的信息也可能很快被后面的信息覆盖。要想持续获得关注，应该定期更新微博内容，稳定输出有价值的内容，这样才能产生稳定的引流效果。

7.1.5.4 展示个性魅力

很多个人和品牌都将微博作为营销的主要阵地，因此微博营销的竞争异常激烈。随着微博应用的普及，千篇一律的营销手段容易使用户产生审美疲劳，只有那些具有个性魅力的微博账号才能脱颖而出。在商业领域，个人品牌最有价值之处就是个人魅力，这使部分名人、名企在微博营销中更容易引发轰动效应。因此，微博营销者在微博营销中是至关重要的一个角色，因为他是品牌的网络形象代言人，他的个性魅力代表了品牌的个性魅力。产生个性魅力的因素很多，如乐观、幽默、宽容、坦率、执着、智慧、善解人意等。但实际上，一个营销者不太可能兼具这么多魅力特质，这就要求品牌选择与自身形象相符的微博营销者。如果品牌自身形象是创造力强，那么微博营销者最好极具创新思维。

7.1.5.5　微博粉丝互动

与粉丝保持良好的互动，可以加深微博主与粉丝间的联系，培养粉丝的忠诚度，扩大微博的影响力。在微博上与粉丝保持互动的方式主要有 4 种，分别是评论、转发、私信和提醒。

（1）评论

直接在原微博下方回复，评论内容可供所有人查看。

（2）转发

将他人的微博转发至自己的微博上。

（3）私信

是一种一对一的交流方式，讨论内容仅讨论双方可以查看。

（4）提醒

指通过"@微博昵称"的方式，提醒用户关注某信息。

7.1.5.6　微博活动增粉

微博营销实际上就是粉丝营销。只有拥有粉丝，品牌所发布的微博信息才能被更多人看到，才能引导更多人参与互动、扩大影响，以取得更好的营销效果。通过活动增粉是一种常见的方式，特别是一些新鲜、有趣、有奖励的活动，更容易吸引用户的关注和广泛传播。微博营销者可以通过"关注+转发抽奖"、关注参与话题讨论等形式，引导粉丝转发微博，吸引非粉丝用户的关注。

课后作业

1. 微博的特点是什么？微博的网络营销功能有哪些？微博营销的特点是什么？
2. 微博用户有哪些属性？品牌如何在微博寻找到自己的核心用户？
3. 举例说明成功的品牌微博营销案例。

7.2 微博营销策略

对于互联网品牌营销来说，微博是一把双刃剑。运用得当，会收获到意想不到的效果；运用不当，就会给品牌自身形象造成严重的损害。因此，品牌在进行互联网品牌营销的时候，需要掌握一定的微博营销策略。本小节主要探讨微博营销的核心策略。

7.2.1 微博核心营销策略

7.2.1.1 微博大数据营销策略

哪里有数据，哪里就有大数据营销。通过大数据，微博能够发挥精准定位目标用户、为品牌确定量化目标、精准定位微博消息类型、精准定位微博发布时间和评估微博营销的效果等作用。

（1）精准定位目标用户

品牌的网络营销，需要通过活动吸引潜在用户，增加流量。而通过大数据分析，品牌能够快速建立用户的兴趣图谱，开展符合目标用户偏好的营销活动，从而吸引更多人关注品牌微博。

（2）为品牌确定量化目标

大数据能够帮助品牌将市场宣传、客户服务和公共关系这三者的关系化繁为简，通过具体的量化目标来重新梳理三者之间的关系。在市场宣传方面，通过有效转发的数据累计，大数据量化其目标之后转变为微博在粉丝中的转发面积，以及在粉丝朋友圈中二次或多次转发的数量。在客户服务方面，通过注重互动性的评论，大数据量化其目标之后转变为用户在评论中的留言，品牌快速做出反应，形成互动，减少负面评论。在公共关系方面，注重影响力和认同度的培养，通过大数据量化其目标之后转变为企业微博中关键词被搜索的次数和用户对品牌的口碑分析和认同度。

（3）精准定位微博消息类型

微博发布消息的类型多种多样，品牌通过大数据分析，可以获得目标用户的阅读偏好，因此选用不同形式对信息内容进行展示，如图文、文字+视频，还可以将多种形式进行整合。

（4）精准定位微博发布时间

微博用户碎片化阅读的特征非常明显，品牌在运用微博进行营销时，应当注意微博信息发送的时间段，以获得更多关注。品牌通过大数据，可以精准定位微博发布的时间，最大程度上提高微博的曝光量。

（5）评估微博营销的效果

微博营销的效果评估主要集中在影响力方面，可以从粉丝数量、粉丝活跃度、微博传播力以及用户好感度四个方面进行评估,效果评估的时效性体现在一个周期内的指标变化趋势。

7.2.1.2 微博形象营销策略

微博形象营销需要注重打造高辨识度的标志、招纳优秀的运营人才、注重发布信息的数量和质量以及长期坚持更新内容这四个方面。

（1）打造高辨识度标识

企业在开通微博之前，首先要打造一个恰当的标志，提高自身的辨识度。例如，使用标识度高的头像、容易记住的 ID 以及符合品牌风格的页面背景等。

（2）招纳优秀运营人才

打造品牌微博，需要招纳专门的运营维护人才。只有具备企业经营范围内的专业知识和一定的媒介洞察力及素养，才能对行业信息进行正确的判断，保证发布内容的质量，策划出消费者喜欢的网络宣传方案。

（3）注重发布信息的数量和质量

在数量上，过多的消息容易造成信息超载引起粉丝的反感，过少的消息又无法达到有效的互动，因此品牌要控制发布信息的频率。在质量上，品牌应当注重科普产品功能，不能过于偏离企业经营范围，可以使用消费者喜欢的语言风格，适当发布人文关怀信息。

（4）长期坚持更新微博

品牌要长期坚持更新，保持微博的活跃度，才不会被粉丝遗忘。

7.2.1.3 微博热点营销策略

热点营销在很多网络营销工具中都得到了广泛应用。品牌在微博上也可以借助备受关注的新闻事件、名人等进行互联网的品牌营销。品牌可以通过在热门事件、热门微博、头条新闻、热门企业频道等渠道中，进行评论、转载，将企业的品牌信息植入其中。利用热点事件、热点新闻来炒作热度是品牌营销的一门技能。

7.2.1.4 微博互动营销策略

微博互动营销策略就是品牌举办一些用户感兴趣的活动，与用户之间形成互动，然后通过激励手段，让参与活动的用户直接加入品牌传播扩散的阵容中，借助用户的转载，将品牌信息一层一层地传递出去，形成裂变式的传播模式。

7.2.1.5 微博硬广告营销策略

硬广告就是在报刊、电视、网络等媒介上最常看到的那种纯广告营销方式。微博的硬广告具有传播快、传播范围广、能多次传播、具有动态性的特点。除此之外，微博硬广告还需要付费给第三方平台。与软广告相比，硬广告最大的特点就是直接，能够让消费者一眼注意到广告内容和信息。但在通常情况下，硬广告容易引起消费者的反感，因此品牌在发布微博硬广告时，一定要注意关键词的选取和措辞。展现形式最好采用图文结合，减轻消费者的排斥心理，对品牌传播起到很好的作用。

7.2.2 微博营销的内容编辑技巧

7.2.2.1 添加微博话题

话题是微博中最重要的一种兴趣主页，是微博上热点、个人兴趣、网友讨论等内容的专题聚合页面。微博用户可以进入话题参与讨论。同时，话题页面也会自动收录含有讨论话题词语的相关微博。因此在早期品牌粉丝量不多的情况下，可以在微博内容中添加热门话题来蹭热度，增加内容的曝光量，吸引粉丝关注。

（1）寻找热门话题排行榜并添加

品牌根据产品的目标受众人群与微博内容的相关性，进行话题的筛选，再复制话题至微博内容编辑页面中。

（2）发起并主持话题

在微博粉丝量较多，或者有热门事件时，品牌能自己发起并主持话题。这样的好处就在于能够在话题页面中进行引流、产品曝光等。话题主持人可以修改话题的头像、设置话题导语、置顶微博，在话题中可以看到话题贡献者排行，聚集大量的流量，对于品牌宣传、账号引流都有帮助。

7.2.2.2 微博话题运营推广

话题发起比较容易，但是如何通过话题为品牌带去实际效益，需要花费时间精力去运营，通常采用以下几种方法来运营好话题。

（1）形成互动场

话题的一大优势就是能帮助企业形成一个互动场，这个"场"形成的关键点在于给用户一个切入点，话题的互动性需要能够架起品牌与用户之间的桥梁。同时，互动场的准入门槛要低，以调动用户的积极性。

（2）形成固定栏目

对于运营中经常发的某类内容，可以单独设置一个话题，这样可以增加此类内容的辨识度，吸引用户进入话题页查看内容及互动。

（3）话题结合活动

带话题转发的抽奖活动带来二次传播的同时，可以让话题得到更多曝光，为话题积累人气和互动。

（4）借势热点话题

对于热点事件、节日等相关话题，品牌可以借势热点增加微博互动和曝光，但是需要注意不要借热门话题发布与该话题完全无关的内容。

7.2.2.3 小标题

由于微博用户阅读内容的速度很快，想在短时间内吸引用户的注意力，品牌在进行微博营销时就得把微博内容进行提炼，可以把重点、有吸引力的内容用""标注。

7.2.2.4 微博正文

正文需要详细、具体地表达的微博内容，以及描述发生的事情等。正文中提及相关的人物时，品牌可以使用@其微博账号的功能来提醒其查看并转发微博。

7.2.2.5 网页链接

当品牌需要把微博的用户引流到其他平台，或者内容需要换一种方式来呈现时，就可以用链接来做一个跳转。微博具有超链接的功能，运营人员只需要把完整的网址放进内容的编辑框中即可。把微博内容发布出去后，网址会自动隐藏起来，进而显示中文的网页链接。

7.2.2.6 配图

微博内容配图能够更直观、更迅速、更形象地向用户传递品牌想传递的信息，也能降低用户阅读的困难，增加微博内容的点击量、转发量等，以提升营销效果。配图可以选择单图、多图、拼图三种形式。配图时要注意图文相符，因为在一定的意义上，图片用于辅助文字做进一步的解说或证明。

7.2.3 微博营销付费广告投放与优化

7.2.3.1 微博付费推广渠道与付费方式

微博为品牌和个人用户推出了付费推广服务，即只要支付广告费用，微博平台就把相对应的微博内容推送至品牌选定的用户人群，达到曝光与转化的效果。

（1）粉丝头条

粉丝头条是新浪微博官方推出的轻量级推广产品。当某条微博使用粉丝头条后，在 24 小时内，它将出现在关注该微博账号的粉丝微博的首页第一条，同时微博内容的左上角会出现粉丝头条的字样。当品牌的微博账号有重要信息要发布，又不希望用户错过信息，就可以使用粉丝头条来解决问题。只需选择一条已发送成功的微博，点击粉丝头条推广，支付费用即可开始进行推广。如果品牌账号的粉丝数量较少，在投放粉丝头条时还可以再推广给其他潜在用户。潜在用户是由新浪微博系统根据该账号类型进行判定的，且粉丝头条的推广费用是根据该账号的粉丝数量与投放的潜在用户数量来决定的。即时投放的价格是动态的，没有明确的计费方式。

（2）微博广告中心

由于粉丝头条中不能自定义选择投放的目标用户人群，以及控制每一条广告的出价费用，因此品牌还可选择微博付费推广的另一方式，即微博广告中心。它的功能更全面，但其账号开通和操作流程也更复杂。微博广告中心的操作与设置只能在电脑端进行。在微博主页管理中心里面的营销推广，点击广告中心即可进行，也可以通过相应的网址进入。微博广告中心的计费有两种方式，分别是：按照微博在用户信息流中的曝光人次进行计费，按照发生的有效互动计费。其中，有效互动是指转发、点击链接、点关注、收藏和点赞。

7.2.3.2 广告投放流程

（1）选择广告目的类型

进入微博广告中心的后台，点击新建广告即可开始广告投放设置。品牌需要根据自己想要达成的转化效果选择投放广告的目的。微博广告目的分为两类，共 8 种类型。以触及为目标，致力于提升曝光度及社交互动的广告，包括提升品牌知名度、提升博文互动和增加视频观看量两种类型。以转化为目标，致力于帮助品牌找到潜在用户的广告，包括提升网站访问及转化、增长粉丝、增加应用安装量、增加应用使用量、收集销售线索和增加本地商户推广 6 种类型。

（2）选择广告受众人群

品牌根据产品定位和属性的不同，在设置广告计划时需要找准相关粉丝，在官微粉丝和相关粉丝中按照地域、性别、年龄等属性进行选择。多种方式组合，找到最精准的目标用户，并将广告向其覆盖。同时，品牌可以通过粉丝通数据中心的排序，将互动最好的账号找出来，可据此直接对投放对象进行优化，对指定账号精准投放广告，并通过账号互动排名持续优化。

（3）选择广告排期与出价预算

品牌在设置微博营销投入的广告预算时，要先确定投放排期天数，再来设置单日预算。投放排期与时段是指广告要在什么时间段出现在用户的微博页面中，一般品牌要选择在用户活跃与用户购买需求较强烈的时间段进行投放，以获得更好的营销效果。计费模式有自动OCPM 系统①帮忙出价或者手动输入。一般建议用手动输入来调整出价，对后面的推广费用预估、投入产出比优化都有帮助。手动输入出价有两种方式：CPE 和 CPM。CPE 是按互动进行收费，即微博帮忙免费曝光，用户看到广告后有关注、转发、收藏、点击、点赞等互动，才会对品牌产生计费。CPM 是按曝光收费，每一千次曝光收取一定费用，曝光带来的互动都不计费。根据选择计费方式的不同，设置出价的价格也是不同的。对于每一种计费模式，微博系统都会根据品牌所勾选的受众人群给出出价范围。

📝 课后作业

1. 微博营销想要脱颖而出关键在于做好微博内容，请结合本章的微博营销策略，尝试写一篇你熟悉的产品微博推广短文。

2. 请结合本小节所学，选择一个自己熟悉的品牌，为它策划一次微博营销。

---

① Optimized Cost per Mille，优化千次展现出价，在 CPM 的基础上，以转化效果为导向的展示广告的计费模型。

7.3 微信营销

7.3.1 微信营销的价值

微信作为即时通信工具，可以让营销者主动与潜在访客进行即时互动，发起沟通，有效扩展营销途径，实现流量利用的最大化。同时，微信在用户生活工作中的超高使用率，也为企业的营销活动创造了更大的空间。本节将对微信营销的优势、微信营销的技巧等内容进行介绍，让大家可以熟练掌握开展微信营销活动的方法。

大量的活跃用户、灵活多样的营销形式和强用户联系性，均为微信营销的发展提供了更多可能。微信营销主要在智能手机、平板电脑等移动终端上进行，是网络经济时代企业或个人常用的一种营销模式。

微信营销主要有两种形式，分别依托微信个人号和微信公众号。个人号营销是一种点对点营销，可以对目标人群提供更持续、更精准的服务，并在服务基础上进行一定程度的口碑传播。个人号营销在建立个人品牌、促进产品销售、维护用户关系上具有非常良好的效果。

企业通过公众号进行自媒体活动，即一对多的媒体性行为活动，还可以发布信息或提供服务，粉丝则可接收信息或享受服务。公众号营销在促进信息传播、进行品牌宣传上具有非常好的效果。此外，企业通过微信公众号还可以提供电子商务服务和 O2O 营销服务，打造一个简单直接的购物平台，方便用户消费。

7.3.2 微信营销的特点

7.3.2.1 传播符号多样化，立体展现品牌形象

微信传播方式，可以简单分为公众号、朋友圈、小程序、视频等。多元化的传播方式，有利于品牌进行立体化形象传播。例如曼朗入驻微信，通过公众号不定期传播企业新闻事件、品牌行业洞察、用户需求分析，营销行业新发展、新趋势等类型文章，再凭借小程序建立营销闭环，完善业务服务。

7.3.2.2 LBS（Location Based Services 基于位置服务）定位

微信基于 LBS 技术[1]划定功能圈，从而将熟人社交延伸到陌生人领域，让用户能够基于地理位置扩大好友群体。企业可以利用这一特征，定点定时推送促销信息。

7.3.2.3 精准定位目标人群，实现精准营销

公众号的订阅机制让品牌可以更精确地定位目标人群。朋友圈的信息流广告借助大数据、智能算法等先进技术，通过后台用户分组和地域选定，有针对性、有区别地向某一分类用户

---

[1] 基于位置的服务，是利用各类型的定位技术来获取定位设备当前的所在位置，通过移动互联网向定位设备提供信息资源和基础服务。首先用户可利用定位技术确定自身的空间位置，随后用户便可通过移动互联网来获取与位置相关资源和信息。LBS 服务中融合了移动通信、互联网络、空间定位、位置信息、大数据等多种信息技术，利用移动互联网服务平台进行数据更新和交互，使用户可以通过空间定位来获取相应的服务。

定点定时发送信息，实现精准推送。

7.3.2.4 点对点深度沟通，促进品牌进行客户关系管理

微信点对点的沟通机制让客户关系管理更加便捷，让品牌可以更方便地了解用户的个人特征。通过对后台的用户资料和特征加以分析，品牌可以开展客户服务，通过聊天、解惑答疑等互动方式加深沟通，将弱关系发展成为强关系，为微信营销奠定良好的客户基础。

7.3.3 微信营销之微信个人号

微信个人号营销主要是指通过微信个人号和用户进行交流、互动、推广，最后实现成交。在进行微信个人号营销时，需要对微信个人号的个性化展示、好友的添加与维护、朋友圈的内容策划等进行优化。

7.3.3.1 微信个人号的资料设置

微信个人资料设置对微信个人号营销而言具有十分重要的意义。一个好的昵称与头像，可以快速建立起他人对个人第一印象。品牌在设置昵称时要遵循以下两个基本原则。

首先，简洁明确。昵称字数要精简，拼写要简单，符合人们的记忆习惯，最好不要用生僻字、繁体字等。昵称最好与其在其他媒体平台的名称保持一致，这样有利于扩大品牌的推广效果，加深用户对品牌的印象。其次，添加标签。在昵称后添加标签的目的是方便用户快速产生记忆或联想，如张桥——理财顾问。标签一般是可以代表品牌特征的重点信息，如产品特性和品牌定位等，通常比较精简，不宜过长。不要频繁更改昵称，防止用户记错或忘记。

同理，品牌微信个人号的头像设置，也应该遵循一定的原则。首先，清晰自然。品牌的微信个人号的头像一般使用品牌 LOGO 或者能代表品牌的图像，照片要清晰自然，栽剪合理，可以有明显的色彩对比，凸显专业性，给用户带来安全感和信任感。其次，专业匹配。头像风格最好与品牌的调性相符，如零食类品牌，头像风格最好温和轻松。如果产品是理财类或者保险类，那么头像风格可以展示职业严谨的气质，这样才能给用户信任感。

7.3.3.2 微信个人好友的添加和维护

（1）微信好友的添加

一个微信个人号如果拥有数量和质量可观的好友，就可以有效提高微信营销的效果并扩大营销范围。

第一，通过手机通讯录添加好友。微信可以将手机通讯录中的联系人批量添加成微信好友。

第二，通过扫描二维码添加好友。每一位微信用户都有一个专属于自己的二维码。为了便于添加好友，可在名片、图片、网页等任何有条件的地方放置自己的二维码，供其他用户扫描添加。

第三，通过微信发现添加好友。微信作为一款社交通信工具，为用户提供了多种添加好友的方式，如"发现"中的"摇一摇""附近的人"等，通过该功能可以随机添加陌生人为微信好友。

第四，通过微信社群添加好友。微信社群成员往往有着比较类似的兴趣或特征，因此运

营者可以快速挖掘大量目标客户。如果找到一个与自己产品定位相符的微信社群，则可以获得更多定位精准的潜在客户。需要注意的是，加入群之后，并不建议立刻添加好友，最好在群成员认识、了解你，且有了一定信任基础后再进行好友的添加，此时添加好友通过率会更高，好友质量也会更高，甚至能吸引群成员主动添加。

第五，通过其他社交平台引流。多元化营销时代，仅仅凭借某一个平台进行推广，有时候很难达到预期效果。通常结合不同的营销平台，进行组合营销，相互促进和补充，形成一个完整的营销圈，才是最佳选择。

（2）微信好友的维护

品牌想要取得良好的营销效果，还要进行好友维护。维护微信好友主要有以下几种方法。

——自我介绍

及时进行自我介绍，表明添加原因，能够加深第一印象，减少沟通障碍，为此后顺利的交流打下基础。自我介绍的风格和语言可以以好友朋友圈的内容为基础进行设计。当然，也可以使用相对固定的自我介绍模板，第一次自我介绍尽量简明扼要。

——日常互动

互动是最直接的维护办法。任何互动都需要掌握一个合理的度，要杜绝微信骚扰、虚假广告、冗长硬广，以及无意义的信息。除了日常微信聊天之外，微信社群活跃沟通、朋友圈评论和点赞沟通也是常见的互动方式。

——保持专业性

保持自身的专业性也必不可少。更专业才更容易获得信任，加深与好友之间的联系。例如，销售产品需要对产品和行业非常了解，能够解答微信好友的疑惑。做培训要对知识非常了解，能够分享具有一定知识性的文章。为了表现自己的专业性，可以定时或不定时地在朋友圈分享相关问题和文章，邀请微信好友共同讨论。

7.3.3.3 微信朋友圈内容策划

微信朋友圈是展示自己的最好窗口，必须有规划地进行内容策划。

（1）合适的发文频率

和微博不同，微信是强社交关系网络，高频率地更新动态会影响顾客获取朋友圈其他信息，引起顾客的反感。一般来说，一天更新 3~5 条状态最为合适，可以选择在早上、中午、傍晚、晚上几个时间点进行发布。

（2）多软广告、少硬广告

朋友圈广告营销是必不可少的，但需要巧妙进行植入，一味打广告也会引起顾客的反感。软广告是一种委婉、真实、润物无声的广告，可用产品故事、人物生活等进行包装。在内容动态方面发布生活状态、广告、互动型内容、衔接性主题四种类型最为合理。

（3）案例分享、活动促销

在朋友圈发布产品反馈案例能够加强品牌信度。例如，发布一些顾客的产品反馈，评价等。同时还可发布促销活动引发朋友圈热度。朋友圈的活动一般包括转发、点赞、试用、互动等，其中转发和点赞比较常见，多表现为转发、集赞微信或图片，获得奖品、优惠券、现金福利等。

（4）注意内容细节

第一，字数。朋友圈显示长动态的方式有两种。一个是直接显示一行，剩下的隐藏。另一种是显示 6 行，同时有一个"全文"的按钮。如果内容换行了，那么就直接显示一行文字。如果没换行，太长则显示 6 行，建议 80~110 字最合适。

第二，表情。朋友圈的动态较多，可以多采用表情，让文字更生动化，色彩化，吸引顾客的眼球。

第三，内容充分展现。如果内容太长，没有办法控制在 110 字以内，可以选择图片、视频等方式进行补充。同时，还可以将内容放在评论之中，主内容只写标题，对标题进行阐释；详细内容放置在评论区。

第四，制造假象。在自己的朋友圈下对内容进行评论讨论，造成一种"热议"感，引发用户的好奇。

7.3.4 微信营销之公众号

微信公众号作为微信营销的主要方式之一，其在品牌传播、宣传推广等方面都具有非常重要的意义。利用公众平台，可以更好地引导用户了解品牌、参与互动，同时可扩大信息的曝光度，在降低营销成本的基础上实现更优质的营销。

7.3.4.1 建立微信公众号

微信公众号主要包括服务号、订阅号、企业号三种类型。每种类型的使用方式、功能、特点均不相同。用于营销的公众号一定要选择最适合品牌的公众号类型，这样才能达到预期的营销推广效果。

（1）服务号

公众平台服务号，是公众平台的一种账号类型，旨在为用户提供服务。1 个月（自然月）内仅可以发送 4 条群发消息。发给订阅用户（粉丝）的消息，会显示在对方聊天列表相对应的微信首页。服务号会在订阅用户（粉丝）的通讯录中。通讯录中有一个公众号的文件夹，点开可以查看所有服务号。服务号可申请自定义菜单。

（2）订阅号

公众平台订阅号，是公众平台的一种账号类型，旨在为用户提供信息。每天（24 小时内）可以发送 1 条群发消息。发给订阅用户（粉丝）的消息，将会显示在对方的订阅号文件夹中。在订阅用户（粉丝）的通讯录中，订阅号将被放入订阅号文件夹中（个人申请，只能申请订阅号）。

（3）企业号

公众平台企业号，是公众平台的一种账号类型，旨在帮助企业、政府机关、学校、医院等事业单位和非政府组织建立与员工、上下游合作伙伴及内部 IT 系统间的连接，并能有效地简化管理流程、提高信息的沟通和协同效率、提升对一线员工的服务及管理能力。

7.3.4.2 微信公众平台的定位

品牌需要重视公众平台的定位。要想获得更好的公众号推广效果，必须对目标用户进行精准定位。在发展前期一定要做好定位工作，选择好针对的用户群体后，再策划公众号的运营内容，设计、提供用户群体喜欢的风格、特色和服务，以建立起清晰的账号形象，发展精准用户，最后慢慢形成品牌效应。

7.3.4.3 微信公众号营销的基本原理

微信公众号文章与网页文章内容传播的显著区别在于微信公众号是微信传播的信息源，是具备信息发布、传递、用户交互及管理的一个信息生态链。简单来说，微信公众号不仅是信息发布和传播工具，而且是信息传播生态链。基于微信的这些特点，从网络营销的角度来看，通过公众号这个节点发布的信息，具备向整个微信用户全体传播的基础条件。传播的范围及速度，则取决于节点附近用户的密度及用户对信息的感知和认可程度。从这个角度来看，微信营销具有生态网络营销的性质，是生态型内容营销的典型代表。

一般来说，微信公众号运营的流程包括以下几方面。

第一，注册账号并验证。注册公众号、选择公众号的类型、设置公众号主体的基本信息、进行公众号验证。

第二，登录公众号平台配置公众号信息。主要包括以下方面：

一是公众号设置。包括账号头像、公众号名称、微信号、公众号简介等。微信号是为了便于用户查询或推广而设置的，因此一定要慎重，经过深思熟虑确定后再做设置。例如，公众号"人民日报"的微信号是"rmrbwx"，其设置原则是便于传播及记忆。

二是自动回复。包括用户被添加自动回复（即新用户关注微信号之后给用户自动回复的欢迎或说明信息、消息自动回复、关键词自动回复）。这一功能是利用微信公众平台系统的功能实现与用户之间的自动信息回复，起到欢迎、提醒或简易查询等作用。

三是推广服务。除了上述两个基本功能之外，对于认证的高级用户，微信公众平台还提供了推广服务，其中包括广告主和流量主两个角色。广告主可以通过公众平台投放广告，如朋友圈广告和公众号广告。达到一定条件的公众号，则可以申请为流量主，可在公众号文章中投放广告，将阅读量转化为广告收入。

7.3.4.4 微信公众号营销的内容策略

在微信公众号的营销策略中，内容策略是最重要的组成部分，精耕细作的原创高质量内容能吸引用户，获得用户的赞赏和青睐。内容运营是微信公众号运营的基础工作，也是核心工作，直接关系到用户是否关注、是否阅读文章内容以及是否有后续转发和互动行为。

（1）个性化内容

大部分公众号都是以内容来进行用户定位的，内容策划应建立在分析和了解目标用户群体的基础上，通过分享文章给目标用户来吸引同质的粉丝，再对后台数据进行持续分析，不断地调整和优化文章内容。品牌在发布微信内容时，在内容和形式上，都应该根据自己的账号特点保持长期一致，这样才能给用户一种系统而直观的感受，让自己的账号变得容易被用户识别。要让用户长时间保持对公众号的关注，就要不断地进行用户需求分析，在内容上持续满足他们的需要。

（2）创新化排版

文章的排版需要有优质的视觉效果。设计出有独特格式的标题，以突出公众号的个性特色，打造系列样式的文章，让用户在看到文章标题时可以快速分辨出这是哪个公众号的、分享的是什么内容，从而进一步加强用户对公众号的印象。公众号的封面图除了使用与推送内容相关的图片之外，还可以根据内容为每个系列设计对应风格的图片。也可以使用一些趣味性、带有独特标志的图片，如品牌独特的形象图或带有公众号特有 Logo 标签的图。

7.3.4.5 微信公众号营销的用户策略

粉丝是公众号营销的基础。要想获得更大的影响力，提高推广效果，必须增加粉丝的数量和提高粉丝的忠诚度。让粉丝成为分享产品、传播产品、服务品牌的最大助力。获得公众号粉丝的方法有很多，不同类型的运营者通常会使用不同的手段。

下面对比较常用的获取粉丝的方法进行介绍。

（1）优质内容"吸粉"

优质的内容+适当的引导关注，是微信文章获得新用户的常用模式。内容是基础，但内容本身并不会自动带来新粉丝，通常需要用户分享给新的朋友才能获得新用户关注。这种方式也是社会关系网络吸引粉丝的主要手段。

（2）功能"吸粉"

提供便捷的微信公众号服务，如便民服务、航班动态、物流、天气查询等。这种方式需要具备某领域的独特资源，以满足用户生活服务的需求。

（3）公众号互推

利用多个微信公众号进行微信内容互相推广。每个公众号的粉丝通常不会完全重叠，扩展各自的用户群体，可以吸引更多的关注者，这是合作共赢的常见方式。

（4）微信平台推广

微信的公众号搜索及文章搜索，类似于搜索引擎营销的方式，在用户搜索关键词的时候，符合微信搜索排序规则并获得优先展示机会的内容及公众号，将获得更多的推广机会。

（5）社会关系网络推广

个人朋友圈以及朋友的朋友圈是可信度最高的社交资源，利用微信朋友圈分享及群聊分享，是公众号文章推广的常见渠道，也是获得新用户关注的常见方式。至于获得社交关系推荐的方式，除了内容的价值基础之外，还可以通过发红包分享、有奖分享等方式获得新用户。

（6）企业官方网络资源推广

企业官方网站、官方博客、官方微博、关联网站、邮件列表等资源都可以发布微信公众号信息，为用户提供更多选择关注的机会。

（7）其他媒体平台推广

通过在微信之外的其他网络平台上分享有价值的内容，吸引读者关注。例如，微博、抖音、QQ、小红书等，使用统一 ID，用适当的方式实施软推广，将账号 ID（微信号）当作一个品牌来运营，以更好地发挥品牌优势。

（8）线下地推

这是最常用的微信公众号推广方式之一，在微信公众号推广早期的效果尤其显著。不管是线下店铺交易、参加展会还是开展其他线下活动，都可以制作一个二维码邀请潜在用户关注。为了增加关注率，还可以附赠一些小礼品来满足用户对获得实际价值的需求。

7.3.5 微信营销之视频号营销

微信视频号是微信布局的短内容创作平台，视频号和微信个人号强绑定，是微信生态内直通公域流量的入口。2020 年微信加入短视频大战，视频号成为全新的链接器。一方面，微信订阅号为视频号提供优质的内容，打造出了一个全新的短视频生态；另一方面，基于私域流量的小程序、微信支付、统一社交账号体系，为视频号提供更具潜力的交易体系。

视频号链接了原本零散的公众号、朋友圈、小程序、小商店、直播、投放等产品组件，相互链接导流，结合小程序打造商业变现更短路径，构建了微信生态内"短视频+电商+直播"的闭环。

7.3.5.1 微信视频号发展历程

微信视频号仅用一年就完成了从产品打磨期到新年爆发期的快速进化，自 2020 年 1 月开始内测，以超乎想象的迭代速度和质量体现了其在整个微信生态的重要地位。微信视频号的发展可归纳为以下几个历程。

（1）产品打磨期——2020 年 1 ~ 6 月

视频号产品内测，产品初步具备内容发布及分享等基础功能。

（2）快速发展期——2020 年 6 ~ 10 月

视频号功能升级，加强评论互动性及交流隐私性。提升编辑能力，上线视频号助手。

（3）商业释放期——2020 年 10 ~ 12 月

视频号启动商业变现，打通微信生态内各大入口，流量池进一步扩大，内测视频号推广。上线直播带货功能，推流、跳转小程序等功能陆续开放。

（4）新年爆发期——2020 年 12 月底至 2021 年 1 月初

新年竞争准备，同时上线连麦、美颜、打赏、抽奖等全新功能，秀场直播功能完备。增加了发现页附近的直播和人以及个人页中展示视频号名片两个私域入口，流量进一步开放。红包封面定制，加速打通视频号在微信生态中的使用场景。

7.3.5.2 微信视频号的社交推荐机制

微信视频号位于微信发现页的一级流量入口，通过抓取"朋友在看"的社交链流量实现视频号流量的聚合与增长。区别于抖音的单列沉浸式信息流展示与快手的双列展示界面，微信视频号采取单列非全屏沉浸式信息流展示方式，同时打通公众号、朋友圈、小程序等微信内部通道，实现微信内部流量的运转。视频号在微信体系内可快速突破熟人圈，拓展更广阔的私域流量。同时吸纳公众号、小程序等公域流量，从而在短时间内完成冷启动。

微信视频号推荐机制包括社交关系推荐及算法推荐，社交关系推荐立足于熟人社交的私域流量，相关推荐包括"朋友看过""朋友赞过"等，基于微信的社交关系链聚合流量。微信的算法推荐类似抖音及快手，包括系统热门推送、同城推送等。在微信视频号的推荐机制分配上，社交推荐权重较高，普遍认为推送权重大致为：朋友点赞>视频标签>热门推荐>地理位置。

微信视频号的流量分发机制与抖音及快手有显著的区分。抖音以中心化流量分发为基础，快手强调非中心化流量分发，抖音和快手本质上均是立足于公域流量分发。而微信视频号则以私域流量分发为重点，微信视频号点开界面展示"朋友赞过"的视频内容，抖音及快手的点开界面则主要是基于推荐算法的"推荐""发现"界面。视频号的逻辑更像是微信的"看一看"，谁点赞，谁的好友就有机会看到。被多个共同好友点赞，看到的概率会更高。换言之，被看到的视频，大多数是有好友"背书"过的，这也让视频号的作品有更高的信任度，因此也显示出了其中的筛选逻辑和召回逻辑。

虽然微信视频号作品的整体流量较其他平台低很多，但因为其承载在微信上，微信群、朋友圈、公众号可以全部打通，甚至可以直接导流到公众号文章，因此视频号的每一次曝光也更加珍贵。

7.3.5.3 微信视频号的运营变现机制

（1）作品发布

视频的发布时间也是值得注意的。各大内容类平台的用户浏览高峰时段：早高峰为 8 点，午高峰 12~13 点，晚高峰为 18 点，21~22 点为夜高峰。按时按量发布视频，维持用户观看习惯，并且平台会以此进行考核。据视频号团队的相关资料显示，"新号上线后，为提升账号影响力，建议每天可发布 5 条以上的内容"。第一条视频号微信有流量扶持，可以仔细考虑该条视频的内容和形式。值得注意的是，视频号发布成功后，可能有半个小时左右没人看到，这时候可能是系统在审核，违规内容可能会人工复核，并进行相应处理。

（2）增加推荐

优质内容、点赞比、评论比高的内容会被系统推荐。视频号推荐以社会关系为主，被点赞的视频会大概率发给点赞者好友，所以真人粉丝很重要。新视频刚刚发布后得到的点赞和评论越多，越容易得到系统推荐。视频号的推荐算法再次说明如下：

一是社交推荐。推荐好友点赞过、评论过的内容。

二是定位。根据手机定位、推荐地域相近的账号和内容。

三是标签。算法提取关键词信息，根据关注度和喜好度匹配对应账号。

四是实事。推送当下的热点新闻。

五是随机推荐。系统随机内容测试。

（3）互动增长

点赞、评论等互动高的视频都有以下特点：粉丝数量多；粉丝活跃度高；内容优质，得到系统推荐。对应来看，要让视频号获得更多点赞和关注，可以从以下几个方面入手：构建粉丝群；与粉丝互动，多回复；深耕内容，优质原创内容是王道。

——视频号的粉丝增长方法

① 拍摄的短视频要有原创性、独特性，这是基础。

② 多参加热门话题活动，第一时间发布热门话题，可在很大程度上增加曝光率。

③ 在视频底部加文字引导语，如我们致力于分享×××干货。

④ 推出系列视频，引导用户关注，收看后续节目。

⑤ 多在评论区回复留言，利用评论区置顶功能推荐其他账户做引导吸粉。

⑥ 分享福利包，推出视频号相关福利资料包，在资料中插入自己的账号信息引导关注。

⑦ 建立粉丝群，经营粉丝关系。

⑧ 转发到朋友圈、微信群、利用社交关系推广自己的视频号、邀请好友关注、互转精彩内容。

⑨ 多社交平台推广，除了微信公众号，还可以到百度、贴吧、抖音、知乎等讨论版面发帖，吸引关注。

⑩ 相互关注，礼尚往来，尤其是一些粉丝数量不是很多的用户，这种群体形成互粉几率较大。

⑪ 提升活跃度，多给别人点赞，多给别人评论。

——视频号的公众号引流

① 详细教程导流法。用详细的教程吸引用户，留住用户。例如："这个系列我会在公众号××上继续更新详细内容，下一期我会说××内容，感兴趣的话关注××公众号就可以了。"

② 手势引导法。评论到某些话题，直接放上相关微信公众号。例如："更详细的关于视频号的内容，大家可以戳视频下方链接（手势提示）复习我们之前写过的文章。"

③ 内容彩蛋法。在视频开头埋下彩蛋，视频末尾告知彩蛋具体情况，但该方式存在一定的风险，营销度需要严格把控。例如："关于××××的内容，请关注我的公众号××，回复××就能看到更完整的内容咯。"

④ 说明来源法。在回答开头即表明内容来源于公众号。例如："今天的视频号内容选自我的公众号：××（公众号名称）+公众号 Slogan 或品牌 Slogan。"

（4）营销及分析工具

① 天下秀红人营销大数据投放平台。天下秀成立于 2009 年，是一家立足于红人新经济领域的平台型企业，核心服务红人（内容创业者）、MCN（红人经纪公司）、品牌商家、中小商家等。公司搭建了大数据平台，连接红人与企业，通过大数据技术为企业的营销需求与红人账号实现精准匹配，帮助红人实现私域流量的商业变现，以及帮助企业更好地提高经营效益。其旗下有几大核心业务群，进入界面，可以选择微博、微信、小红书、抖音等平台的推广业务。

② WEIQ 红人营销平台。基于大数据技术向红人（内容创作者）与企业提供在线红人营销服务的撮合与交易平台。

③ 热浪数据。提供小红书、抖音、视频号等社会化媒体平台数据分析服务，为品牌广告主、中小商家、内容创作者、MCN 机构提供多维度、全场景的数据支持。

④ SMART 社交全案服务。为品牌企业提供基于新媒体及粉丝经济综合解决方案，业务涵盖市场调研、策略制定、资源整合、技术开发等综合服务。

⑤ 克劳锐红人价值排行及版权管理机构。第三方评价机构，为行业提供红人价值评估体系、商业价值判定、行业观察报告及版权经济管理等一站式综合服务。

⑥ 飞瓜数据。为抖音、快手、哔哩哔哩用户提供优质的热门创意和数据分析。有抖音KOL 账号搜索、监视视频流量、多账号运营、还有电商产品分析管理等功能，帮助企业快速

打造优质抖音号、实现抖音商业变现。

⑦ 短鱼儿（原抖大大）。高效便捷管理抖音账号，了解抖音账号增长趋势，进行数据分析，实时监测抖音视频数据，追踪短视频热点，助力短视频高效创作、运营及精准营销。

⑧ TooBigDate。如果想迅速了解短视频，这个工具基本都能实现。不论是抖音还是快手的网红排名、视频、音乐等排行榜，都能在上面找到。还有热门爆款内容，可以学习视频创作思路，进行创作模仿，加大曝光。

⑨ 西瓜数据（公众号版）。提供专业的公众号数据分析服务，提供优质公众号推荐、微信公众号排行榜、公众号数据监控、公众号诊断等功能服务，还可以进行公众号广告投放效果监测的专业工具。

⑩ 清博大数据。全域覆盖的新媒体大数据平台，拥有清博指数、清博舆情、清博管家等多个核心产品。提供微信、微博、头条号等新媒体排行榜和广告交易、舆情报告、数据咨询等。

7.3.5.4 视频号的变现机制

（1）微信视频号红利分析

——视频号流量巨大，微信十分重视

微信将视频号作为发力内容的重要战略，视频号在微信有直接入口且规则设计严谨，按照当前发展趋势，视频号内容冲到 10W+毫无压力，视频号借助微信势能，能够吸引众多用户关注。

——视频号的关注量没有上限

微信好友加满 5000 人之后就没法再增加，但视频号的关注量暂时没有上限，因此，微信视频号相当于一个不限关注人数的大号朋友圈。视频发布后，用户的评论回复也可全网查看，视频号的发展标志着微信从私域社交拓展到公域平台。

——视频号带货

视频号等于平台提供"朋友圈+微信群+公众号"的方式，让大家的短视频内容可以被更多人看见，打通商业闭环。微信视频号的带货路径是：首先引导用户关注关联的微信公众号链接，然后在微信公众号里推荐产品

——微信视频号能关联小程序

视频号可以关联小程序，形成"公众号+视频号+小程序"的生态闭合，其商业转化的想象空间被打开。对于有粉丝的账号主体，还可以通过直播小程序加速转化。

（2）微信视频号为行业的流量入口

视频号可为公众号自媒体赋能，视频号支持带入公众号链接，即公域流量入口可给公众号带来新的流量，尽管目前粉丝和账号不互通，但能在一定程度上实现资源共享。视频号还为电商从业者、有才艺的网红和达人打开了新的流量入口，能够快速吸引眼球，抓住用户。

（3）不同群体视频号变现模式

——微信公众号

微信公众号和视频号之间将形成良好的并存生态，爆款视频号可为公众号涨粉导流。如"十点读书"已经在进行视频号规划，"我们正在探索如何让公众号内容与视频号更好地结

合，并计划发展栏目性质的账号"。

——小领域 IP（如微商）

对于小 IP 而言，最简单的方式是找到一个定位，坚持发这个定位的优质内容，然后争取外部分享，如微信群、朋友圈扩散等，通过视频号结合微信生态的交流特性，完成种草带货等商业变现。因为视频号时长有限，生产能够快速讲解要点亮点的内容成为重中之重。

——视频达人

视频号以视频形式为主，对视频达人来说是一个非常好的入场机会。通过不断发布优质短视频，可累计粉丝和名气，到一定阶段可以获得广告收入，甚至可以开发个人 IP 产品。后期如果视频号开辟打赏功能，又会增加一个变现渠道。

——直播达人

可以把直播内容挑选剪辑，做出一分钟内的短内容。还可以通过视频号来宣传直播信息，同时作为与用户互动的窗口。如果流量不足，则可以通过视频号大号投放广告。

——好友基数多的人

从微信推荐机制来看，朋友圈是未来视频号推广途径。转发推荐视频到朋友圈，就是一个有信任基础的广告。如果做推广联盟，让好友多的人动动手指，加上文案分发内容，实现流量变现。

——专业人士

对于有很多专长的人，或者有产品要推广的可以学习 PPT、思维导图、摄影、短视频、手账、手绘等技巧，做到让自己的专业内容变成吸引人的视频。每一条视频号带一个默认链接（专业内容网课或训练营或干货文章），引入新流量。

课后作业

本章主要讲解了微信营销，请借助个人类型的订阅号掌握微信公众平台的运营方法。要求选择你所熟悉的产品，结合所学知识，利用内容策略、视频号等知识要点完成产品的微信营销。

第 8 章

短视频运营

 学习目标

1. 了解抖音、快手、微视频三类短视频的不同特点
2. 了解抖音、快手、微视频三类短视频的运营规则和发展策略
3. 了解从短视频的制作到发布的全流程
4. 了解品牌如何发布一条成功的短视频

移动互联网时代，短视频强势崛起，掀起全民创作、分享和狂欢热潮，推动移动视频生态颠覆式变革。在营销方法上不断创新的短视频平台，更是推动了 UGC+（User Generated Content，用户生产内容）时代的到来。短视频 UGC+互动、+位置、+社交、+电商等，带给用户体验上更多的可能性，释放全民生产力、传播力、社交力与消费力。随着 5G 时代到来，短视频市场将持续走强。短视频平台也成为品牌营销不可忽略的阵地。不过，现阶段要想运营好一个短视频账号，并使之脱颖而出，并不容易。本章将以抖音、快手和微视频为例，详细阐释短视频平台的运营。

8.1 抖音

抖音是由字节跳动公司于 2016 年 9 月推出的一款短视频分享软件，是一款集音乐乐库、视频拍摄、视频剪辑及特效功能于一体的分享社交应用平台。抖音被推出之后，便致力于确定受众目标，对当前社会大众的特性及使用需求进行分析。在不断进行产品反馈升级之后，其作为全新的短视频 App 在新媒体领域越来越具有竞争力。自 2018 年开始，抖音短视频在国内的日活跃用户超过 3000 万人，并以持续攀升的速度增长。除此之外，抖音在东南亚、日本等地区和国家发展迅猛，甚至成为日本应用商店免费榜排名第一的 App。截至 2022 年，抖音已经成为社会大众普遍使用的娱乐性软件，其最初定位的年轻化群体范围逐渐扩大，发布内容、平台功能更趋丰富和多样化。

8.1.1　抖音的发展趋势与运营意义

8.1.1.1　趋势：从短视频到极速版再到直播+

随着移动互联网的发展、智能手机普及、5G 技术的兴起，短视频行业从无到有，用户的观看习惯逐渐养成，短视频成为互联网内容平台新风口。短视频应用呈爆发式增长，掀起短视频全民化风潮。据中国互联网络信息中心（China Internet Network Information Center，简称 CNNIC）数据显示，截至 2021 年 12 月，中国短视频用户规模已达到 9.34 亿，占网民整体的 90.5%。

（1）抖音依靠算法占据短视频市场

抖音于 2016 年 9 月上线，是一款专注于拍摄短视频的音乐创意短视频社交软件，用户可通过抖音选择歌曲拍摄音乐短视频形成自己的作品，也可称为 UGC。抖音在内容上更偏向于娱乐、搞笑、时尚、穿搭等大众生活化内容。头部账号多为垂直领域优质内容创作者。在分发上，抖音采用推荐系统的逻辑使流量热点回归内容本身，官方通过活动运营、挑战赛激励等形式为优质内容和创作者提供曝光机会。

上线后的抖音迅速成为今日头条战略级产品，头条也将公司的核心算法优势嫁接于抖音，进而提升内容分发效率。2017 年 11 月，今日头条收购北美音乐短视频社交平台 Musical.ly，并与抖音合并。[①]2020 年 1 月，火山小视频与抖音正式宣布品牌整合升级，火山小视频更名为抖音火山版。据 CTR（CVSC-TNSRESEARCH，央视市场研究）数据显示，到 2020 年，抖音的日活用户超过 6 亿人，抖音、抖音火山版的单用户日均使用时长指标已超过一小时。

（2）抖音极速版提升用户黏性

Netflix[②]在 2016 年被认为是算法技术驱动，2018 年的抖音也被业内称为算法驱动，但 2019 年，两家公司均未将算法作为自身的核心竞争力。虽然两家公司均通过算法推荐为自己带来了高黏着性的用户，但也导致用户产生审美疲劳。2019 年，抖音在原本的基础上，推出抖音极速版。该版本为定制版，不但轻量化了安装内存，还对 App 内容进行了压缩，前期为了增加新用户，抖音极速版推出各种注册得红包、刷视频得金币的方法，让极速版在短期内成为抖音的强心剂。

（3）抖音直播＋的探索

抖音在 2020 年开年，选择了加码直播。2020 年 2 月 16 日，抖音、飞书、巨量引擎等产品联合启动"中小品牌护航计划"，抖音推出"线上不打烊"活动，面向全国线下商家推出 3 亿流量扶持活动，通过线上团购预售和线上直播分享商品两种方式，帮助线下商户快速对接线上生意。3 月上线"品牌达人"营销工具，通过该工具，员工抖音账号可挂靠品牌账号，通过视频和直播，向更多用户推广品牌商品，完成交易，帮助品牌线上创收。2020 年 3 月 18 日，抖音上线"南极直播"，当晚累计超过 32 万人观看，1.2 万人留下关于南极环境的讨论。

[①]　收并购是较快解决产品竞争格局的有效方式之一，今日头条在 2017 年收购 Musical.ly 更是为抖音从学徒到行业领导者铺平了前进之路。

[②]　美国奈飞公司，又称网飞，是一家会员订阅制的流媒体播放平台，总部位于美国加利福尼亚州洛斯盖图。成立于 1997 年，曾经是一家在线 DVD 及蓝光租赁提供商，用户可以通过免费快递信封租赁及归还 Netflix 库存的大量影片实体光盘。

抖音的直播战略在 2020 年开始布局实施，推进直播业务破圈，摸索商业化边界（广告、带货、电商、游戏）。2021 年是抖音的电商高速发展的一年，2021 年 5 月至 2022 年 4 月抖音电商 GMV（Gross Merchandise Volume，交易总额）是去年同期的 3.2 倍。抖音直播涵盖了公益、艺术、人文、教育、自然等多个领域。面对直播自身的迭代，应当敏锐把握产品动态，放大产品影响力的平台，才能真正撬动产品价值。对不同内容维度的拓展，撬动了抖音直播的社会促进效应。

（4）抖音国际版 TikTok

TikTok 是抖音母公司字节跳动旗下的短视频社交平台，于 2017 年 5 月上线，支持 75 种语言，为 150 多个国家提供服务。与抖音的业务和运营完全独立，TikTok 针对不同市场采取符合当地需求的本土化运营策略。TikTok 截至 2020 年全球日活跃用户已经达到 5 亿，和国内版本抖音的日活跃数量不分上下。TikTok 是 2021 年全球访问量最大的互联网网站。

在 2020 年第一季度，TikTok 的累计下载量已经成为全球第一，打败了早好几年诞生的 WhatsApp、Youtube 等。在日本、美国、泰国、印度、德国等地的下载量都排名第一。Mate 专门针对 TikTok 推出了 Lasso，谷歌推出了 Tangi，但是两个 App 的数据并不十分亮眼。在全球范围内，短视频 App 做得最好的是三家中国公司，一个是 TikTok，一个是快手海外版，还有一个就是 YY 收购的 Likee。[①]

截至 2022 年 4 月，在英国和东南亚五国（印度尼西亚、泰国、越南、马来西亚、菲律宾）已正式上线 TikTok Shop 跨境电商业务。TikTok Shop 是 TikTok 官方推出的电商工具平台，商家开通 TikTok Shop 后，用户可以通过短视频、直播以及商品橱窗三个渠道发现商品。消费者从浏览、下单到支付，这个完整的购物链路都可以在 TikTok 内一站式完成，帮助卖家更好地在 TikTok 上完成电商销售闭环。

TikTok 和抖音虽然都是同一公司出品的短视频平台，但二者也存在一些不同。

① 内容调性不同。相对于国内的同质化和商业化，TikTok 上的内容更偏创意和自我表达，TikTok 当前主要以社区化运营方式为主，鼓励红人创作分享生活化的内容。

② 准入门槛不同。相对于抖音，TikTok 的门槛无疑要高很多，出于多种多样的原因，字节跳动从一开始就有意将抖音和 TikTok 区隔成两个相对独立的生态。两者并不互通，国内用户没有办法注册 TikTok，也无法打开 TikTok 主页。

③ 流量竞争力不同。由于用户规模增长太快，同时缺少物质激励手段，平台的内容长期处于供不应求的状态。同样质量的内容，在 TikTok 比在抖音更容易获得点赞。同时，相对于国内存在明显波峰波谷的流量时间周期，全球化的 TikTok24 小时都有流量。

8.1.1.2 意义：短视频营销的首选平台

（1）短视频营销现状

短视频营销已成为移动营销矩阵的重要组成部分。短视频营销以内容为主要锚点。首先，

---

① Likee（原 LIKE 短视频）是一个于 2017 年 7 月上线的集创作、编辑与分享于一体的短视频平台，由 Bigo 开发与运营。在 2017 年 Google Play 全球最佳应用榜单中，荣获最佳娱乐、最佳社交、最受欢迎三项大奖。截至 2020 年第二季度，Likee 移动端月活跃用户达 1.5 亿。

通过碎片化、娱乐化的内容快速吸引用户的注意力。其次，利用内容进行气氛渲染、情感带入，巧妙植入并传递营销信息，激发用户冲动性消费欲望，引导用户进入转化环节。最后，通过粉丝运营、社群管理等形式将有过相关观看或转化记录的精准用户进行沉淀，以便于后期的再营销。短视频营销生态是一个涵盖短视频内容生态、消费转化（电商、支付、下载等）生态、粉丝私域流量生态的营销闭环。

抖音短视频已经形成了一个良性发展的生态闭环系统，在商业变现领域实现了突破。2018年 6 月，抖音短视频全面开放品牌入驻，抖音品牌号认证平台正式上线。凡是符合认证条件的品牌主，均可通过申请抖音品牌号，获得官方认证标志，并使用官方身份，通过视频、图片等内容输出形式在抖音上更好地探索品牌营销。"两微一端一抖"的时代到来，品牌运营抖音账号已成大势。如今，很多汽车、时尚、美食、影视、游戏领域的品牌方都已入驻抖音平台，联合一些播主及 MCN 机构参与内容创作，以达成品牌传播、产品营销的目的。

（2）抖音的运营特点

——用户自我表达的低门槛

本质上，用户自我表达和对话的需求一直是强烈存在的，当用户掌握一项工具的门槛足够低时，这种自我表达的冲动就如潮水一般涌出。相比微博、微信，抖音则提供给用户更低的表达门槛、更多的工具包、更强烈的内容冲击。实质上，抖音是对全民媒介习惯进行了一场再教育。伴随用户教育的完成，用户的自我表达、对话方式、信息接收方式，都会发生巨变。

——主流消费人群覆盖率高

抖音源源不断地吸引了大批品牌，跟抖音的用户群体有直接关系。抖音的最初定位是"年轻人的音乐短视频社区"，所有的运营和产品逻辑都致力于吸引更多崇尚自我个性和表达的年轻人。简而言之，谁能抓住主流用户，谁就拥有未来。据 2020 年巨量算数发布的《2020年抖音用户画像报告》显示，抖音整体人群画像，男女均衡，19～30 岁 TGI[①]高，新一线、三线及以下城市用户 TGI 高。

——短视频营销的"TRUST"模型

2019 年，抖音为响应广告主的全链路营销需求，提出短视频营销的"TRUST 模型"：

Target：锁定用户碎片化时间和多元消费场景，利用垂直内容聚焦细分人群和场景，精准触达目标人群。

Relation：通过精品化内容链接用户，与用户进行有效沟通，增强用户的信任感。

Upgrade：AI 赋能内容创新，打造与环境共生，能够引起用户共鸣的原生内容，从而实现与用户的深度沟通。

Share：明星达人引领分享，激发全民参与内容共创，实现品牌声量裂变。

Transform：建立转化生态，激励用户口碑传播与消费行为的转化。

抖音的"TRUST"模型阐述了短视频平台从聚焦用户、建立强关系、创新营销、传播扩散到占领消费者心智、完成转化等全流程的营销策略。2020 年，抖音电商的独立使得抖音的转化链路更加可控，内容与转化之间的距离被进一步缩短。

---

① TGI 是指人群较总人群的偏好度，数值越大，说明该样本人群相较总体人群对该事物关注更高。

8.1.2 抖音运营的关键要素

8.1.2.1 账号定位

任何账号都需要定位。第一是人群定位，即锁定目标受众。第二是价值定位，目前大多数品牌在抖音上以两类诉求为主：品牌曝光和产品销售。第三是人格化定位（人设），需要品牌结合自身形象进行人格化定位。例如，支付宝账号的人格化形象就是搞笑逗趣的青年。需要注意的是，同一个品牌的抖音号，它的人格化定位即人设要长期维持一致，以便固粉和打造账号的品牌效应。第四是风格打造，风格是基于视频内容而言的，风格是人设的其中一个组成部分。风格可以围绕人设做万千种变化，一方面是避免粉丝审美疲劳，另一方面是为了让视频有机会被推荐给更多的受众群体。第五是功能定位，包括抖音的账号名称、头像的基本设置、账号简介等。

8.1.2.2 内容生产

品牌确定账号定位后，就是内容生产。在正式生产内容前，品牌需要先了解抖音的推荐机制。抖音采用的是算法推荐机制，类似于叠加推荐机制。首先有一个初始的流量池，会把用户刚发布的视频推荐给附近的人或者该主题下的几十个用户观看。抖音会统计一段时间内这个视频的关键数据：点赞数、评论数、转发数和完播率。然后根据这些数据进行反馈，评定相应的分数。如果数据超出某一个阈值，则会继续推荐到一个更大的流量池给相似的用户，依此循环。如果没有超过，则会减少推荐，视频的浏览量逐步趋于稳定。由此可以看出抖音对内容的要求很高，因而如何提升点赞数、评论数、转化数和完播率这四个数据是关键。

在内容生产方面，品牌要更加贴近用户。内容生产选择抖音视频主题时需要了解自己产品、竞争对手的玩法以及用户的喜好。实质上，根据抖音官方提炼的三大内容运营法则，整个抖音平台多元而丰富的内容大致可以分为三类：热点型内容、标签型内容和广告型内容。热点型内容，顾名思义就是要追随平台热门内容，强调内容的新鲜性与活跃感。热点型内容无明确营销目的，主要以优质内容吸引受众对账号产生兴趣，点赞量和关注量为核心指标。热点型内容需要根据实时热点、流行素材来生产，内容规划需要贴合时下流行。标签型内容是指品牌持续不断地产出跟自己的品牌、产品、调性一致的系列内容，自成一体，有统一风格。标签型内容代表着品牌的核心价值，对于品牌抖音账号来说是不可或缺的。广告型内容可配合品牌关键营销节点集中投放，这样有助于品牌声量在短期内爆发式增长。

8.1.2.3 互动行为

抖音账号和受众的互动行为，包括四个方面：评论互动、私信互动、视频内容互动、直播互动。和平时产出的视频内容一样，所有的互动过程，都要符合账号的人格化定位，否则会让受众感到错愕，甚至放弃关注。

（1）评论互动

回复受众评论，是彰显账号人设的重要一环。如果还能成为热评，那么对视频的传播效果则有强大的增强效应。在抖音平台评论互动最重要的就是"说人话"，就像平时聊天一样，多用口语化语言，品牌可以根据自身的调性调整评论的语言风格，加深受众印象。

（2）私信互动

据观察，大多数给品牌抖音号发私信的受众，都在提和产品、品牌有关的问题，如产品性能、价格和品牌发起的活动等。面对这些私信，品牌抖音号运营者在互动时要在符合人格化定位的基础上，更多地注意解答的专业性和权威性。

（3）视频内容互动

视频内容互动，指的是品牌账号运营者从某条评论中获得了建议或启发，在不违背账号人设的前提下，发布的回应该评论的视频内容。而这条被用视频回应的评论，一般都是排名极为靠前的热评。

（4）直播互动

直播互动，指的是品牌抖音号人设载体（公司领导、员工、吉祥物人偶等）发起抖音直播，实时与受众进行互动吸粉。品牌在发起直播前，一定要做好万全的准备，保证出镜人格化定位不偏离，过程强把控。

8.1.3　抖音运营的策略

8.1.3.1　如何收获流量

目前以抖音为代表的短视频平台，大多采用了个性化推荐算法为用户推送内容，个性化推荐的优势在于可以打破时间序列及空间限制，让内容遇见对应的用户，进而让志趣相投者相遇。在内容分发方面，抖音遵循了整个字节跳动的"去中心化"原则，目的在于让优质的内容更易于流动，以原生视频为起点，制造内容爆点，吸引大批用户从围观到参与，在与品牌互动过程中增强对品牌文化的认知理解，从而拉近品牌与用户的距离。

除了个性化推荐算法，抖音还应用了算法亲和法则。通过巧妙设置文案来增强点击和曝光量。很多抖音用户通过标签来满足自己的心理归属感，标签可以直接体现在文案上。竖屏广告的创意要符合移动互联网时代的标签化趋势，没有好的标签提高辨识度，即使内容情节不错，吸引用户的概率也会大大降低。无论标题是风趣易懂，还是通过对比形成反差、用数据证明等，都需要合理呈现关键信息，达成精准营销。调查显示，有文案的抖音视频更容易吸引观众目光，如何设计才能吸引更多注意呢？品牌可以采用以下方式：

① 设置第一眼悬念，吸引观众好奇心。比如 Papi 酱：喝奶茶？我有无数个理由！（获赞 64.5 万）

② 快速概括视频内容，为视频做注解，在文案中加入抖音话题关键词。比如《人民日报》：谢谢你们，逆风而行的人！（获赞 192.3 万）

③ 升华视频主旨，引发观众共鸣。比如"萌芽熊童子"：爱到最美是陪伴，爱到最深是成全！（获赞 342.4 万、评论 8.2 万）

④ 增加互动性语句，引导观众进行点赞、评论、浏览主页等行为，可以带来引流效果。比如"我的前任是极品"：你能猜中哪个是一次成功的吗？

8.1.3.2　如何做到精准吸粉

运营品牌抖音号，引流格外重要。在线上通过抖音短视频平台吸引用户关注、收割用户时间可以遵循这个公式：打破刻板形象+善用网红流量=品牌抖音号快速增粉。

（1）塑造人设

支付宝曾经在公众号推出过一篇哭惨卖萌求关注抖音官号的文章，内容一经发出，就被网友们戏谑地称为"抖音里的最惨官方账号"。在抖音，为了符合平台调性，支付宝为自己塑造了"自黑少年"的人设。从相应管理人员到花呗，支付宝负责抖音运营的人员完全没有在公众号上的傲娇感。支付宝用有趣的方式自嘲，一跃成为拥有近百万粉丝的官抖之一。人格化定位塑造对于品牌来说是一种贴近用户的方式，将品牌拟人化，与用户形成良好互动，是品牌打破刻板印象的第一步。

（2）创作稳中带皮

品牌官方账号素来给人一种正经严肃的形象，但优酷在抖音上的官方账号抛弃这种形象，逐渐走向"不正经"，各类梗和段子信手拈来，还十分喜欢鬼畜恶搞，给用户留下了搞笑 UP 主的印象。

（3）善用网红流量

面对嗷嗷待哺的品牌抖音号，抱残守缺，不如学会利用网红流量。通过和已经具备一定粉丝基础、有流量号召力的网红合作，为品牌宣发引流，收益可观。

8.1.3.3 抖音平台中的品牌营销

（1）互动性营销

抖音平台的内容碎片化，社交属性强，品牌可以通过互动捕捉用户注意力，获取用户反馈。当用户频繁地与内容进行互动后就能留存自身对内容、商品、品牌、行为习惯、兴趣爱好等诸多标签信息，这为精准营销提供了数据层面的支撑。同样，品牌在营销过程中，除关注实际的转化行为外，也将更加注重广告呈现上的互动性。用户的互动行为可以反映出其对内容、品牌等的底层态度。用户的分享行为表明，其所接触的内容具有一定的话题或社交价值，引起了用户的主动传播欲望。用户的点赞行为即反映出用户对内容、品牌或商品的肯定态度。收藏行为表明内容、品牌或商品等元素对用户有一定的价值，或用户对广告中的产品具有远期消费意向。评论行为表明用户产生了互动意愿，主动参与讨论，表明内容、产品或品牌具有一定的话题性。此外，互动的形式也更有利于捕捉并留住用户注意力，从而能够保证信息传递的质量。例如直播，作为一种与用户即时、频繁互动的内容形式，越来越多地受到品牌方的重视。

（2）品质升级

随着抖音等短视频平台的流量不断扩张，优质内容规模扩大，平台品质感提升。传统品牌广告主预算将进一步向短视频平台倾斜，高端品牌开始接受短视频营销。例如，抖音推出品牌 DOU 榜，分类别为品牌提供深度运营服务。目前，包括奢侈品在内的各类高端品牌开始陆续入驻抖音。奢侈品牌对抖音营销价值的认可是抖音平台品质升级的重要标志之一，这将带动更多高端品牌、高品质广告内容的入驻，从而拉升平台的品质感。

（3）品效合一

抖音平台上内容与广告的界限正在被打破，广告即内容逐渐成为主流。从形式上看，符合短视频观看体验的竖屏广告素材构成形式上的原生广告。从内容上看，商品、应用和服务推荐本身就是短视频平台内容体系的一部分，故搭载了相关商品的内容作为一种延展，并未影响用户体验，广告即为内容。

案例 8-1：抖音账号如何流量变现？

　　"主持人王芳"是抖音平台中教育类账号综合热度较高的账号之一，截至 2022 年 7 月，该账号的粉丝数为 1247.2 万，获赞 1.1 亿，其视频内容以解析各种小知识为主，涉及面广泛，如"上善若水"词语解释、学历史的小窍门等。同时，还会分享个人日常生活。账号因清晰舒适、逻辑通畅的口语表达圈粉无数。该账号的变现手段主要分为三种：广告植入，广告植入是最常见的变现方式，但此方法对粉丝数量和粉丝活跃数有一定的要求，适用于已经具备商业转化价值的账号。直播变现，直播变现的红利非常可观，其来源有两点：一是平台自身音浪转换；二是直播课程售卖，进行知识输出。主持人王芳会定期在抖音进行直播。此方式不仅是获取收益的最佳手段，也是吸粉表现的新舞台。商品橱窗，该账号的商品橱窗销售商品大多以书籍为主，在该账号的橱窗中，最高的销售量已经达到 23 万，利润可观。

　　"尿尿是只猫"是抖音中热门的萌宠类账号，截至 2022 年 7 月，该账号的粉丝数为 1202 万，获赞 1.8 亿，其视频内容主要是以记录萌宠日常为主，通过对尿尿的日常行为、与尿爸的互动进行故事化剪辑，配以文字对喵声进行解读，与尿爸对话，构建了有趣且充满冲突性的内容风格。该账号的变现手段多为广告植入通过内容种草进行产品推荐，且品类多样，不限于宠物。

　　📝 **课后作业**

1. 如果你使用抖音营销，你将如何巧植产品信息？
2. 抖音进行营销应该注意哪些问题？

8.2 快手

快手短视频 App 是北京快手科技有限公司开发的一款产品。2012 年 11 月，快手从分享图片的应用转型为短视频平台，主要是客户用来记录和分享生活、娱乐、学习、工作的平台。2022 年第一季度快手平均日活跃用户达 3.46 亿，平均月活跃用户达 5.98 亿。

快手创立十年来增长速度一直很快，先后历经了 2011—2014 年的工具阶段，快手增加创作、上传和观看短视频的功能，成为中国短视频先驱。2014—2018 年是内容社区阶段，推出直播等功能作为平台的自然延伸，帮助用户更好地社交、实时互动。2018 年快手开启商业化元年，探索多种形态的商业化业务，并由此衍生出线上营销服务、直播与其他服务（包括电商业务在内）多种商业化收入模式。2021 年全年收入 810 亿元。

8.2.1 快手产品特点

8.2.1.1 用户定位

快手的用户定位是社会普通大众，大部分是来自广大的三四线城市和农村的年轻人，受教育程度不高但有强烈的文化需求与表现欲望。快手不需要用户有精彩特别的节目表演或者出众的外貌，只需要上传自制视频到快手平台上，记录生活，用户就可以被更多人看到。

8.2.1.2 内容生产

根据用户群特点，快手在产品设计使用上十分简单，软件的交互设计理念就是简单易上手、适合工具"小白"，用户可以在最短的时间内进入状态。它以最简单的操作去迎合最广大的用户群体，让每一个草根都找到通过网络表达自己，展示自己的机会。因此，快手在以接地气的理念和简单易上手的操作特点，赢得了用户。从内容供给的角度来看，快手持续扩大内容品类，增加对创作者的激励、高价引入 CBA、奥运会、冬奥会等版权，增加在体育、娱乐、财经、二次元等垂直领域的投入。

8.2.1.3 流量分配

（1）注重长尾的基尼算法

基尼系数[①]算法能有效防止头部内容过热。快手引入基尼系数概念，创新算法的约束条件，防止用户流量贫富差距过大。一方面，快手坚持不做转发，不主动推动高热内容的形成。每个用户的快手界面都是通过用户主动点击和 AI 算法智能推荐的自动选择结果。另一方面，快手抑制高热度视频的曝光。当视频热度过高时，快手会降低其推荐频率。

（2）平等的流量分配，普惠长尾用户

与抖音的集中头部热门内容分发方式不同，快手基于"让更多普通人被世界看到"的平等普惠价值观，更加关注长尾用户，70%的流量都分配给了长尾用户。快手会给予用户作品一定的初始流量，通过评价、点赞等用户反馈后，较为火爆的视频作品会被推荐到更大的流

---

① 基尼系数是衡量一个国家或地区收入差距的指标，介于 0 和 1 之间，越接近 1 表明该地区的贫富差距越严重。

量池中。这种推荐机制大大提升了普通人作品出现在推荐页的概率。快手的定位是让每一个生活可以自我表达后被看到（利于形成多变网络效应）、被欣赏，这也为快手电商奠定了较好的用户基础。

8.2.1.4　去中心化的社区属性

快手以视频为社交抓手，将具有共性、相互理解的人们聚到一起，让用户在与自己相似的圈层中获得归属感，加强平台的社区属性。快手强调"去中心化"理念，致力于成为人们广泛应用的交流工具，鼓励普通人不断创造内容的同时也积淀社交资源。在快手平台上，主播可能是大巴司机，可能是商贾小贩，也可能是快递小哥，主播和观众的身份没有差别，彼此地位平等。用户在快手平台分享工作和生活经历、感受，就像街坊邻里互相加油、打气。通过营造有温度的社交氛围，快手与用户之间建立了基本信任关系，增强了用户黏性。

8.2.2　快手营销发展策略之多元变现渠道

快手 2020 年营业收入 811 亿元，同比增长 37.9%。依托下沉市场的广泛用户基础，快手挖掘流量变现的多种途径，主要包括直播、电商和营销服务流量变现。

8.2.2.1　直播到电商：成熟变现渠道

短视频应用最好的表现方式是什么？经过几年的摸索，直播逐渐脱颖而出，而直播变现也从过去数年的秀场直播打赏逐步过渡到直播电商带货。对比起强调美好生活方式的抖音，快手从一开始就主打质朴的内容走"接地气"的路线。一方面更容易让用户形成真实可靠的认知强化对商品的信任度；另一方面培养了一批足够下沉的头部主播，而且其关系链向来强于重内容消费的抖音（见表 8-2-1）。

表 8-2-1　快手直播电商的特点

	特点
算法机制	公平普惠机制，社区属性更强，通过内容、用户特征以及环境特征进行推荐，让更多人能够被看见
用户画像	新二线、三线及以下城市用户为主，24 岁以下年轻用户更爱看快手直播
用户黏性	用户与主播的互动更频繁深入，关注者对作者的认可度高，信任度强，用户黏性较高
带货品类	食品、农产品、服饰、生活用品为主，性价比高的白牌型产品较多
带货店铺	有赞、魔筷星选、淘宝、京东、拼多多、快手小店
直播带货本质	属于社交方式，捎带卖货，强社交链条，强私域化

（1）直播：多元化直播内容+互动功能，提升直播用户参与度

快手在多元化创作内容基础上，提供点赞、分享、关注、评论、私信、打赏、PK、多人直播等互动功能，帮助提高用户参与度，其中购买及打赏虚拟物品能很好地鼓励观众与主播互动而非被动观看直播。另外，PK 功能比拼两位主播在规定时间内获得的观众虚拟物品数量，营造竞争环境，鼓励虚拟礼物打赏。

直播收入是快手主要营收来源，其 2017—2020 年的直播收入分别为 79 亿元、186 亿元、314 亿元、332 亿元，分别占其营收总额的 95.3%、91.7%、80.4%、56.5%。由于短视频市场多元化竞争加剧、监管日趋严格、用户理性消费等，直播收入越来越不可持续，因此快手也逐渐降低直播业务的流量变现比重。

（2）直播加电商：从自然生长到官方扶持与规范

快手从 2018 年开始进军直播电商领域，得益于前期社区建设产生的较强用户黏性，快速成长为直播电商领域的佼佼者。2021 年，快手电商平台交易总额达 6800 亿元，同比增长539.5%，成为以商品交易总额计全球第二大直播电商平台。表 8-2-2 是快手电商的不同发展阶段及其特点。

表 8-2-2　快手电商的发展阶段

阶段	阶段特点
垦荒阶段（2016—2017 年）	需求零散、供给不稳定； 以主播和粉丝私下交易为主，官方不下场，用户先于官方摸索流量变现； 短视频带货是主流做法
成熟阶段（2018—2019 年 3 月）	规模化初见； 官方下场，打击私下交易，规范市场秩序，只导流不做电商； 直播取代短视频成为电商第一选择
规范阶段（2019 年 3 月—至今）	鼓励并引导商家在快手开店，与淘宝关系降温，抑制电商买量行为； "短视频引流+直播带货"模式确立，明确"于社区融合为导向，而非以 GMV 增长为导向"； 疫情全面加速线下生意线上化，纺锤型结构出现

8.2.2.2 在线营销服务：面向广告商和内容创作者，增长快

品牌的在线营销服务面向平台生态系统参与者，主要包括快手粉条及广告服务。

（1）快手粉条

让内容创作者通过付费方式在指定时间内向目标数目的观众推广其短视频或直播，使希望增加粉丝数量或视频观看次数的内容创作者以简单的方法达到目的。

（2）广告服务

分为基于效果（根据主动点击收费）和基于展示（广告展示期间按比例收费）的广告服务，形式包括短视频广告、展示广告、口头推荐、推广活动。品牌凭借平台上大量且多元化的内容及 AI 技术，使广告商更有效接触目标受众并增加对等的投资回报。

8.2.2.3 其他业务：电商 GMV 迅速成长，货币化率具备提升空间

（1）网络游戏

快手平台上大部分移动端游戏为独家代理或联合营运，同时也在自研移动端游戏。快手为第三方游戏开发商提供广泛的移动端游戏发行渠道，并获得游戏分成收入，联合营运移动端游戏的开发商负责游戏服务器的托管及维护。

（2）知识分享

内容创作者可在快手平台提前录制或以直播形式提供知识共享内容，内容创作者可对制

作的内容收取费用。

案例 8-2 "看见"

继哔哩哔哩（以下简称"B 站"）《后浪》视频刷屏后，快手的《看见》再次霸屏。《看见》强调大众应该去看看那些普通人的生活，"看见"之后，要学会去包容和理解，在理解过程中去实践、去开拓属于自己的一种新的人生方式。虽然借鉴了 B 站的视频风格，《看见》的内容与 B 站却千差万别，一个个十分"接地气"的小故事，淡化了大众对快手"土"的认知。

案例 8-3 "在快手点赞可爱中国"

2020 年开头，快手以一支《在快手点赞可爱中国》的广告片完成了刷屏。短片亮相于《新闻联播》后的黄金时段，2 分钟的时长内集中展现了数个普通人的生活日常。有在老师指导下坚持练武的小男孩，有接女友下班的外卖小哥，有送别女儿时跟着班车奔跑的父亲……这些内容都来自于快手平台。关注和赞美平凡个体，为普通人提供记录和分享生活的平台是快手的品牌特色之一。

案例 8-4 "拥抱每一种生活"

2020 年，快手进行了一波品牌升级，从品牌 Logo 设计，到 Slogan 再到产品主交互界面都焕然一新。在视觉呈现上，它保留了原来的摄像机元素，同时采用最基础的几何图形：三角、方块、圆形来组合，上部的"无限"符号代表多元世界和连接无限，下部的摄像机则代表着用视频承载世界的真实与美好。这个全新的 Logo 形象，将传承快手社区的过去、现在和未来。伴随着形象系统的升级，快手的品牌 Slogan 也从原来"看见每一种生活"，升级成为"拥抱每一种生活"。这是一种从观察者到参与者的升级，也是一种认知到行动的升级，以此鼓励每位用户，更热情更勇敢地拥抱生活本身。从表意上来说，快手这次选择把"拥抱"这个词放在品牌核心 Slogan 里，是想要与用户建立起双向的交流，增强品牌与用户之间的情感连接，而不再只扮演一个纯粹输出的平台角色。从深层次看，这是快手想要打破大众对自己固有印象的一次尝试。众所周知，相对于抖音年轻、时尚的调性，基于老铁文化构建起来的快手，始终摆脱不了"土味"。因此，对于快手来说，想要占领以"95后"为主流的市场，首先就要改变对话的视角，才能唤醒用户的认同感。

总的来说，在此次品牌重塑的过程中，快手转变了对话的视角，从主流受众的角度开始重新思考，让更多主流受众在意识上打破了其原本土味、淳朴的固有认知，完成了自身形象的蜕变和进化，同时也为快手的未来营销奠定一个更具广泛延续性和标志性的基调。

✏️ 课后作业

通过抖音和快手的学习，请选择你熟悉的短视频平台进行视频创作，体会短视频平台的运营方法与算法推荐机制。

8.3 微视频

8.3.1 微视频的缘起

2005 年，网络视频制作人胡戈和他的《一个馒头引发的血案》走红网络，他将《无极》《中国法制报道》以及上海马戏城表演片段进行二次加工，以现代警察破案的故事为框架，制作出了时长只有 20 分钟的视频。在当时视频网站还未成立的网络环境下，这部时长远小于电影《无极》的视频短片以文件的形式从胡戈的论坛向外传播，成为比电影《无极》影响力更大的微视频。在 U 盘存储空间都是 64M 的时代，50 多兆的《一个馒头引发的血案》达到了上亿的播放量。这离不开胡戈无厘头的搞笑、辛辣的吐槽、超前的鬼畜脑洞，他的恶搞、剪辑、拼接、配乐至今仍对视频创作产生影响。

优秀的内容创作推动了形势的发展，形式累积促进了便捷的渠道。可以说，早期创作者推动了微视频表达方式进入大众视野，在此之前人们或许看到过微视频，但还没有成形的认知。继胡戈之后，2012 年诞生了精英知识分享节目《逻辑思维》、2014 年"二更"视频上线，越来越多的视频播主进入公众视野；2006 年优酷网正式上线，微视频有了更广阔的传播平台。

8.3.1.1 微视频的内涵

什么是微视频？国内目前以视频的时长来界定视频类型。优酷网的创始人古永锵曾给出定义，他认为微视频时长应在 20 分钟以内，表现形态丰富灵活，内容包罗万象，涵盖微电影、微纪录片、DV 短片、广告短片等。可以通过摄像机、手机等多种视频拍摄设备录制的视频短片统称为微视频。微视频还应具有短小精悍、全民参与、随时随地进行传播的特征。中国互联网协会副理事长张力军提出，微视频的播放时长应不超过 5 分钟，同时内容要兼顾一些社会功能和娱乐属性，要满足网民使用数字设备多平台来观看视频的需求。

微视频是在各种新媒体平台上播放的、数十分钟以内的、拥有完整故事情节的、适合移动状态下观看的微型短片。其形态多种多样，包括微电影、微纪录片、微广告、原创 DV 短片、视频剪辑片段、动漫小短片、新闻视频短讯等。摄录传播终端可以是各类摄像机、相机、摄像头等视频专业设备，也可以是手机、平板电脑等带有摄像功能的移动终端等。

8.3.1.2 分类

从视频制作的方式来看，微视频可以分为直播微视频、录播微视频。从视频的性质与功能来看，微视频可以划分为资讯类微视频、体育类微视频、美食类微视频等。本书主要是从微视频的内容和主题方面进行分类。

（1）微电影

微电影是指通过互联网平台传播的时长在 30 分钟之内，具有完整故事情节的影片，具有短时长播放、短周期制作、中小型投资的特点。内容主题及表现方式和电影相似，有多种多样的题材可以拍摄，如搞笑题材、情感题材或者公益题材等，往往单独成集，也可制作成系列剧。

2010 年 8 月，一部投资仅 70 万元、拍摄制作耗时 16 天的《老男孩》突然爆红，第一次将微电影这一概念推到了大众面前。《老男孩》是"11度青春系列电影"行动的作品之一。该行动由中国电影集团和优酷网联合出品，11位导演围绕"青春"这一主题，各自创作出一部微电影。这次行动中问世的作品成为国内互联网历史上首次专业化制作的微型系列短片，并一举获得成功。

这些以《老男孩》为代表的新媒体短片在视频网站播出后，迅速在影视界和互联网上风靡，热度久久不退。微电影大赛、微电影节紧随其后，微电影的种类和数量都在不断增加。许多大型门户网站及如今知名导演和演员都加入了微电影的行业，许多广告商也抓住机会将它发挥到了极致。微电影似乎一夜之间火了。据统计，仅2011年就有两千多部微电影出现，故业界将2011年称作微电影元年。两年时间，有大量独立优秀的微电影作品问世，如《青春失乐园》《生日》等。

微电影的独特表现形式及广泛影响力吸引了许多广告商。例如，凯迪拉克赞助的、由吴彦祖主演的90秒动作悬疑微电影《一触即发》，益达口香糖邀请彭于晏、桂纶镁拍摄的《酸甜苦辣》系列广告，还有春节期间由百事可乐公司拍摄的9分48秒微电影《把乐带回家》等，这些都是当时成功优秀的微电影代表作品。微电影的本质属性是基于网络视频技术存在的一种媒介形式，是在微视频达到一定高度后产生的。微电影也属于微视频的一种，这两种形式是相辅相成的。而微电影更加适合商业定制，在微视频营销领域有着强劲的发展势头。

（2）微纪录片

微视频不仅包括微电影，还包括微纪录片。作为一种传达真实的表现形式，微纪录片不同于纪录片的关键之处在于"微"，而从题材及创作方式等方面来看，微纪录片具有和传统纪录片相同的特征。微纪录片以真人真事为故事来源，通过艺术手段的加工，展现社会主流价值观，通过真实的展现引发人们的思考。微纪录片的概念最初是我国专业编剧、制片人胡革纪提出的。他认为，由于移动终端的迅猛发展，大众更需要通过微视频来记录过去或正在发生的事。

人们一般认为纪录片都有较长的篇幅，由很多的剧集和系列组成。人们在观看时，常常没有耐心去仔细认真地看完，更缺乏集中观看的时间。而微纪录片不仅能以较低的成本拍摄以往的纪录片，如地理文化、社会风貌、历史人物等纪录片，更重要的是匹配了大众如今快节奏的生活方式、消费习惯，因此深受广告商的青睐。跟以往由明星来代言产品的广告相比，这种以纪录片的形式来做的广告，更加具有感染力和说服力。

案例 8-5："千纱织锦"

在梦洁旗下高端品牌MINE举行的"千纱织锦——寐·2020全球新品发布会"中，品牌方首次采用了"微纪录片"的形式，来阐述"千纱织锦"的产品与品牌概念，并配合系列视频《一支纱的环球旅行》《意大利工厂总经理专访片》《空间设计师KOL专访片》，从不同的维度与身份为现场加盟商解读。

《一支纱的环球之旅》主要讲述了一支"千纱织锦"从原材料到成品的过程。视频以微纪录片的形式呈现，以真实生活为创作素材，以真人真事为表现对象，并对其进行艺术加工，展现其真实的本质，用真实引发人们的思考。相对于苍白的口头语言，这种"有影像有声音有真相"的微纪录片形式，更能让观众主动"带感"，随着微纪录片的节奏和思维，深入故事情节与场景，从而达到认同产品理念和品牌理念的目的，最终转化为买单进货行为。《意大利工厂总经理专访片》中52岁的百年品牌意大利匠人出镜，从埃及的长绒棉采摘，到意大利深度棉线加工制作，再次提升了品牌及产品的调性，同时承上启下盘活了整个活动的调性。《空间设计师KOL专访片》邀请了三位国际知名空间设计大咖，来阐述他们眼中的"千纱织锦"，通过空间设计延伸到床品设计，行业KOL意见领袖的表态，将产品最后一厘米补全，直接把整个活动及产品解读现场推向最高潮。

微纪录片通过新颖的表现手法，将传统的东西用年轻的元素表现，借助互联网让更多的人看到、听到并喜爱。凭借前期的优良策划、后期精良的制作，微纪录片已经成为宣传效果更佳、更精准的一种商业手段与方式。

（3）微视频新闻

微视频新闻是采用微视频的形式来实时播报的新闻。在移动互联网技术日益成熟、发达的背景下，日常生活逐步转向快速化、场景化、碎片化，大众接收新闻讯息的习惯和方式在被不断改变，更多"短、快、精"的新闻被大量需要。微视频新闻的时效性比较强，新闻记者不是唯一的传播者。使用一台有摄影功能的手机就能进行新闻拍摄，还能上传至网络上供全网用户观看、互动。微视频新闻不仅解除了以往的媒体对时间和地点的局限性，并且因为花费时间较少且观看流畅，能引来很多用户观看。微视频新闻传播方式通常借助于手机客户端，如新闻客户端及社交媒体应用。国内常见的新闻客户端有今日头条、腾讯新闻、人民日报、新华社、澎湃新闻、网易新闻以及地方类新闻客户端（如成都本土新闻客户端红星新闻）等。与新闻类微视频相关的社交媒体应用有微博、秒拍、梨视频等。

（4）微广告

微广告是微型视频广告的简称，是一种全新的视频广告概念，其目的在于探索另类的宣传效应。传统的视频广告，一般以电视广告为主。这些广告的制作往往要消耗大量的成本，通过独特的创意，众人皆知的明星效应，加深观众对广告的印象。而微广告不同于传统广告，它的优势在于其有较高的性价比，通过低成本的宣传达到爆炸式的宣传效果，实现广告商对其产品宣传的非自主策划和投放。目前微视频广告已经发展到地铁、公交车等场所，并带动了电视台和网站的收益。

（5）"草根"原创微视频

大众所说的"草根"文化属于亚文化体现方式的一种，是大众化、平民化的，人人都可以参与的。这些"草根"把网络作为一种平台，在里面展示自己的才华、发表个人言论、分享感情等。这让"草根"文化融入各个阶层之中，使大众文化多姿多彩。微视频的使用门槛低，只要有需求，并且喜欢自我表达，有手机等视频拍摄工具，就可以创作并发布作品到相关平台。

通过普通大众随时随地拍出来的原创视频就叫作"草根"微视频，用来收录大众的实时状态、展现自我，并且还能监督社会大众。微视频能够很好地体现"草根"文化，因微视频而爆红的网络红人连连涌现，微视频为他们提供了一个展示才华与个性的平台。

8.3.1.3 特征

（1）创作简短化

微视频最大的特点就是"短"。现在市场上流行很多微视频拍摄软件，如美拍，只要在手机上下载了 App，点击拍摄键就能完成。拍摄完毕就可以发送至微博、微信朋友圈等社交媒体，满足人们对于快速消化的需求。微视频这种在网络时代比较有代表性的产物，重点就在于"微"，不只是体现它的"微"时长，还在于它创作的时间比较短，这是微视频和普通视频最大的区别。

（2）传播即时化

移动互联网技术和 5G 网络的发展，使得人们对于实时收发文字、图片、音频等信息的需求得以满足。网民发布的微视频大多都是用手机拍摄出来的，网民能够在任何时间任何地点进行拍摄，后期也不需要精细的剪辑制作，同时还有很多渠道分享互动，全民都可以观看和讨论，从而实现了更广泛、更迅速的传播。

（3）内容碎片化

因为受到拍摄时间较短的影响，微视频的传播必然是碎片化的形态。微视频碎片化的播放形式让人们可以更快捷地接收资讯内容，也使人们更偏重对娱乐化表达形式的追逐。相较于以往的媒体来说，微视频为大众提供了一个表现自我的平台，人们也更愿意选择用它来寻求娱乐，释放自我。

（4）分享社交化

网络微视频产生于社交网络中，使用者不但能将自己的微视频作品上传至社交平台上，还能查看、分享并实时讨论社交网站上的其他微视频。由于微视频的内容简短，如果没有社交网站或者视频平台，就很难培养出稳定的用户群体。因此，微视频"微"的这一特性，使它非常依赖社交网站分享，只有在社交网站中才能集结到一大批观众，同时也提高了社交网站本身的访问量。基于网络媒体的主要传播特性，微视频具有与生俱来的互动性。使用者相互之间进行共享、转发和推荐成为微视频主要的传播手段，传播者和接收者会就相同的微视频内容，通过评论和留言等方式直接在线交流、沟通、互动。

8.3.2 微视频的发展路径

8.3.2.1 微视频的生产与传播模式

微视频的兴起与视频网站的崛起相伴而行。视频网站作为平台，对微视频的发展起到了尤为关键的作用。尤其随着互联网技术的不断升级，视频拍摄设备越来越简单易学，催生了很多热爱视频拍摄的网友，加快了微视频的发展与传播速度。国内的视频网站在很短的一段时间里出现了爆发性增长，这些网站将数不胜数的微视频进行整合发布与推广。借助初期 UGC 的生产模式，以优酷为代表的视频网站一跃成为行业翘楚。而经过多年的发展，微视频的依托平台也由原来的单屏向多屏跨越。微视频的生产模式也从 UGC 模式过渡到了 PGC（Professional Generated Content，专业生产内容）模式，以及现在的 OGC（Occupationally-generated Content，职业生产内容）模式，越来越多的专业机构参与到微视频的制作中去，生产出大量符合市场营销爆点的优质内容。微视频也逐渐成为新媒体消费领域中最有市场前景的产品。

8.3.2.2 移动社交媒体与微视频的兴盛

为微视频带来强劲发展动力的是微博、微信和客户端等重要平台。2010 年微视频走向正规化和商业化，这一年被称为"互联网微视频商业化"的元年。一些国际企业与影视公司、视频网站合作，拍摄一系列具有商业价值的高水准视频短片。其中有凯迪拉克的《一触即发》、佳能的《看球记》、卡宾的《枫树街 33 号》等一系列微电影走红，赢得了口碑，产生了不可估量的商业价值。微视频的商业化转型，获得了巨大的成功。随之而来的是，网络微视频逐渐从一种互联网亚文化的意识形态转变为主流文化，人们开始认可并消费微视频。

2013 年，互联网依托着 4G 带来的移动优势，将微视频打造成了一个新的形态——基于移动端的微视频。更短的时间、更大的爆点、弹幕式交互体验、移动互联环境中形成的移动社交媒体网络，让微视频实现了裂变式的传播。随着微博、微信、客户端等移动社交媒体的出现，涌现出了一大批社交媒体微视频网络红人，也出现了集微视频制作、发布于一体的移动社交媒体平台。微视频从初期恶搞、调侃的原始形态剪辑短片转变成为更加正规化、栏目化、专业化的微视频节目。如今，资本的大规模进入，使微视频制作者突破最初利润空间不足的桎梏，将精力完全投入微视频内容的制作中，由此吸引了更多的微视频用户。这样的良性循环也让微视频行业目前处在兴盛时期，发展也趋于成熟。

8.3.2.3 微视频与专业媒体的互补

在如今移动互联网用户居多的情况下，以往的报纸阅读率和电视机使用率下降，专业媒体抵达用户的能力正在下降。将过去和现在的传播结构拿来做比较，现在的网状传播结构明显已经占据主导地位，传播关系也随之发生改变，专业媒体唯有不断调整节目模式及形态，才能顺应传播方式的转变，从而在新的传播环境下能将信息有效地抵达更多的用户。

现在，专业媒体和用户共同构成了网状传播结构中的节点，作为节点的用户不再是线性传播结构下模糊、弱势的受众概念，而成为存在于不同媒介渠道下不同使用偏好的细分化个体。专业媒体只有改变以往对待笼统受众的传播方式，依照不同的用户群体的不同需求来确定传播方式，才能在当下网状传播结构占主导地位的传播环境中实现精准传播。在此种情况下，受到广大网民青睐的微视频，就成为一项有利载体，使得网状的传播结构里的专业媒体能快速地将信息传达给用户。

微视频这种媒介形式与专业媒体的融合开辟了一种全新的传播方式。同简单的文字和图片做对比，微视频属于动态的，所以表现形式更加丰富生动，易于传播和接受。与长视频相比，微视频的天然优势就是"微"，信息的获取将耗费更低流量，微视频以碎片化的形态渗透在用户快速变换的移动场景中。

新华社是专业媒体的代表。它在加强内容建设和产品创新的同时，利用微视频报道了很多重要主题及重大突发事件等新闻作品。表现形式有现场新闻、微电影、MV 等，产生了巨大的影响力，大大丰富了新华社专业媒体的报道形式，深受广大网民尤其是年轻网民的欢迎。

如今，关于一些严谨和重要的新闻题材的播报是否能受到大众的喜爱，播报方式很关键。

新华社对这些严谨的题材和重要新闻报道增加了通俗性和趣味性。比如在 2016 年春节期间，网络和手机上都播放了动画《四个全面》的 MV，是新华社探索媒体融合报道的一次新尝试，这个 MV 把原创的歌曲和动画融合在一起，是一种创新的报道方式，改变了网民对于重大题材新闻的刻板形象，一经播出就引起了大家的关注。

8.3.3 微视频发展——暗合消费主义

移动微视频运用的逐步扩张，使其变成了一个急速增长、拥有极大潜力的新领域。鲍德里亚在《消费社会》一书中提到："今天，在我们的周围，存在着一种由不断增长的由物、服务和物质财富所构成的惊人的消费和丰盛现象。"他在这本著作中很早就把消费社会的特点指出来了，就是人们进行消费时，不只是追求对物质的满足，还有心理和精神上的满足。商业市场若想从微视频这块领域里创造出自己的一片天地，就一定要做到专注和极致。

天猫商城，在 2013 年"双十一"倒计时的 7 天里，每天打开天猫移动客户端，消费者都被推送了一条故事类微视频。消费者在看完每个小故事后，在结尾处才发现这是"双十一"购物节的营销广告。故事的出现，可以迅速吸引消费者的注意力，随后将营销活动或商品巧妙地融入故事，获得消费者的情感共鸣，使他们对产品产生信任感。

此后，更多不属于视频媒介的平台开始渐渐引入了微视频，如淘宝、百度、京东等。绝大部分的视频自媒体要想赢取关注，都先要被视频平台推荐才行。倘若得不到视频平台的推荐，视频自媒体就很难获得广泛关注和更大的流量。这是 PGC 和 UGC 模式的弊端，用户看到的内容都不是凭空出现的，这跟视频平台编辑的推荐相关，抑或跟视频平台后方的大数据算法紧密相连。"微视频＋"的发展态势把不属于视频平台的网站、移动客户端和微视频结合到一起，网站里面只要有人浏览，就能像百度百科这样，引入微视频营造商品消费的氛围，从而刺激大众消费。

8.3.4 微视频运营策略

微视频的营销方式多种多样，其中四种最受品牌看重，即微电影、创意解说视频、创业纪录片、广告片段。微电影是网络时代的一种电影形式，常将情感诉求与品牌价值和观念融合。创意解说视频以轻松并富有说服力的方式将产品内容传递给受众。创业纪录片通过记录成功人士的创业路程，来传达企业品牌的理念和内涵。广告片段是一种将广告投放到网络上的营销方式。

微视频的内容运营需要关注以下四点。

8.3.4.1 视频标题吸引人

一个具有吸引力的标题，绝对能为微视频营销带来不少的网络用户的关注。值得注意的是，企业在设置微视频标题的时候，需要注意：标题要与内容相符合，不能做标题党；标题要像关键词一样点明视频主要内容，要有代表性；标题最好不要超过 17 个字符；轻松搞笑的标题更能吸引网民的注意力。

8.3.4.2 微视频内容深耕

微视频的内容决定微视频营销传播的力度和广度，目前具有吸引力的内容通常是有趣、搞笑等类型的视频。因为时长的限制，没有太多的篇幅来铺陈叙事，因此创意就显得极为重要。比如，胡戈的七喜系列广告、五芳斋的咸鸭蛋广告和 Timberland 的"踢不烂"广告。随着现代人焦虑的加重，贩卖温情的微视频则能够带来更多触动。

8.3.4.3 重视微视频互动

相对于传统媒体来说，微视频要更加注重内容的互动性。在微视频的制作中，可以多制作一些容易引发观众共鸣的内容，比如《开学季｜我在"动物园"里上大学》《毕业季｜愿此去前程似锦再相逢依然如故》等微视频，就充分激发观众的同理心。绝大多数人都上过学、经历过高考，这些话题让大家主动参与讨论，与观众形成了良好的互动。如今视频弹幕功能运用非常广泛，是网民之间互动的好工具。企业与其等待网民被动接收视频信息，不如让网民主动参与传播的过程，这样更有利于提高微视频营销的传播效率，进一步达到营销目的。

8.3.4.4 塑造难忘的画面

画面张力是微视频的优势之一，精美的画面可以带来良好的视觉体验，也会吸引更多关注。例如《数字峰会的史诗级大片》《三角梅盛开，福州这座立交桥美得让人窒息》等微视频，主打的就是漂亮、大气、令人赏心悦目的画面，配上合适的音乐，让观众意犹未尽、流连忘返。如今的产品发布会上，通过微视频画面增强感染力已经成为常用手段。

8.3.5 微视频制作形式的拓展

8.3.5.1 高频使用新型设备，尝试更多新颖拍摄、剪辑手法

在微视频创作中，品牌可以尝试使用运动摄像机、航拍无人机、水下摄像机等新型设备，使用一镜到底、超高空俯拍等更具表现力与冲击力拍摄手法，呈现平常人肉眼无法企及的视角，提供更佳感官体验。作为影响视频呈现效果的重要因素之一，剪辑的好坏举足轻重。长片剪短、去粗取精、压缩时长，都是对制作者技术和能力的考验。如《榕博汇快剪视频》《刷透！三分钟带你逛透"5·18"》等微视频，运用"闪卡"这种特殊的视频剪辑手法，把视频、图片、字幕等元素有机融合，配上节奏分明的音乐或快语速的解说词，快节奏地带受众浏览亮点，先睹为快，信息量大、节奏感强，有较强的震撼力和感染力。

8.3.5.2 提升后期包装档次，增强微视频的可看性

微视频在后期包装上下功夫可以有效丰富表达效果，《2 分钟带您感受有福之州幸福之城》微视频在包装时打破以往惯例，并不是采用简单的二维字幕动画，而是制作了三维字幕叠加在航拍实景画面中，设置动态跟踪特技，把原本的平面效果变成了立体效果，使之更具真实感。三维字幕在摆放时也有所讲究，要尽量与画面中的物体相融合，并放在合适位置，以求达到恰到好处的效果。

8.3.5.3 "横"变"竖"，改换微视频呈现方式

微视频在制作时要更加注重受众的观感体验，特别是手机用户的感受，如《邀您一起为

自贸区打 CALL》微视频，就一改微视频的呈现方式，由横屏变竖屏。竖屏的呈现方式，更加符合大家的观看习惯，在避免观众出戏的同时，也带来了新的观看体验。在新媒体环境下，微视频凭借其独有的在主题凝练、表达创新、传播分享等方面的特性，满足受众的时代性需求，打破了传统媒体在平台、技术、传播等方面的束缚，有着非常广阔的发展前景。

课后作业

在社交平台上观看微视频营销案例，并查看与该视频有关的讨论，结合微视频在社交平台上的传播，分析该视频营销整合传播的优势，并思考除了文中提到的方法，你还能想到哪些微视频营销运营策略呢？

第 9 章

电商平台运营

学习目标

1. 了解淘宝、拼多多、京东三个电商平台的不同运营模式
2. 了解电商平台运营的方法策略
3. 了解品牌在电商平台进行营销的战略
4. 了解电商化的社交媒体平台的运营规则
5. 了解未来电商平台的发展方向

中国是全球最大的电商市场，电商平台已成为中国国民生活的重要组成部分，改变了民众的消费行为模式。2021 年中国网上零售交易额达到 13.1 万亿元，同比增长 14.1%。相比以淘宝、京东以及拼多多为代表的传统电商渠道，以抖音电商为代表的直播电商增长更加迅猛，在短时间内迅速崛起，接棒传统电商，成为电商市场新的增长引擎。

互联网流量增长渐趋触顶，用户红利时代远去，电商内容流量生态正在形成，直播电商营销+销售一体化持续增强，拓展了传统电商的生态边界。无论对于初创品牌还是成熟品牌，传统电商渠道及线下渠道营销成本高、增长放缓、品牌营销投入 ROI 较低。对于初创品牌来说，积极拥抱直播电商，有助于实现品牌快速破局、成长。对于成熟品牌来说，直播电商平台活跃的年轻用户是品牌未来增量的重要来源。走进年轻消费者聚集地可以提高品牌在年轻用户中的知晓度，刷新品牌形象。抓住直播电商新内容流量红利，与消费者建立"新型关系"，所有品牌都值得一试。

9.1 淘宝

2003 年，美国电子商务巨头 eBay①占据了中国 90% 以上的市场份额，拥有良好的品牌优势和用户基础。同年，阿里巴巴向淘宝斥资 1 亿，打出"三年免费"的旗号，刺激了国内大

---

① eBay，又称电子湾、亿贝、易贝，是一个可让全球民众在网上买卖物品的线上拍卖及购物网站。eBay 于 1995 年 9 月 4 日由 Pierre Omidyar 以 Auctionweb 的名称创立于加利福尼亚州圣荷塞。人们可以在 eBay 上通过网络出售商品。

量个人用户到淘宝注册，淘宝人气急速聚集，在竞争对手的封锁下突破增长。

2008 年 4 月，淘宝商城正式建立，淘宝正式进军 B2C 市场。截至 2021 年 6 月，阿里巴巴全球年度活跃消费者约 11.80 亿，移动端月活用户达到 9.39 亿。

9.1.1　淘宝平台技术支撑

9.1.1.1　大数据推荐

随着社交化和内容化的升级，比起之前有明确购买目标的消费行为，更多消费者"逛着逛着就想买"，在浏览商品时，以情感代替理智，受到刺激后凭兴趣而购买。如果大数据推荐能精准捕捉消费者的需求点，那么淘宝平台的算法推荐无疑是直接且极其有效的引流入口。通过大规模的机器学习优化算法功能，淘宝让算法模型具备辨别不同行为模式的能力，捕捉用户的实时需求与行为特征从而形成新的用户画像，最终完成产品推荐。大数据利用其完备的算法库进行动态推荐，为消费者提供了更精准的个性化推荐服务，也为商家带来更加精准、更加细分的流量。

当下，以云计算为代表的大数据互联网技术已高度发达，以淘宝为主的平台运营商与品牌运营商在实施广告推送策略之前，依据自身客户资源库，进行客户需求分析，依据用户过往消费喜好进行分类评判。一方面，淘宝利用自身的用户数据累积优势，根据用户过往逛平台商城访问所留下的痕迹，注入商品品类、词素、时间、浏览停留时长、购买经历与频次、成交次数与额度等数据，建立内部目标用户数据库，并使用数据挖掘和分析技术处理对这些行为进行分析，较为准确地分析出用户的消费习惯与购买倾向。另一方面，淘宝有效利用好外部行为数据，精准分析用户触媒习惯。在广告的设计上，力求因群而异，差别对待，以期通过精准的需求分析与广告设计，实现按需设计与按需推送。

9.1.1.2　店铺展现技术

淘宝网店铺体系是一个面向服务体系架构（Service-Oriented Architecture，简称 SOA）的 J2EE 系统[①]集合，由多个系统组成，其中最重要的是店铺装修系统（Design System）。有了该系统，淘宝卖家可以对店铺页面进行个性化设计，也可以在装修市场设计师的作品基础上进行装修，然后通过店铺浏览系统展现给买家。2021 年，淘宝店铺模块由平面展示升级为 Live Card（店铺动态卡片）模式——可交互、多状态、高效率、跨场景流通，重新定义了店铺体系开放的新标准和新形态，引领消费者从静态图文浏览到交互式、参与式逛店的全新体验。每一个 Live Card 都可以是一个小部件或小部件+小程序，以此为店铺的窗口，与消费者建立深度联系。

9.1.2　淘宝平台促销策略

9.1.2.1　网店内部促销策略

淘宝网店内部的促销策略一般着重考虑销售促进和信用管理两种方式。

---

① J2EE 的全称是 Java 2 Platform Enterprise Edition，是由 SUN 公司领导、各厂家共同制定并得到广泛认可的工业标准。或者说，它是在 SUN 公司领导下，多家公司参与共同制定的企业级分布式应用程序开发规范。J2EE 是市场上主流的企业级分布式应用平台的解决方案。

（1）销售促进

网店内部的销售促进手段以免邮费、打折为主，其余方式为辅。

——包邮

网络购物中间环节的邮费问题一直是买家关注的焦点之一，这会影响到买家对于网购价格优惠的感知。当前邮费主要分为邮局（包裹平邮）、物流快递、特快专递等。平邮的价格较低，但周期较长。物流快递价格适中，送货周期在 3 至 5 天。特快专递的价格昂贵速度快，一般价格昂贵的商品才会选择特快专递。

——打折

折扣主要采取两种方式：一是不定期折扣。在重要的购物节日，如春节、"三八"妇女节、"6·18"大促、"双 11"购物狂欢节等，进行现金满减优惠。二是变相折扣。如采取捆绑式销售，以礼盒方式在节假日销售，如中秋月饼礼盒、端午粽子鸭蛋礼盒等。这种方式的优点是符合节日气氛，更加人性化。

——赠品

赠品促销的关键在于赠品的选择上，得当的赠品会对产品销售起到积极的促进作用。

——会员、积分

凡在店铺购买过商品的顾客，就可以成为店铺的会员。会员不仅可享受购物优惠，还可以累计积分，用积分免费兑换商品。此方式的优点是：可吸引买家再次来店购买，介绍新买家来店购买，这样不仅可以巩固老顾客，使其得到更多优惠，还可以发掘潜在买家。

——红包

商家可以根据各自店铺的不同情况灵活制定红包的赠送规则和使用规则。因为红包有使用时限，所以可促进客户在短期内再次购买，有效提升网店销量。

——官方促销

淘宝官方会不定期在不同版块组织促销活动，参与活动的卖家会得到更多的推荐机会，以提升店铺人气。要想让网店获得更多流量，商家就要经常关注淘宝首页、支付宝页面、公告栏等处发布的活动信息，并积极参与。

——社群促销

淘宝商家可通过淘宝群聊随时随地接触用户，在群内传递产品或节日促销信息，维系长期忠诚用户。淘宝群可针对场景或人群进行分类建群，以便明确用户、提升效率。一般来说，淘宝社群分为四个类别：商家群——可配多类门槛，最高百万容量，适配各类运营场景；快闪群——目的在于蓄水新客，服务于活动大促，从而高速转化新客；会员群——锁定店铺会员，维系忠实顾客，给予消费者独特权益以彰显身份；直播群——适用于直播铁粉，进行双向导流，群聊店铺双向互通，直播消息将自动同步。

（2）信用管理

信用评价是会员在淘宝交易成功后，在评价有效期内，就该笔交易互相做评价的一种行为。评价分为好评、中评、差评三类，每种评价对应一个信用积分，具体为：好评加一分，中评不加分，差评扣一分。一方面，网店的信用级别会对消费者的购买决策产生影响；另一方面，买家在交易后对卖家所给的信用判定表示关注。商家一方面要诚信经营，提升自己的信用度和信用级别；另一方面要把握好这个宣传机会，每次交易后，不仅要对买家作三级别评判，还要在评判留言栏留下相关的店铺信息。如"我们将在下周进行全场商品九折活动，欢迎再次光临"。这样一来，评判留言栏就成了一个促销信息的发布专区，合理地利用了网络资源。

9.1.2.2　网店外部促销策略

网店外部促销策略可以采取搜索引擎、销售联盟和广告促销三种方式。

（1）"三管齐下"专攻搜索引擎

许多用户上网首先浏览的页面是淘宝搜索引擎页面，这时，脑海中就会出现一些他们所需求商品的关键词，然后通过引擎搜索到符合条件的商品。因此，要想提高网店商品被浏览的几率，就必须对搜索引擎排序原理有充分的了解。淘宝商品的搜索排序先后规则有四个部分。第一部分：被设为橱窗推荐位的商品；第二部分：虽然是橱窗推荐，但是该商品已经有90 天未被人购买；第三部分：未被橱窗推荐的一般商品；第四部分：一般商品中 90 天未被购买的宝贝。网店为了让商品显示在同类排名的前几页，可以从商品名称、定时发布和橱窗推荐这三方面入手。

（2）"1+1＞2"促销策略——销售联盟

对于销售商品的性质相同、价位区间相同、目标顾客也相同的网店可以采取竞争品协同营销的策略，即销售联盟。即让多家竞争网店联合成为集群，同时通过网店内友情链接将这些竞争网店链接起来。友情链接可以促进网店之间的商品信息交流，无形中给加入销售联盟的网店带来一部分"转移顾客"。这样就形成了一个"销售圈"，可以提高网店知名度与成交率，还能更好地与顾客建立关系。

（3）广告促销

广告促销作为电商最基本的促销竞争策略，在传统媒体与新媒体上进行宣传。例如，淘宝每年在节日活动之前都会进行电视媒体的促销。随着近几年电商的快速发展，淘宝天猫等电商平台在电视媒体等大众媒体的平台上投放越来越大，从 2015 年开始，电视广告基本上在活动两个月前就已经开始进行宣传。同时，通过网络、电视等媒体进行病毒式营销。

9.1.3　淘宝直播

9.1.3.1　淘宝直播概况

2019 年直播电商爆发，进入真正的电商直播元年。从 2018 年到 2020 年，淘宝连续三年直播引导成交增速 150%以上，成为全球增长最快的电商形式。2019 年，淘宝开播账号数量大增，同比 2018 年的增速已达 100%。2020 年以来，更有 100 多种职业转战淘宝直播间。2021 年，淘宝直播电商交易总额超过 5000 亿元（见图 9-1-1）。

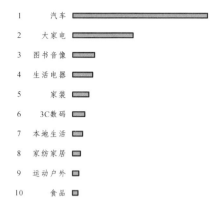

图 9-1-1　淘宝直播成交金额增速 TOP10 行业

直播本质上是一种丰富的流媒体内容形式，如今将兼具娱乐和专业的销售内容整合进电商交易中，打造出了"云逛街"的效果。相比传统电商，直播电商在呈现形式、互动形式、社交属性、决策成本等维度都具有显著优势，实现购物体验的升级和交易的更高效。

淘宝直播与传统电商的不同在于：一是呈现形式的不同，传统电商的商品展现以图片和文字为主。淘宝直播基于视频，商品展现维度丰富，用户"所看即所得"。二是互动形式的不同，传统电商的用户主要通过文字聊天与客服交流，得到的反馈不够及时。而淘宝直播具有强互动性，直播间氛围活跃，营造沉浸式购物场景，用户边看边买，体验感强。三是社交属性的不同，传统电商缺乏社交行为，直播电商社交关系属性较强。四是决策成本的不同，传统电商用户需要花费更多时间进行信息对比才能做出消费决策，时间成本高。而在淘宝直播间中，主播亲身讲解产品的功能及优势的同时，用户对产品的疑问可以第一时间得到专业解答，降低了用户购物决策的时间成本。

9.1.3.2　淘宝直播特点

（1）云逛街模式

云逛街，顾名思义，即足不出户的线上购物模式。现在的云逛街还是"逛全国"，规模有限，未来如果云逛街更成熟，甚至可以"搜索附近"，足不出户逛周边。云逛街有两个优点：一是购物更轻松，二是购物社交成本低。直播购物可以避免线下的矛盾冲突，对直播间的主播不满意可以退出。

（2）所见即所得

基于 5G 通信技术，淘宝直播已经可以做到所见即所得。例如 2019 年淘宝暖冬节，许多主播到平湖工厂直播工人制作羽绒服，让观众近距离观察羽绒服的制作过程，最终直播间的羽绒服成交量大幅提升。

（3）粉丝经济

相比人与物的沟通生硬刻板，人与人的沟通更容易产生感情。淘宝主播会以"我怎么用的、我家人怎么用的"这样有代入感的形式直播，让自己逐渐拥有 KOL 属性与明星效应。

9.1.3.3　淘宝直播发展趋势

（1）公众人物直播

2018 年，许多淘宝店铺与品牌商沟通，让代言的公众人物通过第三方平台进行导流，引导粉丝访问直播间。2019 年，"双十一"期间有一百多位公众人物亲临淘宝直播间进行带货。在公众人物直播间中，每期都有不同的主题内容策划，加入的综艺元素为直播间增色圈粉不少。直播电商不再局限于商品本身的价格、质量，而是在直播形式上形成巧思：用消费者更加喜闻乐见的综艺娱乐方式，联合公众人物，通过剧情的设计策划、聊天互动、玩游戏、表演节目等形式，丰富直播内容，让简单直接的商品推荐直播，变成生动有趣的公众人物见面会，同时也增强了消费者在直播时的参与感。

（2）品牌 CEO 直播

2020 年暴发了突如其来的新型冠状病毒肺炎疫情，直播行业的进程加快，也推动了各行各业跑步进入"直播+模式"。面对疫情对线下业务的冲击，诸多企业 CEO 亲自上阵，选择自己为品牌代言，用直播这一模式为企业换取生机。

2020 年 2 月 14 日，护肤品品牌林清轩创始人孙来春迎来自己的淘宝直播首秀，在直播当日 2 小时内吸引了 6 万余人观看，总销售额近 40 万，相当于其公司 4 个线下销售门店一个月的销量。

2020 年 3 月 1 日，青岛力山眼睛护理产品有限公司董事长宿兴华以"优能社交电商 2.0 赋能"为主题开启线上首播，助力全国 5000 家门店打通线上线下经济壁垒，实现企业增长，该场直播累计吸引了近 300000 人次观看。

2020 年 3 月 23 日，携程集团联合创始人梁建章在抖音开启了人生第一场直播，为*携程*启动"中国旅游复兴 V 计划"站台，不仅卖货，还与不同主播连线，互动抽奖，吸引了不少人围观。

（3）虚拟直播

自 2022 年以来，随着超头部主播的陨落以及直播营销的常态化，品牌自播的现象将越来越普遍，以虚拟主播带货为代表的品牌自播引起人们广泛关注。2022 年 5 月底，海尔智家联动浙江卫视《奔跑吧》，开启沉浸式带货直播盛典，吸引全网超 9000 万用户观看，海尔天猫旗舰店的直播间 2 小时交易额破 1.1 亿元。"6·18"期间，京东鼓励中小商家，抓住虚拟主播直播机遇实现快速增长。

随着直播经济的兴起，直播形态也在不断"进化"。元宇宙的大风吹起，推进了直播行业的升级迭代，打开了虚拟直播行业更大的想象空间，也为品牌打开了新的营销思路，扩宽了竞争战场。2022 年，越来越多的虚拟主播开始活跃在各大品牌直播间，尤其是半夜时分，几乎都能看到虚拟主播的"身影"。

① 品牌方：直播对主播、成本、内容等方面有了新的要求，虚拟直播有效助力商家降本增效。虚拟直播之所以势头如此强劲，是因为与真人直播同质化严重、可能出现各类突发事件、主播收费昂贵、品牌方难以积累自有流量等存在的问题相比，虚拟直播可以实现 24 小时不间断直播，提升直播间权重，获得更多流量，同时虚拟主播人设稳定，不易"塌房"，在一定程度上降低了品牌方运营成本。

② 平台方：为寻找新的流量和商机，各大平台都在加大布局虚拟直播。随着直播的深入发展，各大平台也在寻找新的带货模式，以提升平台的直播吸引力，将更多品牌商家吸附在自己的平台上，其中虚拟主播和虚拟场景成为了平台新驱力。2022 年，淘宝更是公布了直播的最新政策和玩法，增加现金激励，扶持中腰部及新达人的成长。

③ 用户方："Z 世代"人群逐渐成为消费的主力军，虚拟品牌 IP 形象更易被接受。随着元宇宙时代的到来，喜爱打破陈规、追求创新的"Z 世代"人群逐渐成为消费的主力军，通过虚拟直播能够打破次元壁结界，给用户带来更生动的消费场景，以及更有趣的互动体验，激发起年轻人对沉浸式虚拟娱乐和数字消费的需求。同时，虚拟化的品牌 IP 形象更生动、鲜活，更能加速品牌年轻化进程和认知，拉近品牌与新消费人群的距离，塑造元宇宙时代的品牌形象。如欧莱雅引入了虚拟主播"欧小蜜"，是一个俏丽的职业女性形象，每天在深夜替换真人主播进行带货。并且，虚拟主播的带货能力丝毫不逊色于真人主播。据知瓜数据显示，2021 年"双十一"第一波预售期首日，欧小蜜当日凌晨 2 点到上午 9 点，直播带货 GMV 高达 471.77 万。

"虚拟人+虚拟场景"直播颠覆了传统的真人直播模式，刷新了用户对平台、品牌的认识，构建起一种全新的营销生态，虚拟直播将成为常态化营销的核心渠道与品牌店铺运营的必要手段，助力品牌依托自有账号矩阵，掀起品牌自播带货的热潮，实现 7×24 小时不间断直播带货，全时段抢占沉淀流量，为直播间带来不间断的曝光和持续性的成交机会。

课后作业

如果你是一个品牌的运营人员，你将如何在淘宝进行一次品牌营销？请选择某个熟悉的品牌，为它写一份淘宝营销策划案。

9.2　拼多多

拼多多成立于 2015 年 9 月，是一家致力于 C2B 拼团的第三方社交电商平台。用户通过发起和朋友、家人、邻居等的拼团，可以低价团购商品。这种通过沟通分享形成的社交理念，形成了独特的社交电商方式，让拼多多在电商巨头的角逐中渐渐拥有一席之地。拼多多开创了社交电商的蓝海，在众多已成形并拥有良好数据的电商平台中拔地而起，其成功的经验离不开与淘宝、京东等平台差异化的营销模式，这一经验也值得新兴电商平台借鉴。

9.2.1　差异化竞争战略

区别于淘宝和京东，拼多多采取了不同的战略定位，大概分为三个方向：首先，拼多多初期将用户锁定在下沉市场的低消费群体，他们消费需求大，更加看重商品的价格而非质量。这样可以避开阿里与京东的目标用户，减少市场竞争的压力。同时，拼多多与腾讯合作，利用微信进行大力宣传，获得了极大的关注度和流量，通过低价商品的大批量销售让制造商实现规模经济，进一步降低价格，也为日后供应链的构建打下基础。其次，拼多多启动"百亿补贴"计划，对中高端商品进行价格补贴，除了可以增加用户黏性，还能树立一个物美价廉的品牌形象，吸引高端消费用户群体的关注，扩大市场规模。最后，拼多多响应扶贫攻坚政策，专门推出农产品上行活动，利用 C2M[①]模式进行农产品销售，避免中间商加价，不仅提高了销售效率，还赢得了口碑。

9.2.2　社群营销

9.2.2.1　拼多多社群营销模式

社群经济是指为顺应社会发展趋势，一些有相同认知、联系和需求的人相互作用形成的经济系统。这种有情感信任的群体再加上一定的价值反作用于用户，可以取得经济上的成就，从而成就社群经济。随着互联网经济的发展，网上购物成为人们日常生活的重要部分。拼多多的营销模式建立在充分运用社群效应的基础上，形成了当前经济形态中一种新业态的交易型社群经济。依靠社群营销，以消费者向亲朋好友推送拼单助力等方式，用简易的宣传手段建立了庞大的用户群体。拼多多利用"社群大招"，以拼单能获取更优惠价格的营销策略，在利益的驱动下，基于人际关系的推广，促使更多用户参与其中。高质量的社群活动可以充分调动用户参与度，拼多多内置多样化互动游戏，如多多果园、多多牧场、多多爱现金等来满足用户多元化体验。

在互联网环境下，社群营销带来的超强传播效应和社群本身超低的边际成本使得拼多多社群拓展有更大的经济价值，产品及平台的宣传强度更大、成本更低。通过消费者主动宣传产品信息，社群经济扩大了其产品的信息范围，而散播出去的产品信息也会吸引到很多的消费流量。拼多多在社群经济的影响下，不仅能留住老用户，而且利用老顾客人际关系作为推

---

① C2M 是英文 Customer-to-Manufacturer（用户直连制造）的缩写，是一种新型的工业互联网电子商务的商业模式，又被称为"短路经济"。该模式由必要商城创始人毕胜提出并率先实践。

广，还可以吸引到更多新用户。增加的消费者也在吸引更多商家入驻平台。因此在社群营销中，拼多多不仅能和消费者建立稳定关系，还能和供应商、经销商及其他利益相关者建立牢固的伙伴关系，形成一种价值共创的商业模式。

9.2.2.2 社交拼团模式

拼多多在购物方式上，有单独购买、参与拼单和发起拼单三种模式，用户可以在挑选商品时直观地看到单独购买和拼单购买两种模式下的商品差价。若选择发起拼单方式，用户需首先下单支付费用，随后系统会告知需组团人数，用户需在 24 小时内以分享链接至微信等方式邀请亲朋好友一同购买；若未成功邀请，可与陌生人一同拼团，拼团成功即可等待收货。若未拼团成功，则系统返还已交金额。若选择参与拼单，则可直接加入他人发起的拼团中，组团成功后即可等待收货。

拼多多将社交与购物相融合，结合大数据和算法，将"人找货"的常规网上购物模式转换为"货找人"模式，从而创新了购物模式，重新塑造了用户的购物体验。通过"社交+电商"的营销模式。拼多多把每一个参与团购的用户都变成了一个流量节点。这些用户大部分都有很多好友，都可以作为一个流量节点。

9.2.2.3 多多买菜社区团购

社区团购是借助微信朋友圈、第三方软件等平台，以社区群体组织的共同消费为出发点，依赖供应链管理的 C2M 或 C2B 模式下生活化、本地化、现实化的一站式闭环交易，属于社群经济商业模式，是销售渠道的创新形式在电子商务上的应用。相比以往的团购模式，社区团购具有"两低、两高、两依靠"的特点，即获客成本低、物流成本低，信息化程度高、用户黏性高，依靠供应链管理、依靠网络平台。

多多买菜是由拼多多平台推出的社区团购业务，是依托于拼多多成熟的供应链管理的 C2M 渠道创新之作。在微信小程序数月的内测与市场试水后，多多买菜于 2020 年 8 月登入官方软件应用平台，主打销售新鲜果蔬、肉禽粮油等以"一日三餐"为主的生活必需品。

9.2.3 低价营销

9.2.3.1 低价营销策略

低价营销指借助低价的策略吸引消费者的眼球，从而提高市场占有率。据相关数据显示，中国有 10 亿左右的人在三线及以下城市与农村居住，这些人群的消费需求往往被大城市消费者的需求所掩盖，但是三线城市及以下的消费者的购买力仍然不容小觑。正因为如此，拼多多选择了三四线城市与农村地区的消费群体作为目标客户，主张低价营销。

拼多多的低价营销模式建立在对产品价格的把控之上。拼多多的商家入驻门槛较低，但平台依然存在一套严格的规则。例如，必须对产品进行包邮，价格必须比其他平台低等。

9.2.3.2 百亿补贴

拼多多需要吸引高端品牌入驻，其推出的"百亿补贴"旨在以大牌低价的方式与淘宝、京东等电商巨头争夺高端消费人群。初入市场时，拼多多着眼于低端市场，价格较为低廉，而部分商家为提高利润售卖劣质商品，导致消费者反映货不对板，拼多多一度被嘲为"并夕夕"。长此以往，拼多多将损失消费能力更为突出的中高端消费群体，不利于拼多多的可持续性发展。因此，拼多多在维持原来拼团交易模式的基础上，通过品牌提升、透明工厂和数字化反向定制等行动进行延续性创新，打破了用户只敢在拼多多上购买低价物品的局面。

9.2.4 裂变式营销

9.2.4.1 裂变式营销

拼多多利用个体用户的社交网络体系可以使用户呈指数型快速增长，获取巨大的流量。因此用户裂变需要企业提高重视并予以完善。拼多多的拼团模式就是用户裂变的一种，老用户可以带动新用户的增长。此外，还有助力裂变、邀请裂变等玩法。助力裂变即通过微信将信息分享给好友，让好友完成一定的操作任务，帮助自己获得收益与好处，拼多多的砍价活动便以这种模式演化而来。邀请裂变则是让老用户邀请好友成为新用户，新老用户双方获益。裂变的方法五花八门。

在社群经济影响下，基于人脉的营销体系呈现病毒式传播，拼多多正是利用了这一特性，使用户扮演双重角色，既是消费者也是推广者，基于人脉，扩散商品信息。依靠裂变式引流，扩大平台的宣传力度。

9.2.4.2 砍价免费拿

对于很多消费者尤其是下沉市场的消费者来说，免费具有不可抵抗的诱惑。原本 10 元的商品免费提供给客户比直接提供给客户 20 元代金券带来的效益高得多。拼多多用类似"免费领回家"等内容的信息充分博得用户眼球，激起用户参与的欲望。拼多多"砍价免费拿"设置了明确的任务规定，用户只需按照规则完成任务就能获得被许诺的商品，增强用户对免费拿商品可实现性的认可。"砍价免费拿"的模式新颖，以引流量为主要目的，实现了"双赢"。拼多多的商品价格一般低于其他电商平台，且包邮。商家在进驻"砍价免费拿"项目的时候，考虑的首先是引流，通过设置高于商品几倍甚至十几倍的价格在规定的时间内进行砍价，直到砍到 0 元才能拿到商品，如果到规定的时间没有砍到 0 元，则砍价失败。在转发链接的过程中，平台轻松增加了关注度和流量。

9.2.4.3 拉新赢现金奖励

老客户是形成口碑的主力军，让这些主力军进行拉新推广，是拼多多电商平台的特有模式。拼多多软件中设有"分享好友提现红包"活动，当消费者将链接分享给一定数量的好友且赢得好友点击助力后，即可获得平台奖励金。该模式主要利用了消费者的获利心理，引导消费者持续付出时间和精力、运用社交资源，其本质为消费者与自身心理的博弈。

9.2.4.4 营销模式弊端

拼多多采用免费领商品、天天领现金等病毒营销手段，需要用户把有关链接不断分享给自己的好友或社交群中，邀请好友或社群成员参与其中给自己助力。转发过程中，通常会出现博人眼球的"商品免费拿""800 元拼多多手气最佳红包"等字眼。但是，当用户在实际操作后，会发现实际与文字描述不符，产生被欺骗的感觉。而且，个人庞大的社交网络会让同一个用户可能每天都会收到不同分享者的分享。长此以往，自己的社交工具被诸如此类的链接充斥着，不免会对平台产生厌烦和社交工具的不满，进而引发用户的信任危机。过度消费用户的好感，会降低平台在用户心中建立的信任感和信誉。

📝 课后作业

1. 拼多多不同营销模式的特点是什么？
2. 举例说明品牌在拼多多的成功营销案例。
3. 请站在营销人员的角度，选择自己感兴趣的品牌，为拼多多写一份季度策划案。

9.3 京东

京东创始于 1998 年，发展至今，京东旗下已设有京东商城、京东金融、拍拍网、京东智能、O2O（Online to Offline，指将线下商务机会与互联网结合）及海外事业等领域，在全国大部分地区提供物流配送服务。当前京东商城是中国 B2C 市场最大的 3C 网购平台，其定位是中国最大的电脑数码以及家用电器网上购物商城。相对于同类的商城，京东商城商品种类更加丰富，并且具有较强的价格竞争力，物流配送体系十分完善，已经占据了较大的市场空间。

9.3.1 京东用户增长方法论

京东 GOAL 方法论是京东以用户精细化运营为理念，利用自身数据优势和平台资源，打造的一套从数据分析、运营策略、到落地实施的品牌用户增长运营方法论，旨在帮助品牌更高效地实现用户增长。字母 GOAL 分别对应的是：Targeting Group、Osmosis、Advancing 以及 Loyalty 四个词组。京东 GOAL 方法论通过用户精准定位、4A 价值流转优化、用户高价值识别、海量数据标签化、用户分层运营、用户价值贯通、会员沉淀等实践验证，探索出品牌成长三维模型下更具实操性的营销方法论。

9.3.1.1 京东 GOAL 方法论实施步骤

京东 GOAL 方法论实施起来分为四个步骤。

① Targeting Group（靶向人群），即根据京东数亿实名用户的自然属性、社会属性、用户消费行为习惯数据，将人群科学聚类分析形成十大靶群，如都市家庭、小镇中产、都市 Z 世代等。这个划分旨在让品牌找到自己在京东平台运营发力的核心人群，有效"识别核心战场"。

② Osmosis（渗透率增长），指品牌渗透率和转化率的提升，即从数量和质量出发，衡量用户运营的健康度。在这个部分，品牌可结合数坊进行多触点布局，针对靶向人群在公私域高效提升渗透率和用户平均收入（Average Revenue Per User，简称 ARPU），扩大品牌"4A"消费者资产。"4A"资产是指对类目、品牌或库存（Stock Keeping Unit，简称 SKU）维度保持认知（Aware）、吸引（Appeal）、行动（Action）、拥护（Advocate）的 4 个状态人群，是京东进行用户精细化运营的基本概念，代表的是品牌和消费者之间的关系。

③ Advancing（价值增长），即在品牌用户中瞄准目标靶向人群，结合京东的数据算法能力，识别用户中长期价值，并通过持续运营对其加以提升。

④ Loyalty（忠诚增长），即致力于提升用户对品牌的忠诚度，搭建由高价值用户构成的私域品牌会员池。整合用户运营的工具和资源，促进会员高效招募和加深关系。

9.3.1.2 京东 GOAL 方法论适用场景——以伊利植选为案例

（1）伊利植选项目背景介绍

如今健康成为食品领域的典型标签植物蛋白饮料的强劲趋势。伊利作为国内乳企巨头，开始进军植物蛋白领域，推出植物营养品牌伊利植选，重点打造植选无糖纯植物基领导品牌。

但作为一个新品类，品牌用户资产尚小，精准挖掘核心价值人群难度较大。

（2）策略

在京东 GOAL 方法论中，京东根据全站用户特征聚类，形成十大靶向目标人群，品牌通过研究各个靶群购买结构分布、靶群购买增速、靶群购买渗透率等指标，结合品牌自己用户靶群分布情况和品牌策略，科学精准地选定品牌自己的核心用户群体，帮助品牌了解"谁买我"，为进一步精准获客和用户运营奠定基础。

（3）方法论应用

伊利植选的消费群体主要集中在都市家庭、小镇家庭、都市和小镇中产人群，结合品牌策略和品类特征，叠加了轻食代餐、运动营养、减肥塑身等相关类目标签。基于人群显著属性和兴趣偏好分析后再次叠加健身、爱好咖啡、烘焙、零食、爱下厨等细分标签特征，进一步形成细化靶群标签。经过实践和验证，最终形成植选的三大主力核心人群（健身人群、精英白领、精致妈妈）和机会拓展人群（学生一族）。

（4）效果

京东 GOAL 方法论应用期间，伊利植选产品成交人数环比增幅 165%，且新客成本下降 55%；老客回购提升显著，提升了 232%；"4A" 用户资产增长 25%。伊利植选品牌核心用户占比提升明显。

9.3.2 店铺运营策略

9.3.2.1 数据罗盘：店铺战术指南

（1）数据罗盘介绍

数据罗盘是京东店铺的营销战术工具，为商家提供店铺全方位的数据服务，包含店铺分析、行业数据和京东实验室三大板块，涵盖了 20 余项主题分析。维度包含流量分析、销售分析、广告分析、仓储分析、配送分析、售后分析、行业分析等，时间跨度从分钟、小时、天、周一直到月。数据罗盘模块内容如下。

（1）经营报告

营销概况中展现了店铺的一些基本流量数据和销售数据，分为日报、周报、月报。通过查看此功能页面，商家能够了解到每一天、每一时段店铺整体的经营情况，同时根据趋势图做出分析与预测。

（2）销售分析

商品统计排行提供热销排行前 15 位的商品销售数据。点击进入商品统计排行页面，商家可以了解到浏览量、下单量、下单金额等各项经营业务指标。

（3）流量分析

商家可点击菜单按钮选择流量概况、流量来源分析、流量来源趋势分析、访问频次分布四个子模块，其分别反映了商家的总体流量情况、站内及站外来源分布情况、各种来源的趋势及访问频次的分布情况。

（4）广告分析

广告分析指快速查询按钮提供本周、上周、本月、上月的快速查询功能。同时，商家可以直接选择具体日期、周或月份进行查看。

（5）客户分析

商家可以通过选择具体月份进行查询。客户规模分析图不仅展示所选当月的各级用户规模，而且提供所选月份前一月数据对比查考。会员类型划分为：注册，铁牌，铜牌，银牌，金牌，钻石，双钻，企业，三钻，四钻，五钻。

（6）仓储分析

商家可以按月份查看库存简报，快速查看本月及上月的数据。库存简报概况，包含详细的库存统计数据，不光包括基本指标数据，还会呈现周转天数、商品周转次数、商品动销率这些衍生指标，让商家充分了解库存的运转状况。

（7）来源分析

该功能主要统计站内的店铺来源，方便商家查看不同流量来源的入店次数变化曲线，寻找流量来源薄弱渠道，做好相应的推广工作，有助于店铺浏览的增长。

（8）关键词分析

关键词成交 Top100 分析表，为商家列出搜索次数 Top100 的关键词的各项统计信息。除搜索次数是全站统计之外，提交笔数、提交金额、转化率都是店铺的相关信息。

9.3.2.2 关联营销：提升销量必备

（1）关联营销

关联营销是指一个商品页面同时放了其他同类、同品牌可搭配的有一定关联性的商品。也可以从商品属性等所要营销的方面寻找关联性，实现深层次的多面引导。其目的在于让客户买更多以及让更多客户购买。

案例 9-1 兰蔻"双十一"促销

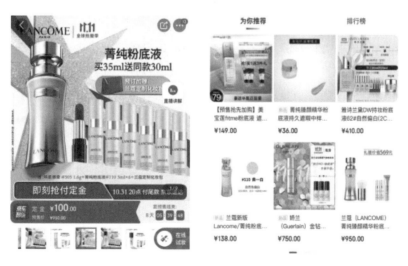

图 9-3-1　2021 兰蔻"双十一"促销

图 9-3-1 为 2021 年兰蔻"双十一"大促活动期间推出的一款粉底液产品。商家就做了关联营销，第二张图是展示粉底液品类中其他产品的页面。用户在搜索第一款产品时，如若没有对产品产生购买意愿，便会遵循"为你推荐"功能的引导，查看同一品类的其他产品，帮助用户完成购买决策。

（2）会员营销：会员管理系统

京东会员关系管理系统提供数据分析，具有三大功能，分别为智能分析、营销活动和会员体系。

——智能分析

在店铺运营过程中，品牌需要对会员的生命周期进行管理，了解新老会员对店铺销售额的贡献占比，评估会员的忠诚度，评估对会员使用促销手段的效果，从而提升店铺转化率。

——营销活动

商家可以借助此功能，通过良好的活动策划，利用优惠券发放提升自己的销售额做到精准的定向营销。其步骤主要为：活动创建、选择营销活动的会员对象、确定营销活动方式与内容、发放优惠券。

——会员体系

会员体系的建立会员是为了划分会员级别，针对不同级别的会员做有针对性的营销活动。这个板块中包括四项功能：会员等级、会员标签、会员查看和会员模型。

9.3.3 京东直播

京东直播是京东商城重点打造的引流入口，通过 APP 首页进入京东直播界面，主要包括精选、优选好价、品牌好店、达人精选、同城五方面的内容。商家要想通过京东直播引流，首先需要在商家后台的京东达人平台上申请成为达人，再申请直播权限。获得直播权限后即可选择直播方式进行预约。确定好预约时间和内容后，商家即可创建直播。创建直播有两种方法：一种是通过达人平台创建；另一种是通过商家后台路径创建，即商家后台→内容营销→营销工具→京东直播。

京东直播在达人培养方面选择差异化方法，采取培育垂直性专业主播，差异塑造高品质直播的策略，不以流量为唯一考量，关注主播的领域专业性。通过大力培育、引进各垂直领域主播，京东直播打造高内容质量的直播，在带货的同时帮助品牌商传递品牌价值。

案例 9-2 "王自如直播华为发布会新品"

2020 年 4 月，科技大 V 王自如在京东直播华为发布会的首秀中，全面地展现数码产品特征，精确抓住产品卖点和亮点，直击消费受众的痛点和痒点，其专业讲解在带货的同时也华为新品进行内容营销，直播的商业价值具有长尾效应。最终，王自如的京东直播间峰值在线人数突破 340 万，除互动抽奖无额外折扣情况下，其单场带货 GMV 实现破亿的成绩。

📝 课后作业

1. 京东平台的用户增长策略是什么？

2. 选择你熟悉的品牌，为品牌策划一次京东直播，包括直播的前期准备、直播中的话术与流程安排以及后期的数据分析等。

9.4 电商化的社交媒体平台——抖音、小红书、哔哩哔哩

9.4.1 抖音

9.4.1.1 抖音电商模式

抖音直播带货模式指的是以电商企业销售的产品为创作对象，通过拍摄创意短视频及线上真人视频直播，经过相应的运营手段结合抖音的电商功能，吸引抖音公域流量的个人用户对产品产生兴趣，进而发生购买行为并转化为私域客户流量的一种模式。2021年，约260万电商达人在抖音电商经营事业，超过860个商家累计GMV破亿，品牌或商户店播场次超566万场，电商相关的月均短视频发布量1.8亿，月均直播场观众数量498亿+，月均内容互动量1382亿+，用户累计购买商品件数117亿+。

9.4.1.2 抖音电商功能

（1）抖音商品橱窗

抖音商品橱窗是2018年抖音平台上线的电商功能，当用户在抖音平台累计发布十条短视频作品并拥有1000个粉丝后，便可向平台申请开通抖音商品橱窗功能。从2020年10月9起，第三方来源的商品将不再支持进入抖音直播间购物车，其目的是进一步保护抖音平台利益，加强直播带货管控。

（2）抖音小店

抖音小店是2019年抖音橱窗的功能升级，是抖音平台自主开发的内部电商店铺，适合不想使用淘宝、京东等第三方电商平台或者没有第三方电商平台的用户。最初，开通抖音小店需先开通抖音橱窗、资质齐全且必须拥有30万的粉丝量，但从2019年11月1日开始取消了30万粉丝的硬性要求。抖音小店的入口与抖音橱窗共用，不同的是用户在小店内选择商品后不会跳转到第三方电商平台，而是在抖音平台内部就可下单购买并进行订单状态查询。

（3）抖音视频购物车

抖音视频购物车是抖音平台在抖音橱窗及抖音小店上拓展出的辅助性功能，通过抖音视频购物车，用户可以将视频同款产品的购买链接直接挂置在视频页面。在观看视频后，如果对产品感兴趣，就可在视频页面通过购买链接直接跳转到产品的购买页面。

（4）抖音小程序

抖音平台在推出抖音橱窗及抖音小店后，又在2019年下半年推出了抖音小程序，抖音小程序比抖音橱窗和抖音小店的功能更加丰富，给予用户的操作权利也更大。开通抖音小程序的用户可以在小程序内发布商品进行销售。同时，抖音小程序的资金回款账期短，相对每月15日和30日回款的抖音橱窗和抖音小店来说，在抖音小程序上经营的资金压力较小。

（5）DOU+推广

DOU+是抖音官方基于抖音平台优质的用户流量，专门为用户提供的一种推广工具，通过DOU+可以更加高效地增加短视频的播放量及互动率，获得更大范围的作品推广，提高人气，提升内容的曝光效果和热度，辅助抖音运营者更好地运营抖音号，更加精准地寻找及转

化公域流量。

（6）鲁班电商

鲁班电商是由抖音平台的母公司字节跳动为广告主量身定做的一站式电商营销工具，是基于内容营销的二类电商平台。电商企业可以通过短视频或 H5 页面的形式将产品投放在抖音、今日头条、西瓜视频等字节跳动旗下的任一社交娱乐平台，扩大商品的销售渠道。

9.4.1.3 抖音电商模式

（1）DOU+推广带货模式

DOU+推广模式是使用已经开通视频购物车功能的抖音号结合 DOU+进行投放，通过 DOU+可以利用抖音巨大的流量把视频购物车推广给更多潜在的用户；再通过加强视频的展示效果、评论区的引导等形式来完成购物车的转化，从而打造爆款产品。具体操作为：将带有购买链接的创意推广视频上传到具有抖音购物车功能的抖音号，在进行视频引导评论等操作之后进行 DOU+投放，投放的同时进行 ROI（投资回报率）的计算：ROI=［（收入－成本）/投入］*100%。只要 ROI 值保持并大于 1：1.2，也就是说投放 100 的成本如果能获得 120 的佣金回报，就可持续进行 DOU+的投放，如果 ROI 值低于 1：1.2 就放弃投放。

例如，裤子的单价是每条 100 元，成本占 60%，利润占 40%，每销售一条裤子可以得到 40 元利润。在进行裤子推广视频的上传后，投入 100 元人民币进行 DOU+推广，销售出一条裤子时，此时 ROI=［（100－160）/100］×100%=-60%，ROI 是 1：（－0.6）。如果要达到 1：1.2，设裤子销售的数量是 X，则 120%=［（100X－60X-100）/100］×100%，解出 X=5.5，即销售 6 条裤子就能赚取佣金回报，而 100 元 DOU+可以换来 2500 至 10 000 的播放量。据有关数据统计，DOU+转化率在 0.3%~0.5%，按最低 0.3%计算，如果流量为 2500，那么投放 100 元可转化下单 7.5 条裤子。如果流量达 10 000，那么可转化下单 30 条裤子。实际上每个播放量都有可能成交一条裤子。因此，DOU+方式经常被用来进行爆款产品的推广。

（2）抖音 IP 模式

抖音 IP 模式是由达人构成的带货模式，通过短视频等形式塑造 KOL 的人格化定位，树立账号的达人形象，然后再打造账号的独特性和辨识度，最后再去进行账号所属定位的相关产品的电商转化。因为 IP 具有精准的垂直受众，在产品推广上，不但能更好地涵盖有效人群，而且能进一步加强消费者黏性，故该模式备受各大品牌商青睐，也是抖音平台主推的模式。

（3）企业商家自建抖音矩阵推广模式

企业商家抖音矩阵推广模式是指企业商家通过一个运营主体创建或联动多个抖音账号，利用相互引流的形式连带各账号进行运营，以获取抖音平台最大限度的自然流量，从而实现营销价值效果的最大化。目前，抖音上比较常见的矩阵方式有以下两种。

——团队矩阵

团队矩阵的建立，首先由团队成员全部参与主账号的运营建设之中，打造出一个抖音团队主账号 IP；然后在主账号具有一定的粉丝体量之后，分裂出团队每个成员的个人账号，而主账号通过参演、转发等形式与团队其他账号进行互动，从而进行导流，最终达到矩阵建设的目的。如带有"金大班"店铺名称的抖音号超过 50 个，其他典型的矩阵账号还有 6 度服饰、夏天家女装等。

——抖音 IP 内容细分矩阵

成功的抖音账号 IP 并非团体账号，而是具有较强个人属性的个人 IP。这些 IP 会从内容上建立更加细分的小号，通过在签名区或评论区与小号互动的方式为小号导流，从而建立抖音矩阵。例如，抖音用户"柚子 cici 酱"是剧情类美妆账号，塑造成功后，则从视频内容细分出了种草带货账号"柚子买了吗"。这些账号中虽然主播都是同一个人，但账号类型完全不同。

（4）鲁班电商模式

鲁班电商主要针对缺少电商经验、短视频创作能力较低、没有流量、抖音运营能力较弱的企业或者工厂。通过鲁班电商，商家可以迅速创建鲁班小店，然后将鲁班小店以短视频或者 H5 页面的形式在抖音中投放广告进行销售。鲁班电商作为官方的电商工具，具有流量大、客户多、商品起量快等特点。但当前鲁班电商不支持主动开通，需要卖家与抖音官方进行开通。

9.4.1.4 抖音电商发展趋势

（1）品牌自播成为基本盘，专注打造主播形象

带货明星是各自平台的当家主播，是品牌方追求的王牌导购，是消费者信赖的超级 IP。他们在这股浪潮中实现个人跃迁，也与平台相互成就。而直播电商的另一个分支——品牌自播也在长大，不依赖头部主播的强带货效应，更看重品牌店铺的日常直播运营，变得更加常态化与自主可控，提供了关于直播带货的另一个思路。自播已经成了品牌布局抖音电商的新基建。尤其是 2021 年入局抖音电商的品牌，大多数都会以品牌自播为起点，通过常态化的运营节奏，成为品牌销量增长的重要渠道。拥有与品牌调性相符的主播将化身为塑造品牌力的利器。

（2）借势平台节点 IP，拉动销量和声量增长

造节是平台的重磅武器，也是品牌的东风。2021 年抖音电商平台活动丰富，几乎每间隔两个月都有一次的大促节点，如"8·18"、年货节、"双十一"大促等，不断吸纳品牌加入（见图 9-4-1）。还有品牌自播巅峰赛、抖音超品日、抖音新锐发布等各种营销 IP，持续促活平台流量。

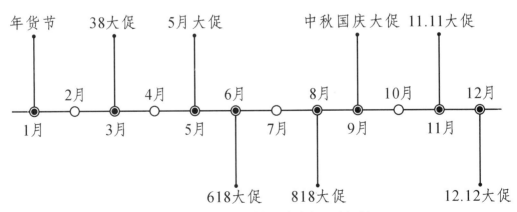

图 9-4-1　2021 年抖音电商大促活动规划

（3）构建强交互、高信任内容

抖音短视频平台用户喜爱模仿与复制，这意味着批量化生产具有话题点、互动性、可调动用户兴趣的短视频内容，是品牌在抖音电商的必修课。短视频种草，是品牌内容的输出，同时通过收获消费者对内容的反馈，也在产品力和品牌力上实现了反哺。

在内容方面，品牌可以从直播画面、话术、内容三个方面入手提升。直播画面优化因素包括真人出镜、画质清晰度、声音音质、灯光光线、背景画面等。例如，注重内容运营的华为商城官方直播间，便常常通过背景墙调整、双高清镜头切换等方式，给消费者输出更为精准的信息，展现出更具视觉效果的商品近景画面。

直播话术方面，主动引导用户互动可采用主动提问、福利引导、贴图标注、热点话题、观众连麦等方式。另外，直播内容是衡量直播内容优质程度的重要标准之一，适用人群和场景讲解、合理的优惠福利、产品试用演示等均为影响用户购买兴趣的主要要素。

（4）打造达人矩阵

抖音电商生态内，达人矩阵带货的商业变现能力正在被放大，甚至已经成为品牌在抖音电商进行日销经营，特别是打爆单品的一条重要赛道。直播和短视频，是达人矩阵合作中最常见的两种形式。不同的链路设置，可以为品牌带来破圈、引流等不同的价值。

比如生活方式品牌 PWU 朴物大美，一方面和抖音达人建立了视频和直播合作的关系，打通多个圈层为品牌创造直接的销量。另一方面，该品牌还合作了很多垂直领域博主，借用达人的内容产出，制作品牌侧的内容传播，将用户引流到品牌的直播间，沉淀为品牌的用户。PWU 朴物大美的达人矩阵思路总结起来便是——通过达人直播与短视频种草两大杠杆，传递将产品的特点和用户的生活场景相结合的内容，宣扬产品卖点的同时传递品牌差异性，将达人兴趣标签下的粉丝转化为品牌自身的用户。

9.4.2 小红书

小红书是一款以移动端为主要端口的内容电商 App。自 2013 年成立以来，从最初的跨境购物攻略工具书转型成为社交电商，小红书始终重视社区属性的建设与强化，以人与人的互动作为平台核心，探索出了一种独特且成功的"内容+电商"运营模式。2013 年 12 月，小红书以海外购物攻略为切入点，致力于建立一个分享境外购物经验笔记和攻略的 UGC（User Generated Content，用户生产内容）社区。在这一阶段，小红书主要围绕社区建设展开，重视跨境购物领域 KOL 的培养。在这一时段内社区沉淀了大量优质内容，获得了第一批真实跨境购物需求的用户，为下一步电商探索和社区边界拓展打下了基础。

经过对商业模式的摸索，小红书找到了自己的定位：社交内容电商平台。逐渐从海淘攻略社区渐渐转型成为生活方式分享平台，社交属性更加强化。以 UGC 内容切入进行社交流量的消费场景导流，同时借助大数据和机器学习实现智能内容分发，通过个性化推荐提升转化率，电商品牌也从海外逐渐拓展到海外+本土。

9.4.2.1 小红书内容运营策略

（1）优质内容来源

优质的内容主要源于多元化用户的原创生产内容。小红书平台的内容来源主要分为：

UGC、PGC（Professional Generated Content，专家生产内容）、以明星与达人为代表的 PUGC（Professional User Generated Content，即"专业用户生产内容"或"专家生产内容"）。

——UGC

UGC 是小红书的主要内容来源，这部分的内容生产占比最大。相较于特设内容生产部门制作内容，小红书采取的是调动用户积极性，利用用户的表达欲来生产内容，是一种用户参与内容生产的方式，节约了平台运营成本，却保证了平台内容池的贡献度。用户作为内容生产者的独特之处在于其内容生产自由度高，且其个人账号有对应的现实身份。

为了激励用户生产优质原创内容，小红书在搜索框、热门搜索等版块设置话题推荐，吸引用户进入话题浏览与生产内容。此外，小红书官方定时发布相关的内容生产指导笔记，以引导用户更为合理地完成内容生产。

——PGC

小红书官方账号是平台自行设置、独立运营的内容生产主体。官方账号背靠小红书平台，独立于用户和品牌之外，加上官方运营的性质，专注于生产较为专业、垂直的原创内容。

为了向用户和品牌方提供更优质的内容服务，提高内容生产者的积极性，小红书开通了越来越多的垂直账号，通过内容生产与社区用户、入驻品牌进行互动。截至 2021 年 12 月，小红书官方账号共设有 70 个，均属于 PGC 中的头部账号，在小红书平台有着极强的号召力和传播力。从命名方式可以看出，官方账号高度垂直化，几乎涵盖社区各个内容领域，其内容也高度垂直化。美妆薯以美妆、护肤为选题进行内容生产，视频薯挖掘有用、有趣的短视频，薯管家则主要发布与生产社区管理相关的内容。每个官方账号都在其领域内容发挥着引流、拉动销售、传播和推广作用。

——PUGC

专业用户主要分为 3 类：当红艺人、网络红人、行业达人。其中，小红书官方培养的行业达人通常是小红书的重度用户，专门为小红书生产大量优质内容。另外，小红书利用公众人物影响力作为背书，同样收获了一大批粉丝用户。

相较于普通用户，以上 KOL 用户坐拥庞大的粉丝量，从成为内容生产者一开始就拥有一定的关注度和影响力，其生产的内容能够在第一时间送达其他用户，收获超高的点赞量、收藏量、评论量，内容传播效力强，是普通用户难以比拟的。就内容质量而言，KOL 生产的内容配图精美、视频高清，文字表达清晰，可看性极强，往往成为其他用户内容模仿的参考对象。除了吸引粉丝属性的用户外，也能够吸引非粉丝用户的驻足。可见，KOL 发挥着调动社区积极性的作用，同时引领内容生产方向，也通过高质量的内容产出提升普通用户的内容审美，焕发出小红书内容生产的活力。

（2）内容选题

小红书的内容选题主要来自两个方面：一是围绕小红书的推荐话题进行筛选，通过关键词裂变常规选题；二是寻求热点话题。

——常规选题

常规性话题是指与目标用户息息相关的话题，以小红书的核心内容向外扩散而来，涉及用户生活的方方面面。从 2019 年开始，小红书经过数个版本的内测调整，结合用户与内容数据分析，对话题设置进行了完善。小红书平台的话题进一步精简为：推荐、美食、彩妆、旅行、萌宠、穿搭、摄影、影视、情感、护肤、音乐、科技数码、职场、家居等，其垂直细分更加精准。

——热门话题

相较于常规话题，热门话题具有时效性，能够在短时间内集中用户的注意力，为用户内容生产提供选题参考，调动内容生产积极性。热门话题主要由官方账号发起，它往往和大众熟知的各类节日、关注度高的社会大事、与经营相关的内部活动相联系，如周末看电影、正在看的综艺、一秒入冬穿什么等。官方账号将这类话题用于自身内容选题中，发挥话题设置功能，引导用户浏览并鼓励其生产此类话题的内容。与常规性话题一样，热门话题也存在裂变，在"周末看电影"话题下，又会出现适合女性观看的电影、豆瓣高分电影、推荐一部好电影等，极大地丰富了内容生产选题，使得内容生产者不仅可以紧跟热点，又能够发挥内容生产的能动性。当越来越多的内容聚集于热门话题下，就产生了小红书热门内容，进而成为内容生产者无法忽视的选题方向，具有极强的选题参考性。

（3）关键词排名优化

——确保笔记互动量与图片质量

笔记互动量对推广笔记的排名具有很大的帮助。首先，品牌需要明白小红书关键词排名的原理。小红书的优化排名离不开关键词，也更需要社群用户的反馈。小红书通过主打社区电商，以互动来促进活跃度，这种模式决定了创作内容获得的收藏、点赞、评论的数量以及排名。而笔记的反馈源于内容自身的质量，小红书笔记往往以封面即图片吸引用户眼球，故图片的质量尤为重要。首先图片要确保高清，创作者应当选择适合的软件调整美颜和滤镜。其次，拍摄静态照片背景不要过于花哨、复杂；有关美妆、护肤的笔记内容，应当注重打光，凸显皮肤肌理；对图片风格的把握离不开对小红书热点笔记的观察，要求创作者及时了解当下用户的喜好。

——重视小红书账号等级，增加权重

小红书的等级系统根据"小红薯"的卡通形象进行设置，体现了平台的激励体系，符合小红书平台用户年轻化的风格。用户想要达到某个等级，便要满足特殊的要求，不同等级的"小红薯"拥有着不同的特权：获得个性化水印，让笔记有专属自己的印记；拥有"小红薯"表情包，在编辑文字的时候选择更多元化的表情。

小红书账号的权重由 5 个主要的关键点来控制，分别为原创度、垂直度、内容质量、账号活跃度、账号等级。系统将根据以上权重元素对小红书账号进行打分与排名。

9.4.2.2　小红书商城运营

在小红书的商城页面可以看到几大功能模块：签到，搜索，订单，福利社（自营）以及主要商品分类（护肤、个护、彩妆、食品、母婴等）。与传统电商不同的是，小红书还加入了种草数量的排序。商品渠道不光由小红书自营，也有第三方商家。点击自营商品会自动跳转至福利社显示该商品信息。同理，点击第三方商家会跳转至第三方商家的店铺进行商品展示。

受限于导购平台内容种草的商业模式，小红书商城经营情况并不理想，用户大多出于搜索目的，而非购买目的的使用平台。到 2022 年 1 月，小红书月活跃用户已经突破 2 亿人，其中 50% 以上分布在一二线城市，覆盖了大量主力消费人群，其社交电商模式依旧有较大发展空间。

9.4.3 哔哩哔哩

创建于 2009 年 6 月的哔哩哔哩网站（以下简称 B 站）隶属于上海幻电信息科技有限公司，经过十多年的发展，已成长为年轻人高度聚集、涵盖 7000 多个兴趣圈层的文化社区和视频平台。截至 2022 年第一季度，B 站月均活跃用户同比增长 31%，达 2.94 亿；移动端月均活跃用户同比增长 33%，达 2.76 亿。社区优质内容的扩充和全品类、全场景内容生态的打造，推动 B 站日均活跃用户数量达到 7940 万，同比增长 32%。

9.4.3.1 B 站内容生态体系

B 站内容生产主要通过两种途径，即 PUGV（Professional User Generated Video，专业用户生产视频）和 OGV（Occupationally Generated Video，机构生成视频）。

PUGV 是 B 站内容生态体系的中心。2021 年三季度，B 站专业用户生成视频内容播放量占平台总播放量的 93%，月均活跃内容制作者数量达 270 万，同比增长 61%。月均视频投稿量突破 10 万件，同比增长 80%（见图 9-4-2）。B 站独特的弹幕文化、和谐的创作空间、高效的流量分配机制，持续激励 UP 主创作或分享有创意、高质量的视频内容，从而吸引、聚集更多的用户观看，用户通过点赞、投币、收藏（一键三连）的方式表达对 UP 主的支持。用户的反馈和交流成为 B 站平台内容评价的重要一环，高效的反馈和激励淘汰机制，又促进 B 站持续推出更高质量、更受用户喜爱的视频内容，从而使得 B 站更能够读懂用户需求，在良性循环中提高用户满意度。

OGV 是 B 站内容生态体系的重要补充，包括电影、电视剧、动画、纪录片等，与 PUGV 互为补充。B 站的弹幕社区生态，一方面可以加深 OGV 创作者对用户的理解；另一方面可为 PUGV 创作者提供丰富的创作素材，将更多的 PUGV 创作者孵化成长为 OGV 创作者。

图 9-4-2　B 站分区内容生态变化

B 站选择动漫这一利基市场作为开发 OGV 内容的突破口，加大对国产动漫作品的支持力度，成为国内最大的动漫播放平台。动漫作品背后真实的历史事件引发了观众的强烈共鸣，激发了"Z 世代"对主旋律爱国作品的热情。例如从 2015 年起，B 站热播 5 季的爱国主义题材动漫作品《那年那兔那些事》，深受年轻用户青睐，用户以弹幕的方式反复刷屏。B 站还选择传统视频网站冷门品类——纪录片，作为发展 OGV 内容的第二个方向，其制作发布的《人生一串》《我在故宫修文物》等纪录片作品，以符合年轻人气质的创新方式讲故事，受到年轻人的追捧和热议。B 站发展 OGV 内容的第三个方向是影视及综艺，通过购买播放符合 B 站用户兴趣取向的经典老电影和电视剧、推出"说唱新世代"等热门综艺、与电影公司合作推出"青年导演扶持计划"等方式，布局影视内容领域，持续拓展内容版图，丰富用户体验，增强用户黏性。

9.4.3.2 B 站的运营模式

（1）视频投稿

——充电计划

充电计划是 B 站官方的主要活动之一，也是 B 站 UP 主获得收入的最主要途径。观众通过自发的充电行为"应援"自己喜爱的 UP 主，可以提高 UP 主人气，提高 UP 主原创积极性，并在一定程度上解决 UP 主的经济来源问题。观众须付出真实货币来获得电池以向 UP 主充电，具体比例为 1 元=10 电池，单次最低可充 20 电池。UP 主每月电池收入，将会在下个月 5 号转化为贝壳。结算周期为自然月，比例为 10 电池=1 贝壳。贝壳货币同在直播区收到的金仓鼠兑换的贝壳。UP 主在绑定银行卡账户后，可在每月 6～10 日申请提现账号中的贝壳。

——激励计划

B 站创作激励计划是指 B 站推出的针对 UP 主创作的自制稿件进行综合评估并提供相应收益的系列计划。对于高质量的原创非商业推广视频作品，B 站将会通过激励计划对 UP 主给予一定的收益。具体是由稿件本身内容价值，包括内容流行度、用户喜好度和内容垂直度等多维度指数综合计算得出。但含有商业推广信息的视频不得参与创作激励计划。

（2）直播

首先是 B 站主播最主要的收益——金瓜子。观众观看直播时使用金瓜子赠送道具（目前除辣条外全部都需要金瓜子货币），主播收到使用金瓜子支付的礼物后就可获得收益，具体是金瓜子将会以一定比例转换成金仓鼠进行计算。观众通过 B 币兑换或充值这两种需要付出真实货币的渠道才能获得金瓜子。而主要通过非付费手段获得的银瓜子赠送的礼物只能为主播增长直播间积分。金仓鼠与人民币的兑换比例现为 100：1，达到 100 元以上即可提现。第二是分成佣金，它是绝大多数直播平台的一种收入来源。B 站直播平台与主播的佣金分成比例为 5：5 分，各分 50%。除此以外，部分 B 站主播（如美妆区、游戏区等）的主要收入来源为其私人网店的收入。通过在直播间内打广告的形式将粉丝直接导向自己的网店以产生利润可观的直接收入。

（3）收入来源

根据 2022 年 B 站第一季度财报，B 站网站的收入首先来源于增值服务，占比 40%，收入 20.5 亿元。其次是游戏业务收入，占比 27%，收入 13.6 亿元。再次是广告业务收入，占比 21%，收入 10.4 亿元。最后是电商及其他业务收入，占比 12%，收入 6.0 亿元。

在 2019 年之前，B 站还是以强劲的游戏业务拉动营收。从 2019 年开始，其游戏业务贡献的收入占比在逐渐下降。2020 年第四季度，B 站直播和增值业务收入首次超越游戏业务，成为 B 站第一大收入来源。增值服务主要来自直播会员收入，B 站在游戏、娱乐类内容上加大投入，"英雄联盟"全球总决赛等重要电竞赛事内容，在很大程度上拉动了直播收入增长。

而游戏业务收入占比的减少一方面显示出 B 站营收多元化取得了显著成效；另一方面，作为 B 站曾经强劲的核心业务，游戏业务还需要在新的竞争环境中找到突破点。

游戏、数码 3C、食品饮料、电商及美妆护肤五大行业广告主贡献了大部分广告收入。

从成立之初的二次元、游戏等爱好者聚集的弹幕视频网站，到现在融入音乐、科技、娱乐等元素的版块，B 站的内容越来越丰富，业务范围也更加广泛，投资制作发行动画、游戏，冠名篮球队、赞助电竞队，以及购买电竞赛事直播版权等。

9.4.3.3 B 站基于互动的内容营销

随着互联网技术和全息投影技术的发展，虚拟场景融入现实生活，二次元产业周边产品火爆。B 站的内容营销融入二次元文化元素，吸引了大批"90 后""00 后"的二次元爱好者，通过周边产品、互动、产品植入引起该群体的注意力，自觉投入宣传品牌，激发用户价值。B 站用户群体更喜欢利用论坛、朋友圈、微信群、评论区等媒介搜索商品信息，他们追求性价比，对产品的质量、外观、性能、功效等要求苛刻，对其不了解的产品，通过社交网络了解客户真实评价，无疑提高了他们的决策精准性。B 站利用客户消费行为特性，鼓励消费者进行产品使用体验、质量、外观等信息共享，通过产品的广泛传播达到内容营销的目的。

同时，B 站打造与受众社交网络输出互动的营销模式，建立起一个由 UGC 用户生成内容形式的特色功能——弹幕。由于弹幕悬浮在视频上方，用户可以一边观看一边加入讨论，让不同用户在共有的语境中体验产品。B 站用户将对视频的自我见解发布于视频网站，与其他用户实现即时互动交流，满足了用户彰显自我、表达自我的参与感。简短有力、形象鲜明、独具特色的评价内容给用户留下深刻印象，衍生了许多网络流行语。品牌的信息也通过弹幕得到了裂变式的传播，参与消费者的品牌互动，激发消费者的发布热情，满足消费者的参与感。

📝 课后作业

1. 抖音、小红书、B 站三个平台电商模式的不同之处在哪里？

2. 抖音电商的功能和模式有哪些？

3. 试分析抖音、小红书和 B 站三个平台的流量变现逻辑。

4. 针对一个品牌，选择抖音、小红书和 B 站中三个平台之一，策划一次社交媒体营销。

第 10 章

技术赋能与模式创新下的网络营销

学习目标

1. 了解人工智能、5G、元宇宙等新技术给网络营销带来的变化
2. 了解新技术在网络营销上的现实应用

我们在讨论新技术带来的改变时，绝不只是指上网速度的提升和手机功能的增加，还包括在技术赋能万物互联背景下所激发的无限潜力。可以预见，新一轮科技与产业变革正在加速上演，人工智能、5G、AR（Augmented Reality，增强现实）/VR（Virtual Reality，虚拟现实）等新技术就像一只看不见的手，将颠覆人类生活及商业经济的发展模式甚至形态。

而作为维系生产及生活运转的传送带，人与人之间的沟通和协作方式也将发生极大的改变——未来，视频协作、语音协作、内容协作、数据分享将无缝融合在一起，真正打破时间、空间、地域的界限，新的营销思路和模式也在技术的革新中酝酿。

10.1 智能营销

10.1.1 智能营销的内涵

智能营销（Intelligent Marketing），主要是以消费者无时无刻的个性化、碎片化需求为中心，满足消费者动态需求，建立在工业 4.0（移动互联网、物联网、大数据及云计算）、柔性生产与数据供应链基础上的全新营销模式，将消费者纳入企业生产营销环节，实现全面的商业整合，如 Uber、小米、库特智能/魔幻工厂等。

本书第 1 章在以往学者讨论和研究的基础上认为，智能营销是以大数据和人工智能为基础，分析和预测营销活动中隐藏的模式和发展趋势，提升企业营销的效率和效果，最终实现企业与用户之间价值共创的营销模式。下面将从智能营销的基础、特征和目的进一步阐述其内涵。

10.1.2 智能营销的基础：人工智能和大数据

10.1.2.1 人工智能和大数据在营销中的应用体现

从现阶段人工智能和大数据的发展情况来看，非结构化数据的价值被重视和挖掘，语音、图像、视频、触点等与感知相关的感知智能在快速演进，并且已经在"听、说、看"等领域达到或超越了人类水准，正在向更进一步的外部知识、逻辑推理的认知智能领域延伸。本轮人工智能技术红利将在未来一段时间内持续释放，与其他技术分支交叉融合，驱动多领域、多场景的落地应用与产业升级发展。

（1）营销策略的调查研究阶段

营销调查研究是营销活动的起点，通过提前调研企业可以了解市场占有情况、消费者意愿、目标消费群体需求等重要信息。数据技术以及人工智能技术的应用，极大地提高了企业营销活动前期的营销调研效率。

首先，人工智能营销能够实现对用户的立体洞察。一方面，人工智能可以分析更多样化的信息，如利用语音识别、人脸识别、视频结构化处理和机器学习等来衡量线上和线下购物者的情绪。另一方面，人工智能可以关联更多来源的数据并分析其中隐藏的模式。除了企业网站上用户点击和购买等直接相关的数据，人工智能还能够分析其他来源的潜在相关数据，如社交媒体平台上大量用户生成的内容，从而向营销者揭示关于用户潜在需求、偏好、情感、态度的洞察。在洞察用户的过程中获得的知识是企业产品、服务开发和创新的宝贵资源。

基于对用户的立体洞察，人工智能可以进一步预测用户的意图，更好地挖掘用户价值。如使用预测模型进行前景评估，寻找高质量的潜在用户。通过预测领先得分确定用户的购买意图。基于先进的人工智能算法，企业甚至比消费者更了解其自身的需求，能够更好地为用户提供产品和服务。例如，IBM[①]的人工智能系统 Watson 有一个语气分析器，可以理解用户的自然语言，并且能够持续学习；可以通过语气分析器洞察用户对不同方案的反应，通过推理不断调整为用户提供的产品或服务。

（2）营销策略的制定阶段

人工智能技术从全网智能抓取相关数据进行分析，并智能分析出最新热度关注点，帮助营销人员完成寻找吸引消费者的创新点环节，摆脱了以往只依赖于营销人员自身经验判断和小范围营销调研结果的限制。同时借助仿真技术、生物识别等技术，人工智能技术所创造的"人工脑"可以完成营销策略制定过程中的一部分思考工作，如创意筛选、优化等方面。

一方面，对于海量的内容，人工智能可以快速从中提取有价值的信息，提升处理效率。如应用图像识别和机器学习等技术，可以对大量素材执行自动化识别、聚合、提取、标记等操作，有效实现内容分类和标记，并检查是否存在内容编辑错误、遗漏和其他相关问题，控制内容质量。这有效地解决了人工处理能力有限的问题。有调查发现，47%的受访者在使用人工智能自动化地创建元数据、生成和附加标签，以简化内容管理和加快内容编辑。

另一方面，人工智能可以智能化创作内容，提高内容产出。如基于机器学习和自然语言理解等技术，将内容分解为基本的构成元素及模式，并利用已有的数据训练创作能力。然后

---

① International Business Machines Corporation，国际商业机器公司或万国商业机器公司。总公司在纽约州阿蒙克市。1911 年托马斯·沃森创立于美国，是全球最大的信息技术和业务解决方案公司。

根据不同用户的需求和偏好，智能提取、组合数据库中的原始素材，创作出包含文字、图像或其他创造性元素的千人千面甚至一人千面的内容。智能化的内容创作突破了以往人工创意有限的局限性，能够帮助营销人员有针对性地生成多样化的内容，提升营销效果。例如，阿里巴巴的 AI 设计师"鲁班"，通过对海量商品自动抠图和对大量设计海报的识别和学习，在 2016 年的"双十一"活动中创作了 1.7 亿张海报，在 2017 年的"双十一"活动中创作了4 亿张海报。

（3）营销策略的执行阶段

以往的营销推广活动，需要营销人员提前进行宣传媒介的选择并且派大量人员进行实地配合，受限于地点、经费等外部因素。而人工智能技术根据网络热度数据分析，自行筛选出适合企业产品宣传的网络平台，并且根据用户使用偏好数据测算出适合的营销时间点、次数等，在用户进行相关网络访问时个性化推送符合该用户需求特征的营销方案。如喜马拉雅会根据用户年龄、性别、收听历史记录等，自动推送相关收听图书资源和购买活动等。

首先，人工智能能够及时响应用户，扮演智能客服的角色。智能客服提供有形和无形两种交互形式，有形交互即用户与有形的智能机器人的互动，无形交互则是用户与在线虚拟助手的互动。基于语音识别和自然语言理解等技术，智能机器人和虚拟助手不仅能够有效接收用户所说的信息，还能通过分析句子结构、单词语义和上下文语用准确理解用户的产品咨询或售后服务等方面问题和需求，及时提供针对性解决方案。机器学习算法的加持则让智能机器人和虚拟助手拥有灵活的自主学习能力，可以在用户的提问和互动反馈中不断积累新知识，扩大理解和解决问题的范围，提升处理效率和准确率，减轻人工客服的负担。因此，智能客服能够有效降低服务成本、提高服务效率，更好地满足用户对客服响应及时性的需求。希尔顿酒店就选择了雇用机器人礼宾，来辅助酒店员工，及时为顾客提供信息，满足客人的一般需求。

其次，人工智能可以有效评估不同的投放方案，实现智能投放。人工智能具备强大的数据分析和计算处理能力，能够通过算法确定消费者的特征和需求，判断用户最可能购买或点击广告的时刻与内容，并比较上万种广告投放方案，快速判断最佳方案。并通过实时分析数据，不断评估和调整方案，自动完成广告媒介的购买和投放，最终实现高效、精准、动态的智能投放。例如，杜蕾斯采用智能的程序化购买方式，通过人群标签优化、页面关键词优化、时间优化实现精准投放，在投放中实时提升传播效果。

最后，人工智能能够实时分析用户的偏好，进行智能推荐。人工智能的应用使企业有更全面的渠道和更多样的方式获取用户的相关信息，同时基于深度学习和知识图谱等技术，推荐系统能够实时分析和更新用户偏好，有效缓解冷启动和推荐滞后的问题，从而在以往个性化推荐的基础上实现更精准有效的智能推荐。例如，小米通过智能手机、智能手环、智能家居等产品积累多维用户数据，在此基础上结合深度学习和自然语言处理等核心技术，通过关联分析建立多维标签，通过标签和算法精准识别用户的实时应用场景和需求，从而在适当的时间和场景智能推荐合适的产品与服务。

（4）营销效果的评估阶段

传统的营销活动效果评估需要事后进行监测，而人工智能技术的应用帮助企业实现了实时监测，系统自动在全网络进行相关内容的数据抓取和分析处理，并将监测效果及时反馈给营销人员，方便营销人员根据消费者反应及时修改营销方案，降低突发事件对企业营销活动的影响。

首先，人工智能和大数据的结合能够帮助企业进行实时监测评估。如利用数据挖掘和机器学习等技术，企业可以改变传统营销活动的"后测"方式，实现对数据的实时监测和反馈，并根据反馈数据主动做出应对。即时的数据反馈和机器学习的迭代优化使企业具备实时调整的动态能力，让内容创作和广告投放等活动更加精准，投资回报等指标也能得到更准确的衡量，从而帮助企业做出更明智的营销决策。例如，谷歌智能广告平台 AdSense①通过实时监测和记录广告投放过程中的各种数据，智能分析出广告与品牌、效果之间的因果关系，为广告主提供决策信息。

另外，借助人工智能可以进行异常监测，有效识别不适当或虚假的信息。如基于数据的物理属性和网络属性、用户的异常行为等信息，对虚假信息进行追踪和智能化处理，帮助企业得到更加真实的监测数据；或使用机器学习算法来分析和识别假新闻，帮助企业了解品牌是否以及如何与假新闻联系在一起，并制定有效策略，避免假新闻损害企业和品牌的声誉。

10.1.2.2 人工智能和大数据应用于智能营销的发展趋势

（1）满足用户"精准、互动、价值"的新需求

人工智能技术可以使用大数据对营销信息进行汇总、分类、筛选和分析，为企业提供精准的数据分析结果，根据不同用户的需求预测并提供个性化营销信息。在纷繁的信息、数据和营销广告面前，很多潜在用户都产生了视觉或感知疲劳，对各种各样的营销信息麻木或抗拒，对数据媒体环境和数字营销活动都有很大的阻碍。当前，消费者更加青睐于精准的信息服务、优质的购物体验、创新的营销文案以及能够正确传递感知价值的营销决策。因此，将人工智能技术应用于智慧营销活动全过程，可以满足用户"精准、互动、价值"的新需求。

（2）创新营销媒体流量变现的新期待

如何将广告流量进行变现，有效降低营销成本，是品牌营销的核心问题。根据相关专业机构的调查数据显示，58.5%的营销媒体难题体现在"广告数量与用户体验之间的矛盾"，过多的营销媒体广告加载率，或者粗暴的广告展示方式，都会影响浏览的用户对广告的接受与体验。若用户因广告数量过多而对广告营销产生抗拒情绪，使用户体验持续下降，就会导致营销媒体步入过度商业化的恶性循环。AI 技术可以帮助企业根据用户在各大搜索引擎的点击频率和次数去筛选客户，有针对性地投放媒体广告，制订有创意的营销策略和方案，提高流量变现能力。语音、视觉和机器学习等 AI 技术应用在市场营销领域，将带来更原生的广告形式，更精准的广告投放，更实时的投放优化等。

（3）挖掘营销海量数据价值，创新营销活动模式

营销的 O2O（Online To Offline，指将线下商务机会与互联网结合）模式不断发展，智能营销数据既来源于线上，也来源于线下。因此，需要分析的数据量更大、数据维度更广，如何进行同源数据汇总与分析，是智慧营销使用数据分析结果的突破点。对用户的链接点击、

---

① AdSense 是个合成词。其中 ad 是"广告"之意，sense 是"感知"之意，综合起来的意思就是相关广告。Google 通过程序来分析网站的内容，并且投放与网站内容相关的广告。Google AdSense 是由 Google 公司推出的针对网站主（简称发布商）的一个互联网广告服务。

下载应用、购物过程、消费评价、产品分享等行为数据进行交叉分析，企业可以获取到更广泛、更精准的用户动态，开展精准的营销预测。

10.1.3 本土化智能营销策略

身处信息爆炸时代的受众被纷繁复杂的各类信息所围困，同时形成了愈来愈明显的"信息茧房"效应，商品琳琅满目、产品同质化严重、注意力资源稀缺等问题都是品牌营销面临的难题。如何用富有创意又贴合用户内心需求的形式及内容抢占用户的碎片化时间、与用户进行更深层次的互动，是品牌探索前进的新动力。而智能营销不仅能运用智能化技术选择最有效的传播途径和营销方案，更主动、精准、实时地送达用户、提高营销效率，缩短营销链路与周期，而且能够将人类从重复、烦琐、低效的工作中解放出来，营造人机协作共赢的新局面。

10.1.3.1 从用户角度：基于大数据和人工智能技术的千人千面按需精准营销

大数据的核心特征即"一切皆可量化"，当然，营销活动也不例外。对用户基础信息及线上浏览信息、购买信息、行为轨迹、生活习惯等数据的挖掘、整合和分析能力，是品牌的核心资产，也是线上营销的法宝。营销创意的"大工匠"时代已经结束，针对消费者个人的"按需定制"将成为未来营销的主流趋势。

大数据和人工智能相结合，意味着一个营销方案中不再需要一个人类自认为最完整的创意，AI 通过对数据的计算编辑，可将"创意半成品"改写替换成千人千面的创意产品，再通过大数据精准匹配给相对应的人。不仅如此，通过对用户行为的精准分析，大数据还可动态预测用户在不同时间、不同地点的购买欲望，从而达到基于数据分析的自动化营销。大数据不仅能帮助品牌更多维地看见用户，而且能精准地识别和认知用户。

10.1.3.2 从品牌角度：基于 AI 技术的线上线下一体化智能营销

以互联网为主阵地的线上智能化营销已经不足为奇，而从品牌方角度来说，基于智能识别、语音互动技术等线上线下一体化营销才是保持竞争力的长足动力。线上线下同步智能、完全打通，离不开人工智能技术体系的支持。通过分析消费者轨迹数据、可穿戴设备的实时身体数据以及社交媒体的内容数据等，人工智能可捕捉到消费者行为、心理的内在需求，实现与消费者的深度匹配。智能营销重构了零售系统中"人、货、物"三要素的结构关系，通过场景体验和契合情感需求的多样化、个性化服务深刻改变人们的消费观念、消费模式和消费体验。互动愉悦感和服务满意度提升都在无形中刺激着消费者的消费欲望。

2018 年人工智能行业发展报告指出，目前，人工智能已可赋能零售全链条，不仅有线上的精准用户画像和推荐服务，也有线下的智能物流、智能选址、智能识别商品，优化商品运营、客流统计及消费者行为分析等。消费者通过人脸识别、快速查货、线上线下信息的同步传输以及自动支付等技术提升消费体验，进而提升线下购物的愉悦感和品牌好感度。

2018 年 1 月，高科技企业优必选推出了一款商用服务机器人克鲁泽（Cruzr），并将 2150 台机器人 Cruzr 安置于居然之家百城千店中，进行迎宾问候、灵活促销、智能导购、精确介绍、一键多控、轻松看店、数据分析等大体量服务性工作。Cruzr 可通过文字、语音、视觉、动作、环境捕捉等多种方式与顾客进行互动，进行人工智能技术大范围赋能于线下门店的智慧营销实践。

10.1.3.3 从媒介形态角度：AI+短视频成为场景营销的新风向

最新的中国互联网络发展状况统计报告指出，截至 2018 年 12 月，短视频用户规模达 6.48 亿，网民使用比例为 78.2%。短视频作为近两年火爆的媒介形式，其低技术门槛、高参与度、强互动性以及便捷有趣等特点获得了广大网民的极高参与热情，用户阶层跨度大、范围广。目前，智能营销需从"长而散"模式向"短而准"升级，以占据用户的碎片化时间。短视频是引发"购物欲"的热力场，其简短有趣的创意性内容营销不仅能激发消费者的购买意向，而且能以主题突出的强购物关联，提升消费者从"看到"到"购买"的效率，将购买欲望实实在在地转化为购买力，缩短购买端的时间。当下，短视频平台跨越圈层的用户规模不断扩大，内容生产的专业度与垂直度不断加深，短视频越来越成为智能营销布局的"香饽饽"。而借助 AI 智能技术进行短视频营销乃是大势所趋。计算机视觉技术已经可在长视频、短视频等点播平台、直播平台及利用手机摄像头的 AR 应用中，为品牌提供多种形式的互动化、与内容强相关的场景广告。

10.1.3.4 "AI+KOL"用人工智能玩转粉丝营销

互联网统计报告显示，截至 2021 年，网络视频、网络音乐和网络游戏的用户规模分别为 9.44 亿、7.29 亿和 5.09 亿。而这些具有强互动属性的娱乐性平台，是众多网红及明星艺人的聚集地。以游戏主播 KOL 为例，他们不仅精通专业性知识，游戏技能强大，在游戏圈掌握一定的资源和话语权，而且拥有的粉丝数量大、范围广，在这个媒体资源丰富、粉丝经济火热的时代，独具影响力。合理运用垂直领域 KOL 进行矩阵式营销，不仅能提升品牌认知度和好感度，而且因为其具有广大粉丝基础，其"带货能力"也不可小觑。随着粉丝经济愈演愈烈，使用偶像公众人物同款或代言产品已经成为左右年轻消费者决策的重要驱动因素。经过 KOL 们的内容推广和相关营销活动的参与，和粉丝之间的这种真实互动也产生了一定的口碑示范效果。

在营销 4.0 的智能化时代，AI 与 KOL"携手合作"，基于作为主要消费人群的庞大粉丝群体支持，其高话题性和强互动性的特点有利于形成轰动效应。这对于品牌方来说，无疑是最省力、稳妥且有效的营销方式之一。一方面，通过人工智能在前期对 KOL 数据的精准挑选，为不同受众精准推送符合受众喜好、与品牌调性相符的 KOL 代言广告及视频场景广告，促成一轮营销。另一方面，通过 KOL 及粉丝在各大社交媒体和人际交往中的多轮传播扩散，凸显意见领袖作用力，与粉丝实现联动营销。这样既突破了圈层壁垒、扩大了传播范围，也拉长了营销战线、增强了品牌热度，从而真正扩大了品牌声量。

10.1.3.5 从媒介渠道角度：多屏整合促进移动整合营销

对各智能终端的使用和分析是商家形成差异化营销的必争之地。接收信息的渠道越丰富、越分散，就越容易实现跨屏营销带来的效果差异化。多屏整合成为移动营销的必然趋势，且有两层含义：一是多屏整合的大数据分析，二是多屏的整合营销。这两点不仅符合智能化营销特征，而且是智能化营销理念的升级版："用户通过使用手机屏、iPad 屏、电脑屏、电视屏、户外屏等多样终端留存的数据，数字广告平台即可通过跨屏挖掘和分析来进行全方位解读，以修正和完善对消费者的认知，从而让广告投放更精准有效。"再者，跨屏的数据分析加上整合营销，使各个渠道快速打通，实现线上线下一体化推广。

课后作业

1. 智能营销的内涵是什么？
2. 举例说明人工智能在网络营销中的应用体现。
3. 人工智能目前在市场中面临的挑战有哪些？
4. 人工智能在网络营销上的发展趋势是什么？

10.2 新技术与新场景：5G 和万物互联

10.2.1 5G 融合应用发展态势

10.2.1.1 全球 5G 网络持续普及，行业终端成为市场发展新蓝海

全球 5G 网络建设稳步推进，截至 2021 年 10 月底，超过三分之一的国家/地区进入 5G 时代，已有 1831 家网络运营商开始提供 5G 业务（含固定无线和移动服务）。截至 2021 年第二季度末，全球 5G 网络已经覆盖全球近五分之一的人口，人口覆盖率为 19.6%。截至 2022 年 5 月底，我国已累计建设 5G 基站超 170 万个，占全球 70%以上，规模居全球首位。5G 网络覆盖所有地市级城市、97%以上的县城城区和 50%以上的乡镇镇区。根据不完全统计，5G 独立组网仅在包括中国在内的约 9 个国家/地区实现商用。我国独立组网（SA）模式的核心网已建成运营，三大运营商均已实现 5G 独立组网规模部署。相较而言，日韩两国 5G 网络建设仍以非独立组网模式为主，重点满足个人用户的发展需求。

10.2.1.2 全球 5G 应用初显成效，但整体仍处于初期阶段

全球积极开展 5G 融合应用探索，围绕产业数字化、数字化治理和数字化生活三个方向开展，呈现出垂直行业市场、传统消费市场齐头并进的态势。总体上，全球 5G 应用整体处于初期阶段，在工业互联网、医疗健康、智慧交通和城市、公共安全和应急等领域已有小范围应用，但大规模、可复制应用仍有待时日。

10.2.1.3 我国 5G 应用正从"试水试航"走向"扬帆远航"

中国 5G 应用发展水平全球领先。在行业应用领域，5G 应用从"样板间"转变为"商品房"，解决方案不断深入，项目数量和创新性都处于全球的第一梯队，对我国实体经济的数字赋能作用开始释放。在个人应用领域，基础电信企业和互联网企业在游戏娱乐、赛事直播、居家服务、文化旅游等消费市场加大探索，推动网络用户向应用用户快速转化。

2022 年，全国 5G 应用创新的案例已覆盖国民经济 40 个大类，在工业制造、医疗等多个领域应用场景加速规模落地，5G 赋能效果逐步显现。工业行业围绕研发设计、生产制造、运营管理、产品服务等环节，形成 5G+质量检测、远程运维、多机协同作业等典型应用。

顶层设计逐步完善，初步形成 5G 应用推进合力。"十四五"时期是中国 5G 规模化应用的关键时期。《中华人民共和国国民经济和社会发展第十四个五年规划和 2035 年远景目标纲要》提出"构建基于 5G 的应用场景和产业生态"。工信部深入贯彻落实党中央、国务院决策部署，按照《政府工作报告》要求，加大 5G 网络和千兆光网建设力度，丰富应用场景。工信部联合中央网信办、发展改革委等九部门印发《5G 应用"扬帆"行动计划（2021—2023 年）》。

10.2.1.4 5G 技术的四大应用场景

（1）三维互联网

即在现有架构下，互联网网站和 App 全面兼容 3D 技术以提供 2D、3D 服务，实现互联

网的三维互联。相较传统二维互联网，三维互联网具有空间坐标信息更多、信息覆盖更全面、更多人机互动等显著优势。裸眼 3D 技术已逐渐成熟，智能终端与互联网在未来都将全面实现三维化，催生更多的移动网络应用场景：3D 院线、3D 社交、3D 购物、3D 浏览器、3D 视觉训练。

（2）车联网

驱动汽车变革的关键技术——自动驾驶、编队行驶、车辆生命周期维护、传感器数据众包等都需要安全、可靠、低延迟和高带宽的连接，这些连接特性在高速公路和密集城市中至关重要，只有 5G 可以同时满足这样严格的要求。因此，车联网将成为 5G 时代重要的场景。

（3）智能家居

智能家居连接上 5G 物联网之后，可以实时监控家居状况并发出指令，就不必再担心出门忘关空调这些琐碎小事。

（4）物联网

物联网分消费级和工业级，消费级简单理解就是与消费者息息相关的家庭环境内部的万物互联应用。工业级物联网的范围则更大一级，不但万物互联，而且所有物件都可追根溯源。

10.2.2 5G 时代网络营销新趋势

一直以来，移动通信技术的发展都与品牌营销的更迭密切相关：2G 推动短信的诞生，品牌营销进入传统大众营销时代；3G 催生了移动互联网，推动了互联网营销兴起；4G 环境下，移动短视频兴起，营销也跟随进入了短视频营销时代。如今，5G 的出现将会全面重塑商业生态，开启各行各业的数字化浪潮，营销业也会发生颠覆式变革。

10.2.2.1 内容形式革新，视频、VR/AR 走向主流

（1）视频是 5G 时代"新语言"

5G 时代，视频领域尤其是短视频，会成为一个更重要的内容载体。因发布和观看成本越来越低，拍摄及传输效率大幅提升等，长视频、短视频、高清直播等将会爆发，成为品牌营销标配。而更高分辨率的广告格式，如 4K、8K 超高清视频内容的产出与传播，将进一步提升广告品质与体验。

4G 升级到 5G 后，数据传输速度预估会提升 10～100 倍，这将极大地优化视频素材的提取和加载过程，即使是 4K/8K 视频，也能够让用户拥有"点击即播放"的流畅无卡顿体验。另外，5G 的增强移动宽带（eMBB）能够在保证移动性的前提下提升数据连接速率，这也确保了用户随时随地得到流畅视频体验。这意味着以视频为载体的营销手段不仅会拥有更高的点击率和更低的跳出率，也会伴随更高分辨率的 4K/8K 视频的可呈现而拥有更多的表现形式。

（2）VR、AR 迎来高光时刻

5G 将大幅度提升 VR 和 AR 设备在渲染高分辨率图像时的运算能力，使其数据传输、画面显示的能力得到有效提升，使用户能获得身临其境的体验。而在此之前，广告基本上都是二维平面的形态，并受到展示空间的限制。

5G 时代的 VR、AR 等技术带给人们沉浸感更强，让人越发不自觉地参与传播、消费、生产中，并且很难抽离。互联网下半场，从流量红利时代进入差异化供给为王时代，技术应

用带来的科幻式审美，能够推动创意产品时代的到来，能够通过技术让人性得到解放。

一方面，传统的产销关系界限变模糊，未来用户在自主参与到游戏、娱乐等互动服务中时，传感器技术能精准采集到每一时刻用户对服务内容的生理反应，并通过即时反馈技术不断改写创作，消费者对消费产品进行二次创作，个性化定制与自己最适配的消费产品。另一方面，创意产品时代的产品及服务会以场景为中心进行设计，用户的消费场景是基于用户深层次情感诉求、能调动用户多种感官参与的沉浸式体验，比如 VR 游戏、VR 电影能够让人认知不一样的世界。

10.2.2.2 交互体验革新，突破视听想象新空间

5G 不仅支持语音和视觉交互，还增加了更多的场景式互动。随着 5G 技术的成熟和商用，还有可能带来一些新的感官层面的互动方式。比如，在淘宝购物时不仅可以虚拟试衣，感知穿着效果，还可以通过物联网感知衣服的质地等。让一个品牌或者产品变得可以触摸，这对于未来的品牌营销来讲是非常关键的。如果人们亲手去触碰一个东西，所有体验不光来自于视觉和听觉，品牌印象可能会更加深刻。

在智能终端增多，各类物品、设施的智能化程度加深后，这些从方方面面触达消费者生活的智能终端，都能成为营销的载体。伴随 5G 应用的成熟，向消费者传递信息的场景和媒介的界限也在被不断突破和延展。例如家居的智慧互联，冰箱和电饭煲能在消费者使用时根据需求展示相关物品的介绍宣传。智能音箱可在对话过程中识别消费者偏好和即时所需，并推荐产品和服务。在产生需求的当下，提供广告和推荐可在一定程度上降低用户对广告的抵触情绪，从而提交从广告到购买的行为转换效率高。

10.2.2.3 万物互联，精准营销

从连接端上讲，企业设计营销模式时必然会考虑用户的社交情感属性。传统的营销设计是团购，既让用户参与到分享式社交中，又让用户感觉实惠。移动互联网时代，拼多多创始人黄峥从新需求、新供给和微信平台形式的新连接端切入，凭借低端消费者为目标群体切入和微信拼团这两个决策，用三年的时间完成颠覆式的创新并成功上市。回顾拼多多创始之初的设计，是通过微信中的 H5 界面实现用户的一键拼团，利用了微信用户天然自带的巨大流量池实现极速传播，其关键决策背后正好对应了游戏化的本质特点：把握用户社交属性。

5G 技术使消费者能用更多元的方式和内容来进行信息交互，实现消费场景的分享，如在大众点评看到一个食客对一家餐厅采用了图片、小视频等方式进行了点评，我们也在观看过程中产生了身临其境的感受，之后将它的链接发送给好友，继而引发连续的互动和分享。

从营销端上讲，要引导消费者在产品使用期间了解新的产品知识。通常而言，企业内部产品在生产之后，并且销售给消费者的过程中，相应的功能可以确定，这时消费者应该了解产品的保养技巧即可。然而处于物联网的环境下，消费者关注使用的快捷性和欢乐需求要大于以往环境下人们购买商品的体验程度，此项变化不只是营销者要对消费者进行产品的视觉刺激，还要求消费者享受使用产品的过程，扩展市场实际规模。因此，物联网环境下企业营销工作者应该不断更新自身对产品知识的了解和掌握。

从需求端上讲，要突破以往消费者给予营销服务的需求模式。以往的消费模式，对于销

售之前、销售之中和销售之后的服务比例，消费者给予前两者的需求比重持续性增加，也就是通过周密性的了解，制定购买产品的决策，即便希望存在产品售后服务保障，此种希望便是产品质量呈现问题之后的需求。在物联网环境下，售后服务存在不同，其和以往的消费手段存在差异性，不只是简单地对产品进行配送和后续服务，并且整个流程不是中断的，营销者可以按照消费者给予的产品购买需求，针对使用条件进行全面评估，对其加以科学化配置，保证全程跟踪服务质量。

10.2.3 5G 时代品牌如何调整营销策略

10.2.3.1 用户管理：智能化

5G 之下的万物互联，意味着品牌能够采集到更全面的数据，用以分析用户的行为和消费偏好，进一步赋能品牌的大数据能力，让对的内容或广告，找到对的人。

（1）数据收集更全面，解决用户 ID 问题

5G 凭借高速率、低延时、大容量，使用户和其所拥有、触及的设备实现更广泛、更高速的连接，这意味着品牌收集到的数据将更加全面立体。那么，要如何实时获取、分析、运营及处理这些数据呢？

在 AI 技术助力下，品牌基于多渠道的数据资源，自动化跨渠道打通 ONE_ID[①]，打破数据孤岛，全方位、立体式洞察、透视、评估、运营用户的多边关系，多维度精准刻画用户画像，从而帮助品牌精准洞察用户需求，开展个性化推荐和营销沟通，精准锁定目标用户。

（2）建立用户营销机制，提升转化率

在 5G 生态中，品牌营销的着眼点不只是在信息锁定与交互，还要有点击之后的转化。要从用户营销机制入手，为用户提供更好的个性化和定制化的服务。比如，一个人浏览购物网站，平台就可以根据用户的过往消费记录以及实时反馈，为用户自动化推荐一系列合适的商品。从而实现用户拉新、盘活已有用户、社会化客户关系管理（Social Customer Relationship Management，简称 SCRM）等，提升最终的销售转化、复购率，给品牌形象加分等。

10.2.3.2 营销场景：多元化

5G 时代，消费者越来越趋于从营销场景中感受产品和品牌，精心搭建的场景更容易激发消费者的行为，在特定的场景更容易激发消费者的代入感，触发消费者内心深处的情感共鸣，激励消费者产生购买行为。对于品牌而言，以往大渠道、大投放的策略开始失去优势。为了提升营销效果，品牌需要从过去线上或线下单一的场景，转变为跨行业、跨领域的多元化营销场景，全方位捕获受众的注意力，抢占用户心智。

（1）在内容侧

在消费者对广告"言听计从"的年代，品牌营销的理念是："消费者集中到哪里，我们的广告就打到哪里"。而如今，消费者不再是被动接受了，单调重复、缺乏创意的广告形式、内容只会让消费者"止步门外"甚至渐行渐远。因此，无论外界如何变化，深耕内容仍是品牌持续发力之处，内容仍旧是抓住消费者的关键，消费者的体验将成就差异化。

---

① 指统一数据萃取，是一套解决数据孤岛问题的思想和方法。

（2）在营销侧

在 5G、AI 等新一代信息技术的加持下，品牌与用户的互动方式也呈现多元化的趋势。内容互动、直播营销、活动营销、积分营销、流量营销以及基于大数据的个性化内容营销方式，百花齐放。企业及品牌商家以丰富多元的营销体系以及精准个性的用户互动体验，成功抢占用户心智，并实现深度的连接与交互。例如直播电商，在 2020 年初的特殊时期直播模式大爆发，万物皆可播。借助直播技术不仅能看到直播间的整体情况，还能放大局部细节，让消费者能更清晰地看到商品情况，拥有更真实的购物体验，并通过与主播的沟通互动融入购物场景中。

（3）在评估侧

智慧运营与传统的营销模式存在很大的差异，这就要求整个营销体系的指标评估技术也要进行创新。传统的营销评估可能更多地关注收入增长的指标，但是在智慧运营体系中，营销评估不光要考虑收入指标，还要考虑每个营销活动的评估指标、营销资源的使用情况，分析每一个客户的投入产出比；分析触点的健康度情况，接触用户数量以及是否活跃；分析触点与客户的交互情况，营销活动投放的成功率，以及每个客户的生命周期和价值指标。相比而言，智慧运营的评估维度会更加广泛和全面，分析的角度和维度也更加多样化。

📝 **课后作业**

1. 5G 等新技术给当代营销环境带来了哪些改变？品牌在此环境下如何做网络营销？5G 时代的营销新趋势是什么？

2. 举例说明品牌在 5G 时代较为成功的营销案例。

10.3 元宇宙：AR/VR——感官体验维度叠加与沉浸体验

10.3.1 元宇宙：下一代沉浸式互联网

10.3.1.1 超越虚拟与现实的科幻畅想：元宇宙概念来源

元宇宙（Metaverse）是超越虚拟与现实的终极愿景。元宇宙这个单词拆解后由 Meta 和 Verse 组成，其中 Meta 表示超越，Verse 表示宇宙（Universe），合起来可以理解为创造一个平行于现实世界的人造虚拟空间，承载用户社交娱乐、创作展示、经济交易等一切活动，因其高沉浸感和完全的同步性，逐步与现实世界融合、互相延伸拓展，最终达成超越虚拟与现实的元宇宙，为人类社会拓宽无限的生活空间。

科幻小说《雪崩》推开了元宇宙想象力的大门。1992 年，著名科幻作家尼尔·斯蒂芬森在科幻小说《雪崩》中提出 Metaverse（元宇宙）和 Avatar（化身）两个概念。人们在一个与现实世界平行的虚拟空间（元宇宙）中以声像综合体（化身）进行交流互动。斯蒂芬森畅想在喧嚣混乱的未来世界之上，还存在着另一个无比广阔自由的国度：由电脑网络构成的虚拟空间。

未来人类数字化生活方式，使元宇宙从科幻照向现实。正如电影《头号玩家》中的场景，未来的某一天，人们可以随时随地切换身份，自由穿梭于物理世界和数字世界，在虚拟空间和时间所构成的元宇宙中学习、工作、交友、购物、旅游等。去中心化平台让玩家享有所有权和自治权，通过沉浸式体验，让虚拟进一步接近现实。

10.3.1.2 新技术由点突破连接成面，移动互联网继承者的孕育

1980—2000 年，化身（Avatar）等元宇宙相关的概念出现，由小说《雪崩》正式提出；2000—2010 年，元宇宙雏形的实现形式逐步被探索，《Second Life》成为第一个现象级的虚拟世界，之后的"元宇宙第一股"Roblox[①]也在该阶段创立。2010—2017 年，互联网巨头开始布局元宇宙相关概念，关键的交互硬件之一——VR 设备掀起第一波投资热潮。2017—2020 年，虚拟现实产业落地进展未达预期，投资遇冷，行业进入技术积累与蛰伏期。2020 年后，Oculus[②]发布划时代的 Quest2 一体机，压低的成本、售价有望助力 VR 设备出货量跨越"拐点"。2021 年，Roblox 上市，元宇宙概念被重新带回公众视野，热度不断攀升。

复盘元宇宙的发展历程，我们将元宇宙发展前史划分为潜伏期（2002 年前）、探索期（2003—2011 年）、资本布局期（2012—2016 年）、低潮期（2017—2019 年）、发展早期（2020 年 10 月后），并对各发展阶段元宇宙及其雏形产品的成熟度从以下八个维度进行量化：硬件、网络层、计算力、虚拟平台、协议和标准、支付方式，内容、服务和资产、消费者行为。

元宇宙是无数技术与应用落地节点的集合。在移动互联网的基础上，元宇宙对沉浸感、

---

① 世界最大的多人在线创作游戏。至 2019 年，已有超过 500 万的青少年开发者使用 Roblox 开发 3D、VR 等数字内容，吸引的月活跃玩家超 1 亿。《Roblox》是一款兼容了虚拟世界、休闲游戏和自建内容的游戏，游戏中的大多数作品都是用户自行建立的。从 FPS、RPG 到竞速、解谜，全由玩家操控这些圆柱和方块形状组成的小人们参与和完成。在游戏中，玩家也可以开发各种形式类别的游戏。

② Oculus 是创立于 2012 年美国的虚拟现实设备品牌，后于 2014 年 7 月被美国 Facebook 公司收购。

参与度、永续性等多方面将提出更高的要求，因此会由许多独立工具、平台、基础设施、协议等来支持其运行。随着 AR、VR、5G、云计算等技术成熟度的提升，元宇宙有望从概念走向现实。元宇宙的正向循环将逐步打通，即底层技术推动应用迭代，然后市场需求提升反哺底层技术持续进步迭代。

10.3.1.3 元宇宙的五大要素：永久沉浸的社交生态，广阔开放的平行宇宙

在市场对元宇宙广泛讨论的基础上，本书进一步提炼出元宇宙的五大必要要素。

（1）元宇宙将是大规模的

一方面，元宇宙的 DAU（Daily Active User，日活跃用户数量）、MAU（Monthly Active User，月活跃用户人数）同时在线用户数将超过现有的所有移动互联网应用及平台；另一方面，元宇宙不仅包括游戏，还包括社交、教育、移动办公、数字工业等边界广阔的丰富内容，可探索空间的大小、体验的丰富程度甚至有望超过现实世界。

（2）元宇宙将具有沉浸感

随着技术进步，这种沉浸感可以通过 VR/AR 设备乃至脑机接口实现，VR 眼镜等元宇宙端口在未来都会成为像蓝牙耳机一样的标配。同时，虚拟世界和真实世界相互交汇融合，线上+线下的沉浸式场景将成为元宇宙的重要组成。

（3）元宇宙将是强社交性的

超越现实世界和虚拟世界的元宇宙，社交是一个必备功能。用户在元宇宙可以扮演他们在真实世界中可能无法扮演的角色，并以这个身份同元宇宙中的其他人交互交往，创造价值。

（4）元宇宙将是持续存在的

元宇宙并非某组织某公司运营的平台，它的运营将持续存在、没有间断；作为用户，不论其在线与否，元宇宙都将持续保持运行并对用户的元宇宙角色产生影响；作为创作者，其在元宇宙中创作的价值，持有的资产将不会因为平台停运而消失。

（5）元宇宙将是开放的

一方面，元宇宙需要打通各个独立的游戏、应用、社交，实现标准、协议、货币体系的互认、互换；另一方面，元宇宙向所有第三方开放技术接口，让它们可以自由地添加内容。

10.3.2 元宇宙：品牌不得不面对的"四个转变"

10.3.2.1 从叙述故事，到创造故事

以往的品牌营销，大都是以品牌为出口的叙述故事，引导消费者产生认可或共情。然而，元宇宙营销将在很大程度上由创作者驱动，并提供各种各样的内容和体验。例如，Roblox 是首个定位为"工具+社区"的游戏 UGC（User Generated Content，用户生产内容）平台，为创作者提供技术工具以自由生产内容，为玩家提供平台以进行游戏与社交活动，截至 2021 年第四季度，日活跃用户 4950 万。

Roblox 的用户们使用自己独特的虚拟形象，在 UGC 的数字场景中和朋友们进行拟真互动，也将线下的社交活动数字化，如钓鱼、赛车、逛 Gucci、看视频、探险等。开发者创造游戏和玩法内容越多，玩家沉浸时间越长，通过社交网络吸引的新用户就越多。而玩家基础

扩张的同时，由于 UGC 的激励+反馈经济系统，越来越多玩家变成开发者，互相推动，形成正向循环。

元宇宙营销，用户既是开发者，也是玩家。两者之间的界限如何被打破，对于品牌来说，就需要重新审视自己的定位，从故事的叙述者到故事的联合创造者，让品牌故事能够源源不断地发展下去。比如，品牌在一些虚拟社区中购买土地、建造社区，但社区里的故事则由玩家互动产生。

10.3.2.2 从活动直播，到虚拟演出

百威英博全球技术和创新主管 Lindsey McInerney 曾表示："未来的体育、媒体和娱乐是虚拟的。有差不多 25 亿人已经参与到虚拟经济中。这就是世界进化的方向。毫无疑问，和在现实世界中一样，品牌需要在虚拟的平行世界中找到立足之地。"一直以来，品牌主们都会通过赞助现场演等方式接触消费者，运动品牌通过赞助体育赛事扩大品牌影响力，啤酒和软饮公司通过赞助买断活动现场的饮料提供权，银行和信用卡公司则利用门票预售权来推广自己。

而元宇宙的出现，让品牌的活动赞助有了更多新形态。NFT（Non-Fungible Token，非同质化代币）正在改变品牌和 IP 所有者与消费者的互动方式。这些 Token（代币）在品牌、IP 所有者和消费者之间提供了一种直接的关系，可以作为已经获得的真实或数字权益的"护照/通行证"。例如，某品牌专有 NFT 的所有者，通过身份验证，可以参与下一次虚拟新品的发布活动。

10.3.2.3 从模特/代言人，到虚拟偶像/数字人

虚拟偶像，是通过绘画、动画、CG（计算机动画）等形式制作，在因特网等虚拟场景或现实场景开展活动等，以商业、文化等具体需求制作培养，但本身并不以实体形式存在的人物形象。

首先，虚拟形象代言更节约成本，品牌无须对其支付高额的酬劳。其次，不必承担代言人的舆论风险。同时，品牌对虚拟代言人的形象设定、言行举止等是完全可控的，并通过不同的传播内容去丰满人物性格，使之与品牌相匹配。最后，虚拟代言人一旦设定，将作为品牌唯一、长期、稳定的形象代表，可以陪伴品牌共同成长。

但对于品牌来说，养成一个虚拟偶像并非易事，需要持续不断的文化输出和保持个性一致。国外虚拟偶像 Lil Miquela 在社交网站上十分出众，会分享自己的穿搭、美食、社交，表情动作多变，像年轻人一样。这些创作内容都是根据受众的喜好调整出来的，有利于形象向不同领域应用和场景延伸。仅靠亮眼的外形，消费者终将对虚拟偶像产生审美疲劳。

10.3.2.4 从面向消费者，到面向数字替身

与其他用户在同一个世界中共享虚拟场景，在虚拟世界中能有真实的存在感，这种虚拟+真实的社交性是元宇宙的一个关键要素。在元宇宙营销中，品牌要面对的不再是现实中的消费者这么简单，而是消费者及其数字替身。它具有社会人的属性，也具有虚拟交互需求。

虽然元宇宙表现为一系列实时且最终相互关联的在线体验，但它是由一些早就被前沿品牌和营销人员们所熟知的变革性趋势赋能和定性的，其中包括共享社交空间、数字支付和游

戏化等。然而，元宇宙的未来则将呈现出大多数消费品牌都非常陌生的绝对进化，其中最值得注意的就是区块链技术、加密货币、数字商品、NFT 和个人数字替身（Avartars）。

📝 课后作业

1. 如何理解元宇宙？
2. 元宇宙的发展起源和现状如何？
3. 元宇宙环境下给品牌带来什么新的营销机会？

附录

术语表

3C：是计算机（Computer）、通信（Communication）和消费电子产品（Consumer Electronics）三类电子产品的简称。

A

advertising（广告）：特定的发起方采取付费方式，围绕某种思想、商品或服务而进行的非人员展示与促销。

adwords（关键词广告）：充分利用搜索引擎开展网络营销活动的一种手段，是付费搜索引擎营销的主要形式，近年来已成为搜索引擎营销中发展最快的一种。

AIDMA（营销法则）：包括注意（Attention）、兴趣（Interest）、欲望（Desire）、记忆（Memory）、行动（Action）。由电通公司针对互联网与无线应用时代消费者生活形态的变化而提出的一种全新的消费者行为分析模型。

artificial intelligence（AI）（人工智能）：是研究、开发用于模拟、延伸和扩展人的智能的理论、方法、技术及应用系统的一门新的技术科学。

auction ads（竞价广告）：是一种由用户自主投放、自主管理，通过调整价格来进行排名，按照广告效果付费的新型网络广告形式。付费竞价广告分手动和自动，手动竞价是指自己设定点击价格，而自动竞价则由广告主设定价格上限，系统将在价格上限之内自动调整点击价格，保证排名。

augmented reality（AR）（增强现实）：一种将虚拟信息与真实世界巧妙融合的技术，广泛运用了多媒体、三维建模、实时跟踪及注册、智能交互、传感等多种技术手段，将计算机生成的文字、图像、三维模型、音乐、视频等虚拟信息模拟仿真后，应用到真实世界中，两种信息互为补充，从而实现对真实世界的"增强"。

average revenue per user（ARPU）（用户平均收入）：一个时期内（通常为一个月或一年）电信运营企业平均每个用户贡献的通信业务收入，其单位为"元/户"。

B

banner ad（横幅广告）：横幅广告是网络广告最早采用的形式，也是目前最常见的形式。横幅广告又称旗帜广告，是横跨于网页上的矩形公告牌，当用户点击这些横幅的时候，通常可以链接到广告主的网页。

big data（大数据，或称巨量资料）：指的是所涉及的资料量规模巨大到无法通过主流软件工具，在合理时间内达到撷取、管理、处理、并整理成帮助企业经营决策的资讯。

blind advertising （软广告）：为减少公众的广告躲避而将显明的、凸现的广告形式，通过更巧妙的、更迂回的、更隐蔽的方式传达出去，使消费者在不知不觉中把广告所传达的内容接受下来的一类广告。

big data marketing （大数据营销）：基于多平台的大量数据，依托大数据技术的基础上，应用于互联网广告行业的营销方式。

brand attachment （品牌依恋）：一种重要的品牌情感，反映出消费者和品牌之间长期关系的紧密程度。

brand attitude （品牌态度）：消费者通过学习和强化习得的以一种喜欢或不喜欢的方式对品牌产生反应的习惯性倾向，是形成消费者的品牌行为（如品牌选择）的基础，表现了消费者对一个品牌的总体评价，是最抽象但又是层次最高的品牌联想。

brand awareness （品牌认知度）：品牌资产的重要组成部分，是衡量消费者对品牌内涵及价值的认识和理解度的标准。

brand communication （品牌传播）：企业以品牌的核心价值为原则，在品牌识别的整体框架下，选择广告、公关、销售、人际等传播方式，将特定品牌推广出去，以建立品牌形象，促进市场销售。品牌传播是企业满足消费者需要、培养消费者忠诚度的有效手段。

brand community （品牌社区）：建立在使用某一品牌的消费者间的一整套社会关系基础上的、一种专门化的非地理意义上的社区。

brand culture （品牌文化）：某一品牌的拥有者、购买者、使用者或向往者之间共同拥有的、与此品牌相关的独特信念、价值观、仪式、规范和传统的综合。

brand element （品牌元素）：包括品牌名称、品牌标识、品牌口号、品牌域名、品牌包装、品牌广告曲、品牌故事等。

brand equity （品牌资产）：是与品牌、品牌名称和标志相联系，能够增加或减少企业所销售产品或服务的价值的一系列资产与负债。可以简单地认为是品牌的价值，主要包括 5 个方面，即品牌忠诚度、品牌认知度、品牌知名度、品牌联想、品牌其他资产（如商标、专利、渠道关系等），这些资产通过多种方式向消费者和企业提供价值。

brand image （品牌形象）：是消费者对传播过程中所接收到的所有关于品牌的信息进行个人选择与加工之后留存于头脑中的有关该品牌的印象和联想的总和。

brand management （品牌管理）：是指针对企业产品和服务的品牌，综合地运用企业资源，通过计划、组织、实施、控制来实现企业品牌战略目标的经营管理过程。

brand marketing （品牌营销）：是通过市场营销使客户形成对企业品牌和产品的认知过程，是企业要想不断获得和保持竞争优势，必须构建高品位的营销理念。

brand message （品牌信息）：消费者和其他股东接收到的与品牌有关的所有信息。大部分品牌信息是由许多有实质内容的因素——文字、声音、行动、图示、符号或实物——以及它们所代表的意义组合而成。

brand positioning （品牌定位）：企业在市场定位和产品定位的基础上，对特定的品牌在文化取向及个性差异上的商业性决策，是建立一个与目标市场有关的品牌形象的过程和结果。

brand promotion （品牌推广）：企业塑造自身及产品品牌形象，使广大消费者广泛认同的系列活动和过程。

brand recognition （品牌认同度）：人们对于某件商品或某项服务的品牌价值的判断和评价。

brand reputation （品牌美誉度）：市场中人们对某一品牌的好感和信任程度，是现代企业形象塑造的重要组成部分。

brand stickiness （品牌黏性）：是指用户对于品牌或产品的忠诚、信任与良性体验等结合起来形成的依赖程度和再消费期望程度。

brand strategy （品牌战略）：公司将品牌作为核心竞争力，以获取差别利润与价值的企业经营战略。

brand value （品牌价值）：指品牌在需求者心目中的综合形象，包括其属性、品质、档次（品位）、文化、个性等，代表该品牌可以为需求者带来的价值。

branding （品牌化）：指对产品或服务设计品牌名、标识、符号、包装等可视要素，以及声音、触觉、嗅觉等感官刺激，以推动产品（或服务）具备市场标的和商业价值的整个过程。

business to business （B2B）：是指提供企业对企业间电子商务活动平台的网站。按照高盛、IDC 等知名市场分析公司的看法，B2B 模式是当前电子商务模式中份额最大也是最具操作性、最容易成功的模式。B2B 不仅建立一个网上的买卖者群体，也为企业之间的战略合作提供基础。

business-to-consumer （B2C）：是指电子商务的一种模式，直接面向消费者销售产品和服务商业的零售模式。

buyer's market （买方市场）：亦称买主市场，指商品供过于求，卖主之间竞争激烈，买主处于主动地位的市场。

C

carousel advertisement （轮播广告）：在单条广告中展示多达 10 个图片或视频，每个图片或视频均可设置不同的链接。

cash the flow （流量变现）：指将互联网流量通过某些手段实现现金收益。

circle marketing （圈层营销）：指在项目营销过程中，把目标客户当作一个圈层，通过针对他们的一些信息传递、体验互动，进行精准化营销。

cloud computing （云计算）：是分布式计算的一种，指的是通过网络"云"将巨大的数据计算处理程序分解成无数个小程序，然后通过多部服务器组成的系统进行处理和分析这些小程序得到结果并返回给用户。通过这项技术，可以在短时间内完成对数以万计的数据的处理，从而提供强大的网络服务。

cloud storage （云存储）：一种网上在线存储的模式，即把数据存放在通常由第三方托管的多台虚拟服务器，而非专属的服务器上。

cognition （认知）：是个体认识客观世界的信息加工活动。感觉、知觉、记忆、想象、思维等认知活动按照一定的关系组成一定的功能系统，从而实现对个体认识活动的调节。

collection ads （精品栏广告）：借助精品栏广告格式，广告主能够以图像为载体打造沉浸式体验，让消费者能更轻松地通过移动设备发现、浏览和购买商品及服务。

commodity movement rate （商品动销率）：为经济学术语，计算方式是商品累积销售数/商品库存数。商品动销率计算公式为：商品动销率=动销品种数/门店经营总品种数*100% 。

communication-effect （传播效果研究）：判定广告是否有效地对目标受众进行了传播。

community （社群）：广义而言是指在某些边界线、地区或领域内发生作用的一切社会关系。它可以指实际的地理区域或在某区域内发生的社会关系，或指存在于较抽象的、思想上的关系。

community economy （社群经济）：是指互联网时代，一群有共同兴趣、认知、价值观的用户抱成团，发生群蜂效应，在一起互动、交流、协作、感染，对产品品牌本身产生反哺的价值关系，建立在产品与粉丝群体之间的情感信任和价值反哺基础之上，共同作用形成的自运转、自循环的范围经济系统。

competition ecology （行业竞争生态）：指由行业中竞争对手的数量多少、强弱分布、争夺目标的数量及集中程度等构成的竞争态势。

competitive advantage （竞争优势）：公司以竞争对手难以做到或无法匹敌的一种或多种方式展开经营的能力。

composite marketing （复合营销）：一个公司或者一个企业集团采用两种或者两种以上营销方式及其要素，占领两个或者以上的细分市场而进行销售的一种复合化营销方式。

composite ranking index（CRI） （综合排名指数）：即出价与质量度的乘积，是竞价排名机制的衡量标准。一般情况下，综合排名指数越大，在搜索结果页面的排名也就越高。

consumer to business （C2B）：指消费者（个人）提供产品及服务需求给公司，向公司发起消费的商业模式。

consumption action （消费行为）：消费者的需求心理、购买动机、消费意愿等方面心理的与现实诸表现的总和。

content marketing （内容营销）：指以图片、文字、动画、视频等介质传达有关企业的相关内容来给客户信息，促进销售，通过合理的内容创建、发布及传播，向用户传递有价值的信息，从而实现网络营销的目的。

conversion rates （转化率）：指某一反应物转化的百分率或分率，转化物是针对反应物而言的。

corporate identity system （组织识别系统）：有关企业形象识别的设计，包括企业名称、标志、标准字体、色彩、象征图案、标语、吉祥物等方面的设计。

corporate image （**企业形象**）：人们通过企业的各种标志（如产品特点、行销策略、人员风格等）建立起来的对企业的总体印象。

cost per action（**CPA**）（**每行动成本**）：广告主为每个行动所付出的成本。也称按效果付费成本，是指按广告投放实际效果，即按回应的有效问卷或订单来计费，而不限广告投放量。

cost per click（**CPC**）（**每次点击成本**）：有的时候也被视为每千人点击成本（Cost Per Thousand Click-Through），是以每次点击（或每一千次点击）为单位进行收取的。对广告主来说，避免了只浏览不点击的广告风险，是网络比较成熟的国家常见的收费方式之一。其计算公式为：CPC=总成本/广告点击次数。

cost per mille（**CPM**）（**千人成本**）：指由某一媒介或媒介广告排期表所送达1000人所需的成本。广告主通过比较媒体的千人成本选择媒介。计算的公式如下：千人成本＝（广告费用/到达人数）×1000。千人成本只是一个辅助参考工具，千人成本并非广告主衡量媒体的唯一标准，只是为了对不同媒体进行衡量不得已而制定的一个相对指标。

couplet advertisement （**对联广告**）：是指利用网站页面左右两侧的竖式广告位置而设计的广告形式。

cross-border electronic commerce （**跨境电商商务**）：指分属不同关境的交易主体，通过电子商务平台达成交易、进行支付结算，并通过跨境物流送达商品、完成交易的一种国际商业活动。

customer experience （**客户体验**）：一种纯主观的在用户使用产品过程中建立起来的感受。

customer loyalty（**CL**）（**顾客忠诚**）：是指客户对企业产品或服务的依赖和认可、坚持长期购买和使用该企业产品或服务所表现出的在思想和情感上的一种高度信任和忠诚的程度，是客户对企业产品在长期竞争中所表现出的优势的综合评价。

customer orientation （**顾客导向**）：是指企业以满足顾客需求、增加顾客价值为企业经营出发点，在经营过程中，特别注意顾客的消费能力、消费偏好以及消费行为的调查分析，重视新产品开发和营销手段的创新，以动态地适应顾客需求。

customer value （**顾客价值**）：基于感知利得与利失的权衡或对产品效用的综合评价。

customer-to-manufacturer （**C2M**）：是在工业互联网背景下产生的，由必要商城创始人毕胜2013年率先在中国提出并实施，是指现代制造业中由用户驱动生产的反向生产模式。C2M模式基于互联网、大数据、人工智能，运用庞大的计算机系统随时进行数据交换，按照客户的产品订单要求，设定供应商和生产工序，最终生产出个性化产品的工业化定制模式。

D

daily active user（**DAU**）（**日活跃用户数量**）：用于反映网站、互联网应用或网络游戏的运营情况。日活跃用户数量通常统计一日（统计日）之内，登录或使用了某个产品的用户数（去除重复登录的用户）。

data cleaning （**数据清洗**）：是指发现并纠正数据文件中可识别的错误的最后一道程序，

包括检查数据一致性，处理无效值和缺失值等。

digital assets （数字资产）：是指企业拥有或控制的，以电子数据的形式存在的，在日常活动中持有以备出售或处在生产过程中的非货币性资产。

digital economy （数字化经济）：指在计算机和现代通信技术的基础上，人类社会在信息化和网络化环境中的经济形式。数字化经济包括电子商务和电子政务。

digital twin （数字孪生）：是充分利用物理模型、传感器更新、运行历史等数据，集成多学科、多物理量、多尺度、多概率的仿真过程，在虚拟空间中完成映射，从而反映相对应的实体装备的全生命周期过程。数字孪生是一种超越现实的概念，可以被视为一个或多个重要的、彼此依赖的装备系统的数字映射系统。

dirty read （脏数据）：指源系统中的数据不在给定的范围内或对于实际业务毫无意义或数据格式非法，以及在源系统中存在不规范的编码和含糊的业务逻辑。

domain name （域名）：互联网络上识别和定位计算机的层次结构式的字符标识，与该计算机的互联网协议（IP）地址相对应。

double 11 shopping carnival （"双十一"购物狂欢节）：是指每年 11 月 11 日的网络促销日，源于淘宝商城（天猫）2009 年 11 月 11 日举办的网络促销活动，当时参与的商家数量和促销力度有限，但营业额远超预想的效果，于是 11 月 11 日成为天猫举办大规模促销活动的固定日期。

E

e-commerce advertisement （电商平台网络广告）：是国内企业开展网上销售的主要渠道之一，淘宝、天猫、京东商城、拼多多、苏宁等电商平台对国内企业开展网上销售发挥了非常重要的作用，在电商平台进行付费推广（广告）也就成为企业扩大站内信息可见度从而获得顾客的重要手段。

electronic commerce （电子商务）：利用计算机技术、网络技术和远程通信技术，实现整个商务（买卖）过程中的电子化、数字化和网络化。

e-mail advertising （电子邮件广告）：是指通过互联网将广告发到用户电子邮箱的网络广告形式。它针对性强，传播面广，信息量大，其形式类似于直邮广告。

emotion marketing （情感营销）：从消费者的情感需要出发，唤起和激起消费者的情感需求，诱导消费者心灵上的共鸣，寓情感于营销之中，让有情的营销赢得无情的竞争。

event marketing （事件营销）：指企业通过策划、组织和利用具有名人效应、新闻价值以及社会影响的人物或事件，引起媒体、社会团体和消费者的兴趣与关注，以求提高企业或产品的知名度、美誉度，树立良好品牌形象，并最终促成产品或服务的销售目的的手段和方式。

experience economy （体验经济）：是从生活与情境出发，塑造感官体验及思维认同，以此抓住顾客的注意力，改变消费行为，并为商品找到新的生存价值与空间。

extensible markup language（**XML**） （可扩展标记语言）：标准通用标记语言的子集，

可以用来标记数据、定义数据类型，是一种允许用户对自己的标记语言进行定义的源语言。

F

fan economy （**粉丝经济**）：泛指架构在粉丝和被关注者关系之上的经营性创收行为，被关注者多为明星、偶像和行业名人等。

fifth-generation（**5G**）（**第五代移动通信技术**）：5G 是一个真正意义上的融合网络。以融合和统一的标准，提供人与人、人与物以及物与物之间高速、安全和自由的联通。

fission marketing （**裂变营销**）：裂变营销以传统的终端促销的加强为基础，整合了关系营销、数据库营销和会务营销等新型营销方式的方法和理念。这种裂变模式其实指的是终端市场的裂变，其核心内容是：不急于发展市场，而是精耕细作，全力以赴进行单点突破。

flash mob （**快闪**）：是互联网时代流行的一种嬉皮行为，可视为一种短暂的行为艺术。简单地说，就是许多人用网络或其他方式，在一个指定的地点，在明确指定的时间，出人意料地同时做一系列指定的歌舞或其他行为，然后迅速离开。

flow pool （**流量池**）：指流量蓄积的容器，主要是为了防止有效流量流走而设置的数据库。

flow rate （**流量**）：最初是一个物理概念，指的是水在管子里流动和汽车在高速路上流动的一个量。网络营销领域中的流量，指在进行内容消费和内容互动时候的数据交换量。流量越大，代表用户点击和访问越多，同时也意味着用户注意力被转聚集。流量越大，则商业广告的潜在价值就越大。

focus advertisement （**焦点图广告**）：一般是指在产品的销售点（卖场）、销售点附近，合理运用产品包装广告、灯箱路牌橱窗广告、产品展览会摊点摆放等多种广告组合，实现吸引大众的注意、吸引潜在消费者进店消费扩大产品销量、树立品牌形象的目的。

full screen ads （**全屏广告**）：是在用户打开浏览页面时，以全屏方式出现 3 秒至 5 秒，可以使用静态的页面，也可以使用动态的 Flash 效果。然后，逐渐缩成 BANNER 尺寸的网络广告形式。

G

generation z （**Z 世代**）：意指在 1995—2009 年间出生的人，又称网络世代、互联网世代。他们一出生就与网络信息时代无缝对接，受数字信息技术、即时通信设备、智能手机产品等影响比较大。

gross merchandise volume（**GMV**）（**商品交易总额**）：是网络购物和电子商务中的一种概念，指的是网站的成交金额，用来表示用户拍下后最终未支付的订单金额（包括拍下后放入购物车未支付的订单、取消的订单、拒收商品的订单和退货的订单）和拍下后已支付的订单金额之和。

group purchase （**团购**）：也被称为集采，是团体购买和集体采购的简称，指单次或累计购货量大、所购产品或服务直接用于自身消费，或作为继续加工的原料等购买行为。团购产品的销售方主要以追求业务量的稳定、维持持续商务关系或凝聚人气为目的，团购产品的购买方主要以获取质优价廉的产品为目的。

H

hive （**数据仓库工具**）：基于 Hadoop 的一个数据仓库工具，用来进行数据提取、转化、加载，这是一种可以存储、查询和分析存储在 Hadoop 中的大规模数据的机制。

hyperlink （**超级链接**）：简单来讲，就是指按内容链接。超级链接在本质上属于一个网页的一部分，是一种允许我们同其他网页或站点之间进行连接的元素。

I

industrial advisory board（**IAB**） （**工业咨询委员会**）：由来自业界和政府的多个企业和机构、个人组成 IAB 将为中心提供待解决的行业痛点，帮助更新项目库，给予项目团队现场调研机会和商业化建议。

industrialization （**产业化**）：是指某种产业在市场经济条件下，以行业需求为导向，以实现效益为目标，依靠专业服务和质量管理，形成的系列化和品牌化的经营方式和组织形式。

information Explosion （**信息爆炸**）：是指媒介发达带来的社会信息绝对量的增加，主要体现为人类拥有的信息量以指数函数的速度急剧增加，倍增的时间周期越来越短的现象。

information flow advertisement （**信息流广告**）：指一种依据社交群体属性对用户喜好和特点进行智能推广的广告形式。其主要展现形式是穿插在信息之中。

information flow （**信息流**）：人们采用各种方式来实现信息交流，从面对面的直接交谈直到采用各种现代化的传递媒介，包括信息的收集、传递、处理、储存、检索、分析等渠道和过程。

instant experience （**即时体验**）：是一种全屏幕点击体验，可以在移动设备上形象生动地呈现品牌、商品或服务。在即时体验中，用户可以观看极具吸引力的视频和照片、滑动浏览轮播图片、填写表单、快速查看商品，还可以探索被标记商品的生活类图片。即时体验支持几乎所有 Meta 广告格式，包括轮播广告、单图片广告、视频广告、幻灯片广告和精品栏广告。

instant messaging（**IM**）（**即时信息**）：指可以在线实时交流的工具，也就是通常所说的在线聊天工具。

intellectual property（**IP**）（**知识产权**）：人类用智慧创造出来的无形的财产，主要涉及著作权、专利、商标等领域。音乐和文学等形式的艺术作品，以及一些发现、发明、词语、词组、符号、设计都能被当作知识财产而受到保护。

interactive marketing （**互动营销**）：在互动营销中，互动的双方一方是消费者，一方是企业。只有抓住共同利益点，找到巧妙的沟通时机和方法才能将双方紧密地结合起来。互动营销尤其强调双方都采取一种共同的行为，达到互助推广、营销的效果。

internet marketing （**网络营销**）：以互联网为核心平台，以网络用户为中心，以市场需求和认知为导向，利用各种网络应用手段去实现企业营销目的一系列行为。

IOT （**物联网**）：全称为 internet of things，是指通过各种信息传感器、射频识别技术、全球定位系统、红外感应器、激光扫描器等各种装置与技术，实时采集任何需要监控、 连接、互动的物体或过程，采集其声、光、热、电、力学、化学、生物、位置等各种需要的信息，通过各类可能的网络接入，实现物与物、物与人的泛在连接，实现对物品和过程的智能化感知、识别和管理。

interpersonal communication （**人际传播**）：个人与个人之间的信息交流，也是由两个个体系统相互连接组成新的信息传播系统。

involvement 卷入度：卷入即吸引进去，卷入度是吸引进去的程度。卷入可以理解为对某个活动、某个事物、某个产品与自己的关系或重要性的主观体验状态。

J

JD targeting group （**京东靶向人群**）：是指根据京东数亿用户的自然属性、社会属性和行为数据等形成十大靶向人群，分为都市家庭、小镇家庭、都市中产、小镇中产、银发一族、学生一族、都市蓝领、都市 Z 世代、小镇中年及小镇青年。品牌可以通过分析靶群分布情况、人数、增幅和渗透率等，精准定位核心人群并进行重点经营，如在新品上市阶段探寻市场机会点，加速新品渗透，在日常活动期间延伸目标人群，驱动品牌渗透。

K

key opinion leader（**KOL**）（**关键意见领袖**）：指拥有更多、更准确的产品信息，且为相关群体所接受或信任，并对该群体的购买行为有较大影响力的人。与意见领袖不同的是，网络时代的关键意见领袖通常是某行业或领域内的权威人士，在信息传播中，他们不依赖其自身活跃度，也容易被承认和识别出来。

knowledge payment （**知识付费**）：知识付费主要指知识的接收者为所阅览知识付出资金的现象。知识付费让知识的获得者间接为向知识的传播者与筛选者给予报酬，而不是让参与知识传播链条的人通过流量或广告等其他方式获得收益。

L

link popularity （**链接广度**）：这个词出现于 1998 年前后，其背景是以 google 为代表的搜索引擎制定了新的搜索引擎排名算法，不仅关注网站内部的一些要素，也将一个网站被其他网站链接的数量作为一项主要的排名因素。因为搜索引擎认为，网站一般倾向于链接高质量的网站，因此对一个网站的链接就相当于为该网站投了一票。可见，增加链接广度的重要作用之一就在于可以增加网站在搜索引擎中的排名优势（当然网站链接本身也具有一定的网站推广价值）。

live card （**店铺动态卡片**）：指电商平台中，具备可动态交互、可数据识别、可跨场景流通能力的功能板块。通过电商平台的小部件技术，商家能够与消费者建立深度联系。

live streaming ecommerce （**直播带货**）：指明星、网红、互联网营销师等通过视频直播等途径对商品进行推销。

live（直播）：在现场随着事件的发生、发展进程同步制作和发布信息，具有双向流通过程的信息网络发布方式。其形式也可分为现场直播、演播室访谈式直播、文字图片直播、视音频直播或由电视（第三方）提供信源的直播，而且具备海量存储、查寻便捷的特点。

M

marginal cost（边际成本）：在经济学和金融学中，指的是每一单位新增生产的产品（或者购买的产品）带来的总成本的增量。这个概念表明每一单位的产品的成本与总产品量有关。

market demand（市场需求）：一个在确定的区域、时间、市场环境中，在一项明确的营销方案实施后，一个顾客群体的估计总购买量。

market penetration rate（品牌渗透率）：也称市场渗透率，指的是在被调查的对象（总样本）中，一个品牌（或者品类、或者子品牌）产品的，使用（拥有）者的比例。

market research（市场调查）：用科学的方法，有目的、系统地搜集、记录、整理和分析市场情况，了解市场的现状及其发展趋势，为企业的决策者制定政策、进行市场预测、做出经营决策、制订计划提供客观、正确的依据。

market response（市场反应）：企业的产品或服务，对现有的消费者产生的最直接的影响。

market segmentation（市场细分）：企业按照某种标准将市场上的顾客划分成若干个顾客群，每一个顾客群构成一个子市场，不同子市场之间，需求存在着明显的差别。

market shares（市场份额）：一个企业的销售量（或销售额）在市场同类产品中所占的比重。

marketing tactics（营销策略）：企业以顾客需要为出发点，根据经验获得顾客需求量以及购买力的信息、商业界的期望值，有计划地组织各项经营活动，通过相互协调一致的产品策略、价格策略、渠道策略和促销策略，为顾客提供满意的商品和服务而实现企业目标的过程。

marketing（市场营销）：创造、传播、交付和交换那些对顾客、客户、合作伙伴和社会有价值的市场供应物的活动、制度和过程。

metaverse（元宇宙）：创造一个平行于现实世界的人造虚拟空间，承载用户社交娱乐、创作展示、经济交易等一切活动，因其高沉浸感和完全的同步性，逐步与现实世界融合、互相延伸拓展，最终达成超越虚拟与现实的元宇宙，为人类社会拓宽无限的生活空间。

mixed reality（MR）（混合现实技术）：是虚拟现实技术的进一步发展，该技术通过在现实场景呈现虚拟场景信息，在现实世界、虚拟世界和用户之间搭起一个交互反馈的信息回路，以增强用户体验的真实感。

multi-channel network（多频道网络）：是一种多频道网络的产品形态，将 PGC 内容联合起来，在资本的有力支持下，保障内容的持续输出，从而最终实现商业的稳定变现。

N

network medium （网络介质）：指网络传输数据的载体。

new media （新媒体）：以数字技术为基础，以网络为载体进行信息传播的媒介。

news feed ads （信息流广告）：指一种依据社交群体属性对用户喜好和特点进行智能推广的广告形式。

non-fungible token（NFT）（非同质化代币）：指使用区块链技术，对应特定的作品、艺术品生成的唯一数字凭证，在保护其数字版权的基础上，实现真实可信的数字化发行、购买、收藏和使用。

O

occupationally-generated content（OGC）（职业生产内容）：在视频、新闻等网站中，以提供相应内容为职业（职务），如媒体平台的记者、编辑，既有新闻的专业背景，也以写稿为职业领取报酬。

occupationlly enerated video（OGV）（机构生成视频）：机构制作的视频，包括电影、电视剧、动画等。

omni-channel marketing （全渠道营销）：指品牌方根据不同目标顾客对渠道类型的不同偏好，实行针对性的营销定位，设计与之匹配的产品、价格等营销要素组合，并通过各渠道间的协同营销，为顾客提供一体化的无缝购物体验。

online to offline（O2O）：即在线离线/线上到线下，是指将线下的商务机会与互联网结合，让互联网成为线下交易的平台。

operating activities （活动运营）：指活动公司针对不同性质的活动进行运营，包含活动策划、活动实施以及嫁接相关产业打造产业链。

operating cost （运营成本）：也称经营成本，是指企业所销售商品或者提供劳务的成本。

operating model （运营模式）：指对企业经营过程的计划、组织、实施和控制，是与产品生产和服务创造密切相关的各项管理工作的总称。

opinion leader （意见领袖）：在非正式的、与产品有关的传播中，对一个特定的产品或品类提供意见或信息的人。

P

pain point （痛点）：通常情况下指的是用户对产品以及服务不满意的情况，这种不满意表现出来就是一种"痛"。消费者在产品对比的过程中形成心理落差，企业通过这种心理落差让消费者产生一种不买自己的产品就会感觉到后悔或者不满，即"痛点"。

pareto principle （帕累托法则）：社会上 20%的人占有 80%的社会财富，即财富在人口中的分配是不平衡的。

perceptual marketing （感性营销）：是指企业的营销活动情感化，将"情感"这根主线贯穿于其营销活动的全过程。其主要有两方面的含义：一是要研制开发出富有人情味的产品（或服务）；二是要采用充满人情味的促销手段。

performance ratio （**性价比**）：性价比=性能/价格，反映了单位付出所购得的商品性能，是用来权衡商品在客观的可买性上所做的量化。

persona （**用户画像**）：根据用户的属性、偏好、生活习惯等信息抽象出来的标签化用户模型。

personify （**人格化**）：指童话语言等文艺作品中常用的一种创作手段，对动物植物以及非生物赋予人的特征，使他们具有人的思想感情和行为。

platform open plan store （**POP 商铺**）：一种第三方店铺形式，也是京东商城的一种店铺模式，京东提供一个销售产品的平台，POP 商家通过京东平台实现商品的流转销售，京东只收取"佣金"。

pop-under （**背投广告**）：由于对用户正常浏览信息和使用网络服务产生影响而导致用户的拒绝心理，但从效果来看，弹出的广告的点击率却是最高的，Pop-Under（背投广告）不影响用户正常浏览网页，只是在用户关掉网页后发现该广告，所以效果要比 Pop-Up（弹出广告）更好。

portal （**门户网站**）：是指通向某类综合性互联网信息资源并提供有关信息服务的应用系统。

positioning （**定位**）：设计公司产品和形象，以在目标消费者头脑中占据一个独特位置。

potential consumer （**潜在消费者**）：当前尚未购买或使用某种商品，但在将来的某一时间有可能转变为现实消费者的人。

preceived quality （**品牌认知**）：一个成功的品牌，首先应该具备比较高的知名度，然后是受众对该品牌的内涵、个性等有较充分的了解，并且这种了解带来的情感共鸣是积极的、正面的。最后，在使用了产品、认可了产品价值后，还会再次重复购买，成为忠诚的消费者。

precision marketing （**精准营销**）：在精准定位的基础上，依托现代信息技术手段建立个性化的顾客沟通服务体系，实现企业可度量的低成本扩张之路，是有态度的网络营销理念中的核心观点之一。

private sphere （**私域**）：是指品牌拥有可重复、低成本甚至免费送达用户的场域。私域业态是线上线下一体化的品牌自主经营阵地，也是品牌自主发展、全面掌握客户关系、线上线下联动的一个新业态。

product attribute （**产品属性**）：产品本身所固有的性质，是产品在不同领域差异性（不同于其他产品的性质）的集合。

product experience （**产品体验**）：用户在使用产品过程中建立起来的一种纯主观感受，也称用户体验。

product marketing （**产品营销**）：把产品带向市场的过程。这个过程包括产品的定位和消息传递、推广产品，让销售人员和客户了解产品。产品营销旨在推动产品的需求和使用。

product placement marketing （**植入式营销**）：将产品或品牌及其代表性的视觉符号甚

至服务内容策略性融入电影、电视剧或电视节目各种内容之中，通过场景的再现，让观众在不知不觉中留下对产品及品牌印象，继而达到营销产品的目的。

product strategy（产品战略）：指企业对其所生产与经营的产品进行的全局性谋划。

product（产品）：可以提供给市场以满足各种需求的任何商品，包括实体产品、服务、经历、事件、人员、地点、属性、组织、信息和思想。

professional generated content（PGC）（专业生产内容）：指专业生产内容。经由传统广电业者按照几乎与电视节目无异的方式进行制作，但在内容的传播层面，却必须按照互联网的传播特性进行调整。

professional user generated content（PUGC）（专业用户生产内容）：又叫专业用户生产内容或专家生产内容。它是以 UGC 形式产出的相对接近 PGC 的专业音频内容，兼具 UGC 的个性化特征和 PGC 的精良制作。

professional user generated video（PUGV）（专业用户生成视频）：介于 OGV（机构制作的视频）和 UGV（普通用户制作的视频）之间，指视频创作者在自己的专业领域，发布的一系列精心制作和剪辑的视频。

promotion（促销）：企业利用各种有效的方法和手段，使消费者了解和注意企业的产品，激发消费者的购买欲望，并促使其实现最终的购买行为。

public crisis（公关危机）：又叫公共关系危机，是公共关系学的一个较新的术语。它是指影响组织生产经营活动的正常进行，对组织的生存、发展构成威胁，从而使组织形象遭受损失的某些突发事件。

public domain（公共版权）：一部文学或艺术作品，只要著作权权利保护期终止，就算进入了公有领域。

public relations in crisis（危机公关）：是指由于企业的管理不善、同行竞争甚至遭遇恶意破坏或者外界特殊事件的影响，而给企业或品牌带来危机，企业针对危机所采取的一系列自救行动，包括消除影响、恢复形象等行为。

public relations（公共关系）：指组织机构与公众环境之间的沟通与传播关系。

publicity（宣传）：以非付费报道的形式，在印刷媒体和广播媒体上推广某事。

put a spin on something（造势）：多用于政府、企业、个人为了提高知名度、销量等目的而采取一些措施，从而达到吸引群众、消费者关注等目的。

R

recommendation algorithm（推荐算法）：是计算机专业中的一种算法，就是利用用户的一些行为，通过一些数学算法，推测出用户可能喜欢的东西。

rectangular advertisement（矩形广告）：也被称为"画中画"广告，通常被嵌入在新闻或者专题报道等文章内页，四周为文字环绕，访客在阅读文字时通常会关注相关广告。

relationship marketing（关系营销）：是把营销活动看成一个企业与消费者、供应商、分销商、竞争者、政府机构及其他公众发生互动作用的过程，其核心是建立和发展与这些公众的良好关系。

retailing （零售）：将商品或服务直接卖给最终消费者个人使用，而非转卖他人。

return on investment（ROI）（投资回报率）：投资回报率（ROI）=（税前年利润/投资总额）×100%。是指企业从一项投资性商业活动的投资中得到的经济回报，是衡量一个企业盈利状况所使用的比率，也是衡量一个企业经营效果和效率的一项综合性的指标。

rich media （富媒体）：并不是一种具体的互联网媒体形式，而是指具有动画、声音、视频和/或交互性的信息传播方法，包含下列常见的形式之一或者几种的组合：流媒体、声音、Flash、Java、Javascript、DHTML 等程序设计语言。富媒体可应用于各种网络服务中，如网站设计、电子邮件、BANNER、 BUTTON、弹出式广告、插播式广告等。

risk assessment （风险评估）：量化测评某一事件或事物带来的影响或损失的可能程度。

risk investment （风险投资）：是指具备资金实力的投资家对具有专门技术并具备良好市场发展前景，但缺乏启动资金的创业家进行资助，帮助其圆创业梦，并承担创业阶段投资失败的风险的投资。

risk management （风险管理）：指如何在项目或者企业一个肯定有风险的环境里把风险可能造成的不良影响减至最低的管理过程。

S

sales promotion （促销）：一组激励工具的总称，通常是短期的，用以激励消费者或经销商较迅速或较大量地购买某一特定产品或服务。

satisfaction （满意度）：一个人通过对一个产品的可感知的效果或结果，与他或她的期望值相比较后，所形成的愉悦或失望的感觉状态。

scene marketing （场景营销）：基于网民的上网行为始终处在输入场景、搜索场景和浏览场景这三大场景之一的一种新营销理念。浏览器和搜索引擎则广泛服务于资料搜集、信息获取和网络娱乐、网购等大部分网民网络行为。

search advertisement in address bar （地址栏搜索广告）：是指广告客户将自己的公司名、产品名注册为网络实名，用户输入这些实名时就可以直达相关网站，从而实现营销。属于第三代的中文上网方式，用户无须记忆复杂的域名，直接在浏览器地址栏中输入中文名字，就能直达企业网站或者找到企业、产品信息，为企业带来更多的商业机会。

search engine （搜索引擎）：根据用户需求与一定算法，运用特定策略从互联网检索出指定信息反馈给用户的一门检索技术。搜索引擎依托于多种技术，如网络爬虫技术、检索排序技术、网页处理技术、大数据处理技术、自然语言处理技术等，为信息检索用户提供快速、高相关性的信息服务。

search engine advertising（SEA）（搜索引擎广告）：指广告主根据自己的产品或服务的内容、特点等，确定相关的关键词，撰写广告内容并自主定价投放的广告。

search engine optimization（SEO）（搜索引擎优化）：指利用搜索引擎的规则提高网站在有关搜索引擎内的自然排名。

segmentation targeting positioning（STA）（**市场目标定位**）：市场细分的概念是美国营销学家温德尔·史密斯在 1956 年最早提出的，此后，美国营销学家菲利浦·科特勒进一步发展和完善形成了成熟的 STP 理论——市场细分（Segmentation）、目标市场选择（Targeting）和市场定位（Positioning），是战略营销的核心内容。

semi-structured data（**半结构化数据**）：和普通纯文本相比，半结构化数据具有一定的结构性，OEM（Object exchange Model）是一种典型的半结构化数据模型。

six degrees of separation（**六度分割理论**）：你和任何一个陌生人之间所间隔的人不会超过六个，也就是说，最多通过 6 个中间人你就能够认识任何一个陌生人。

small-town and rural markets（**下沉市场**）：指的是三线以下城市、县镇与农村地区的市场，范围大而分散，且服务成本更高是这个市场的基本特征。

snail mail（**平邮**）：平邮是邮政中一项寄送信与包裹业务的总称，包括普通的寄信。平邮是所有邮政递送业务中速度最慢的业务。

social customer relationship management（SCRM）（**社会化客户关系管理**）：通过社交媒体与客户建立紧密联系，在社交媒体中与客户互动，并通过社交媒体中提供更快速和周到的个性化服务来吸引和保持更多的客户。

social fission（**社交裂变**）：是一种利益驱动的商业模式或营销模式，通过人与人之间的社交促进产品的传播与销售，通俗来说就是"一传十，十传百"。

social marketing（**社交营销**）：一种基于社交关系的营销模式，参与程度高、互动性强、主题特定、具有心理归属感的网络社交便于企业向用户传达品牌信息，尤其是通过用户间口碑传播的力量使品牌传播效果迅速增长。

social media（**社交媒体**）：消费者之间以及消费者与公司之间分享文本、图片、音频、视频信息的一种途径。

social media advertisement（**社会化媒体广告**）：是一种融合消费者同意展示及被分享的用户交互广告，在广告内容中有发布人的图像或用户名，使得用户可以与广告发布者产生交互。

social mobile（**移动社交**）：是指用户以手机、平板等移动终端为载体，以在线识别用户及交换信息技术为基础，按照流量计费，通过移动网络来实现的社交应用功能，移动社交不包括打电话、发短信等通信业务。

social network service（**社会化网络**）：致力于以网络沟通人与人，倡导通过网络拓展人际关系圈，让用户尽情享受社交和沟通的乐趣。

social value（**社会价值**）：也称市场价值、个别价值的对称。由社会必要劳动时间决定的商品价值。

stakeholder theory（**利益相关者理论**）：是指企业的经营管理者为综合平衡各个利益相关者的利益要求而进行的管理活动。

stock keeping unit（**最小存货单位**）：即库存进出计量的基本单元，可以是以件、盒、托盘等为单位。

structured query language（**结构化查询语言**）：指一种特殊目的的编程语言，是一种数据库查询和程序设计语言，用于存取数据以及查询、更新和管理关系数据库系统。

style （风格）：产品给予顾客的视觉和感觉效果。

supply chain （供应链）：指生产及流通过程中，涉及将产品或服务提供给最终用户活动的上游与下游企业所形成的网链结构，即将产品从商家送到消费者手中的整个链条。

T

target customer （目标客户）：指企业提供产品和服务的对象。

text link ads （文字链接广告）：以一排文字作为一个广告，点击可以进入相应的广告页面。这是一种对浏览者干扰最少，但较为有效果的网络广告形式。

the internet of things （物联网）：把所有物品通过射频识别等信息传感设备与互联网连接起来，实现智能化识别和管理。物联网通过智能感知、识别技术与普适计算、泛在网络的融合应用，被称为继计算机、互联网之后世界信息产业发展的第三次浪潮。

the long tail effect （长尾效应）：指那些原来不受到重视的销量小但种类多的产品或服务由于总量巨大，累积起来的总收益超过主流产品的现象。

the marketing theory of 4Cs （4C 营销理论）：由美国学者罗伯特·劳特朋教授提出，具体表现为产品（Production）向顾客（Consumer）转变、价格（Price）向成本（Cost）转变、分销渠道（Place）向方便（Convenience）转变、促销（Promotion）向沟通（Communication）转变。

the marketing theory of 4Ps （4P 营销理论）：是指市场需求或多或少地在某种程度上受到所谓"营销变量"或"营销要素"的影响。产品（Product）、价格（Price）、渠道（Place）、促销（Promotion），即著名的 4Ps。

theme marketing （主题营销）：通过有意识地发掘、利用或创造某种特定主题来实现企业经营目标的一种营销方式。

token （代币）：是一种形状及尺寸类似货币，但限制使用范围、不具通货效力的物品。代币通常需要以金钱换取，用在商店、游乐场、大众运输工具等地方，作为凭证以获得服务、换取物品等。代币的材质以金属或塑胶为主。

two-hop rate （二跳率）：二跳量与到达量的比值称为广告的二跳率，该值初步反映广告带来的流量是否有效，同时也能反映出广告页面的哪些内容是购买者所感兴趣的，进而根据购买者的访问行径来优化广告页面，提高转化率和线上交易额，大大提升网络广告投放的精准度，并为下一次的广告投放提供指导。

U

uniform resource location （统一资源定位符）：简称 URL，是因特网上标准的资源的地址。它最初是由蒂姆·伯纳斯·李发明用来作为万维网的地址的。现在它已经被万维网联盟编制为因特网标准 RFC1738 了。

unique vIsitor （唯一身份访问者）：独立访客数记录标准一般为"一天"，即一天内如果某访客从同一个 IP 地址来访问某网站 n 次的话，访问次数计作 n，独立访客数则计作 1。

unstructured data （非结构化数据）：指数据结构不规则或不完整，没有预定义的数据模型，不方便用数据库二维逻辑表来表现的数据。

user generated content（UGC）（用户生成内容）：最早起源于互联网领域，即用户将自己原创的内容通过互联网平台进行展示或者提供给其他用户。UGC 是伴随着以提倡个性化为主要特点的 Web2.0 概念而兴起的，也可叫作 UCC（User-created Content）。它并不是某一种具体的业务，而是一种用户使用互联网的新方式，即由原来的以下载为主变成下载和上传并重。

user operation （用户运营）：指以用户为中心，遵循用户的需求设置运营活动与规则，制定运营战略与运营目标，严格控制实施过程与结果，以达到预期所设置的运营目标与任务。

user retention rate （用户留存率）：指在某一统计时段内的新增用户数中再经过一段时间后仍启动该应用的用户比例。

V

vertical field （垂直领域）：互联网行业术语，指的是为限定群体提供特定服务，包括娱乐、医疗、环保、教育、体育等产业。

viral marketing （病毒营销）：利用网络创造口碑效应以支持营销活动和目标。

virtual community （虚拟社群）：又称电子社群或电脑社群，是互联网用户交互后产生的一种社会群体，由各式各样的网络社群所构成。Rheingold 在其著作中指出虚拟社群系源自电脑中介传播所建构而成的虚拟空间，是一种社会集合体。它的发生来自于虚拟空间上有足够的人、足够的情感、与人际关系在网络上长期发展。

virtual hosting （虚拟主机）：一种在单一主机或主机群上，实现多网域服务的方法，可以运行多个网站或服务的技术。

virtual reality（VR）（虚拟现实）：称虚拟实境或灵境技术，是 20 世纪发展起来的一项全新的实用技术。虚拟现实技术囊括计算机、电子信息、仿真技术，其基本实现方式是以计算机技术为主，利用并综合三维图形技术、多媒体技术、仿真技术、显示技术、伺服技术等多种高科技的最新发展成果，借助计算机等设备产生一个逼真的三维视觉、触觉、嗅觉等多种感官体验的虚拟世界，从而使处于虚拟世界中的人产生一种身临其境的感觉。

virtual streamer （虚拟主播）：指使用虚拟形象在视频网站上进行投稿活动的主播。

visual identity （企业视觉识别）：指企业所独有的一整套识别标志，是企业理念外在的、形象化的表现，理念特征是视觉特征的精神内涵。

visualization （可视化）：利用计算机图形学和图像处理技术，将数据转换成图形或图像在屏幕上显示出来，再进行交互处理的理论、方法和技术。

W

we media（自媒体）：是普通大众经由数字科技强化、与全球知识体系相连之后，一种开始理解普通大众如何提供与分享他们本身的事实、他们本身的新闻的途径。

web 2.0：是相对 Web 1.0（2003 年以前的互联网模式）的新的一类互联网应用的统称，是一次从核心内容到外部应用的变革。Web 2.0 是信息技术发展引发网络变革所带来的面向未来、以人为本的创新 2.0 模式在互联网领域的典型体现，是由专业人员织网到所有用户参与织网的创新民主化进程的生动注释。

web crawler（网络爬虫）：指一种按照一定的规则，自动地抓取万维网信息的程序或者脚本。

weight（权重）：是一个网站的重要性指标概念。以"微博权重"为例，微博权重指的是微博官方对微博号的评分，主要体现在搜索和评论时的排序，权重越高排序越靠前，因此权重也会影响到微博号的流量数据。

window advertisement（视窗广告）：是互联网信息服务提供者通过互联网网站或网页上以网络视窗为平台播出的视频广告。

参考文献

[1] [法]居斯塔夫·勒庞. 乌合之众[M]. 杭州：浙江文艺出版社，2015.

[2] [法]让·波德里亚. 消费社会[M]. 南京：南京大学出版社，2001.

[3] [美]埃里克·莱斯. 精益创业[M]. 北京：中信出版社，2012.

[4] [美]迈克尔·波特. 竞争战略[M]. 北京：中信出版社，2014.

[5] [美]纳西姆·尼古拉斯·塔勒布. 反脆弱[M]. 北京：中信出版社，2014.

[6] [美]斯蒂芬森. 雪崩[M]. 成都：四川科学技术出版社，2009.

[7] [美]唐·E. 舒尔茨，菲利普 J. 凯奇. 全球整合营销传播 Communicating globally[M]. 北京：机械工业出版社，2012.

[8] [以色列]尤瓦尔·赫拉利. 人类简史[M]. 北京：中信出版社，2014.

[9] Dutka Solomon,Colley Russell. Defining Advertising Goals forMeasured Advertising Results[M]. NTC-Contemporary,1995.

[10] Shannon,Claude Elwood. The mathematical theory of communication[M]. University of Illinois Press,1949.

[11] 陈德人. 网络营销与策划：理论、案例与实训：微课版[M]. 北京：人民邮电出版社，2019.

[12] 陈东军，谢红彬，孙耕. 知识付费服务的运营逻辑——以得到 App 为例[J]. 商业经济，2018（1）.

[13] 陈贵. 消费 4.0 时代重构"人、货、场"三大核心要素[J]. 发现，2020（2）.

[14] 陈菌，张佳林，罗冬秀. 拼多多的崛起路径与创新机理[J]. 财会月刊：财富文摘，2021（1）.

[15] 陈晓潇，刘文华. 拼多多电商平台的网络营销策略分析[J]. 今日财富，2021（1）.

[16] 邓行. 从 4I 理论看网络的传播营销策略[J]. 传播与版权，2020（6）.

[17] 丁依文. 国内外品牌整合传播策略研究之文献综述[J]. 广西质量监督导报，2019（10）.

[18] 丁毓. 拼多多——弯道超车的社交电商[J]. 上海信息化，2018（3）.

[19] 菲利普·科特勒，凯文·莱恩·凯勒. 营销管理：第 15 版[M]. 上海：上海人民出版社，2016.

[20] 冯英健. 网络营销基础与实践：第 5 版[M]. 北京：清华大学出版社，2016.

[21] 郭学超，池轶鹏. 抖音视频电商模式及趋势[J]. 天津商务职业学院学报，2021，9（3）.

[22] 海天电商金融研究中心. 一本书玩转互联网品牌营销[M]. 北京：清华大学出版社，2017.

[23] 何晓兵. 网络营销基础与实践[M]. 北京：人民邮电出版社，2017.

[24] 黄河，江凡，王芳菲. 新媒体广告[M]. 北京：中国人民大学出版社，2019.

[25] 黄靖婷. 基于社会化媒体平台的品牌传播[J]. 青年记者，2019（18）.

[26] 江礼坤. 网络营销推广实战宝典[M]. 北京：电子工业出版社，2016.

[27] 江晓. 有声阅读平台的运营策略研究——以喜马拉雅 FM 为例[J]. 新闻世界，2021（9）.

[28] 黎万强. 参与感——小米口碑营销内部手册[M]. 北京：中信出版社，2014.

[29] 廖秉宜. 大数据时代移动营销十大趋势[N]. 中国保险报，2015-06-03（5）.

[30] 林华安，张盈，陆焰，陈惠银. 新媒体平台运营实战：从入门到精通[M]. 北京：人民邮电出版社，2019.

[31] 刘慧琳，刘莉琼. 知识付费盈利模式问题及对策——以"得到App"为例[J]. 科技创业月刊，2019，32（8）.

[32] 刘家楠. 移动广播 APP 的知识付费领跑策略——以喜马拉雅 FM 为例[J]. 传媒，2018（12）.

[33] 刘健，欧阳日辉，文丹枫. 社交电商全运营手册——战略框架+案例解析+实战技巧[M]. 北京：人民邮电出版社，2017.

[34] 龙共火火. 高阶运营——从小编到新媒体操盘手[M]. 北京：人民邮电出版社，2018.

[35] 麦德奇，保罗·B. 布朗. 大数据营销：定位客户[M]. 北京：机械工业出版社，2014.

[36] 倪宁，金韶. 大数据时代的精准广告及其传播策略：基于场域理论视角[J]. 现代传播，2014，36（2）.

[37] 裴奔，李若山，李宇培. 拼多多平台社区团购"多多买菜"的 SWOT 分析[J]. 经济研究导刊，2021（24）.

[38] 乔治·贝尔奇，迈克尔·贝尔奇. 广告与促销：整合营销传播视角：第 11 版[M]. 郑苏晖，林薇，陈宇，等，译. 北京：中国人民大学出版社. 2019.

[39] 全贞花，谢情. 知识付费产品用户使用行为实证研究：以得到 App 为例[J]. 广告大观：理论版，2017（4）.

[40] 舒扬. 共鸣：内容运营方法论[M]. 北京：机械工业出版社，2017.

[41] 舒咏平，鲍立泉. 新媒体广告：第 2 版[M]. 北京：高等教育出版社，2016.

[42] 宋晓晴，唐红梅，苗小刚. 新网络营销：新工具、新思维、新方法[M]. 北京：人民邮电出版社，2017.

[43] 孙开晗. UGC 模式下移动音频产品的生产与传播分析——以喜马拉雅 FM 为例[J]. 视听，2021（9）.

[44] 谭贤. 新媒体运营从入门到精通[M]. 北京：人民邮电出版社，2017.

[45] 汤姆·邓肯. 广告与整合营销传播原理：第 2 版[M]. 北京：机械工业出版社，2006.

[46] 唐·E. 舒尔茨，斯坦利·田纳本，罗伯特·劳特朋. 新整合营销.[M]. 北京：水利水电出版社.2004.

[47] 头条易. 新引爆点：抖音运营从 0 到 1 实战指南[M]. 北京：台海出版社，2019.

[48] 汪宏升. 基于数字化传播的场景叙事探析[J]. 视听，2021（5）.

[49] 王春梅，马雪松，闫红博. 网络营销理论与实务[M]. 北京：清华大学出版社，2018.

[50] 王琴琴，杨迪. 人工智能背景下本土化智能营销策略研究[J]. 新闻爱好者：理论版，2019（11）.

[51] 王赛. 首席增长官：从 CMO 到 CGO[M]. 北京：清华大学出版社，2017.

[52] 吴声. 场景革命=Contextual revolution：重构人与商业的连接[M]. 北京：机械工业出版社，2015.

[53] 鲜军，陈兰英.网络整合营销：从入门到精通：微课版[M]. 北京：人民邮电出版社，2019.

[54] 肖洋. 自媒体平台社群营销的关系链研究[J]. 编辑之友，2018（12）.

[55] 谢金钿，周建青. 知识付费运营特点及提升路径——以"得到"App 为例[J]. 视听界，2017（5）.

[56] 谢克俊. 电商的运营模式——以哔哩哔哩为例[J]. 中小企业管理与科技，2019（9）.

[57] 徐扬. 微播易：短视频营销进入"AI+"时代[J]. 成功营销，2018（Z1）

[58] 尹高洁. 网络营销：从入门到精通[M]. 北京：清华大学出版社，2015.

[59] 喻国明. 网络新媒体导论[M]. 北京：人民邮电出版社，2021.

[60] 昝辉. 网络营销实战密码：策略、技巧、案例[M]. 北京：电子工业出版社，2013.

[61] 臧丽娜，刘钰莹. 基于 SIVA 理论的品牌传播场景构建[J]. 当代传播，2019（2）.

[62] 张剑，温进浪. 移动互联时代场景营销的维度分析[J]. 石油实验地质，2020（14）.

[63] 张珊珊，朱瑾. 内容电商平台中的价值共创机理——基于小红书的案例研究[J]. 现代商业，2021（8）.

[64] 赵丽霞，张篇，陈红玲. 基于"社群经济"的电商发展路径研究——以拼多多为例[J]. 中国商论，2021（8）.

[65] 郑雨萌. 网络整合营销 4I 理论视角下的广告分析——以迪奥小姐香水广告为例[J]. 视听，2020（4）.

[66] 周游，张淑燕. 大数据时代广告关系链传播的策略[J]. 青年记者，2017（29）.